给孩子一部有温度的梦想之书

手绘名人故事

影响世界的他们

大艺术家

亚亚/文 夏阳/绘

北京理工大学出版社
BEIJING INSTITUTE OF TECHNOLOGY PRESS

给孩子梦想起飞的翅膀

世界上每一只小鸟都要翱翔于蓝天,世界上每一个孩子都有属于自己的梦想。

每一个孩子都是与众不同的,每个孩子都是梦想家。在他们成长的过程中,梦想可能会折翼、会被误导,所以孩子们萌发的梦想更需要被细心呵护,需要被温柔地鼓励和引导。因此,一套好的成长之书,在孩子们的成长道路上扮演着重要的角色,发挥着潜移默化的作用。《影响世界的他们——手绘名人故事》丛书正是这样一套送给孩子的梦想之书。

这是一套给孩子带来正能量的、守候孩子梦想的书。在这里,孩子们会看到古今中外各个领域的名人故事,他们身上的坚强、勇敢、奋进的意志品格,是孩子们得以学习的榜样力量;他们身上的由于时代带来的局限,也是孩子们得以

不断深入思考的问题。

　　这是一套给孩子的有温度的、引人思考的梦想之书。理想不是冷冰冰的灌输和说教，在这里，孩子们能看到的不仅仅是名人们各种令人羡慕的成就，更有他们在成就的道路上遇到的挫折、打击以及他们做出的努力、他们得到的和失去的……

　　这是一套给孩子的轻松的、风趣的"朋友"之书。在这里，没有板起脸来的长篇大论，在这个名人们的"展览馆"里，他们如同一些经历丰富的"大朋友"，用他们的故事陪伴和启发着孩子们在追寻梦想的道路上前进。

　　心怀梦想的孩子更强大。守候孩子的梦想，就是守候我们的未来。愿这套书带给孩子们梦想起飞的翅膀，陪伴他们不断翱翔、快乐成长、实现梦想……

著名诗人、儿童文学作家　徐鲁

目录

8 和命运抗争的乐圣 贝多芬

路德维希·凡·贝多芬（1770.12.16—1827.3.26），男，德国著名的作曲家、钢琴家、指挥家。维也纳古典乐派代表人物之一，被尊称为乐圣和交响乐之王。

22 文艺复兴的伟大巨人 达·芬奇

莱昂纳多·达·芬奇（1452.4.23—1519.5.2），欧洲文艺复兴时期的天才科学家、发明家、画家。意大利文艺复兴三杰之一，也是整个欧洲文艺复兴时期最完美的代表。

42 优雅温和的大画家 拉斐尔

拉斐尔·圣齐奥（1483.4.6—1520.4.6），本名拉斐尔·圣齐奥，简称拉斐尔，意大利画家、建筑师。与莱昂纳多·达·芬奇和米开朗基罗合称"文艺复兴三杰"。

54 贫穷的超级画家 梵高

文森特·威廉·梵高（1853.3.30—1890.7.29），荷兰后印象派画家。出生于新教牧师家庭，他是表现主义的先驱，并深深影响了20世纪艺术，尤其是野兽派与德国表现主义。

68 伟大的钢琴诗人 肖邦

弗里德里克·肖邦（1810.3.1—1849.10.17），19世纪波兰作曲家、钢琴家。是历史上最具影响力和最受欢迎的钢琴作曲家之一，欧洲19世纪浪漫主义音乐的代表人物。

82 超级音乐神童 莫扎特

沃尔夫冈·莫扎特（1756.1.27—1791.12.5），奥地利人，出生于神圣罗马帝国时期的萨尔兹堡。是欧洲最伟大的古典主义音乐作曲家之一。

96 最了不起的画家 毕加索

巴勃罗·毕加索（1881.10.25—1973.4.8），西班牙画家、雕塑家。法国共产党党员。他是现代艺术的创始人，也是西方现代派绘画的主要代表。

110 文艺复兴的艺术大师 米开朗基罗

米开朗基罗（1475.3.6—1564.2.18），全名米开朗基罗·迪·洛多维科。生于佛罗伦萨的加柏里斯镇，他是雕塑家、建筑师、画家和诗人。与莱昂纳多·达·芬奇和拉斐尔并称"文艺复兴三杰"。

126 群星闪耀 更多大艺术家

你，准备好了吗？

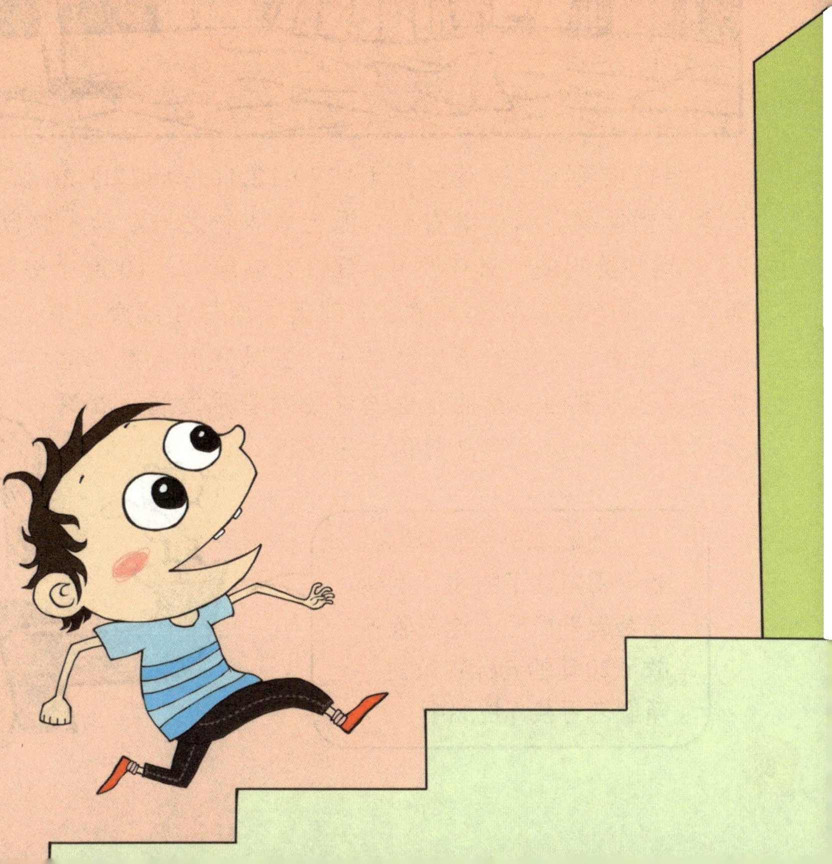

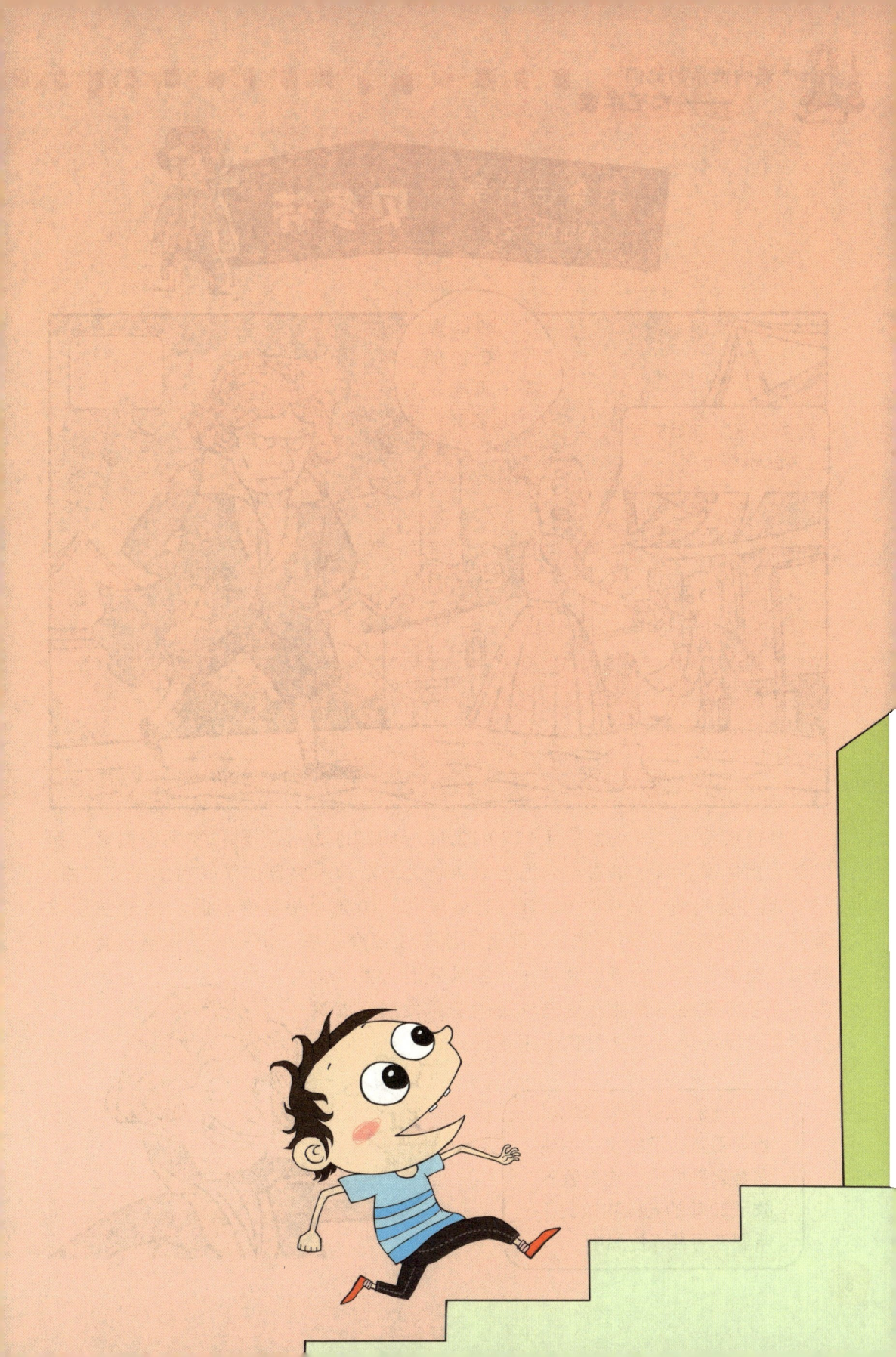

影响世界的他们——大艺术家

和命运抗争的乐圣 贝多芬

路德维希·凡·贝多芬（1770.12.16—1827.3.26），男，德国作曲家、钢琴家、指挥家。维也纳古典乐派代表人物之一。他一共创作了9首编号交响曲、35首钢琴奏鸣曲（其中后32首带有编号）、10部小提琴奏鸣曲、16首弦乐四重奏、1部歌剧、2部弥撒、1部清唱剧与3部康塔塔（康塔塔就是清唱套曲，独唱，重唱，合唱的声乐套曲）；另外还有大量的室内乐、艺术歌曲与舞曲。这些作品对音乐发展有着深远影响，因此贝多芬被尊称为乐圣。

关于这位抓狂的大音乐家

长得不帅，再加上不爱笑，严肃起来表情看起来有点恐怖。

> 对不起，你有什么要求就说，不要再盯着我看了！

> 太好说话了吧？

- 脾气不好。贝多芬发脾气总让对方觉得莫名其妙，摸不着头脑。
- 12岁时，有一位非常好的老师奈弗。

> 只要你坚持不懈，一定会成为莫扎特第二。

> 如果我有所成就，这一定有您的功劳。

- 16岁开始养家，挑起全家人的生活重担，生活的艰难让这位才华横溢的少年变得抑郁、拘谨、内向，他只能靠拼命地给富人们演奏来赚钱。

> 听我演奏一曲吧，很便宜！

影响世界的他们——大艺术家

- 17岁的时候,师从莫扎特,但是很快他就因为母亲去世回家了。
- 19岁的时候,成了大音乐家海顿的学生,但是师生两个人的意见很不一样。海顿是个性格非常好的人,他和大家一起在大主教那里工作时,谁都忍受不了大主教,只有他留到了最后。

> 如果我是海顿老师,我一定给大主教几脚再说!

- 贝多芬蔑视贵族,看看他和大文豪歌德的一个小故事吧!

有一天,他们一同出去散步。在路上远远看到了奥地利皇后率领着一群皇室成员迎面走过来,歌德不顾贝多芬的一再劝阻,立刻恭恭敬敬地站到了路边。奥地利的皇后和皇太子认出贝多芬后,反倒率先向贝多芬打招呼、脱帽致敬。当他们经过歌德身边时,歌德却早已脱帽鞠躬,连头都不敢抬一下。

> 您对他们过分尊敬了。贵族们的派头是愚蠢的。

> 他们也许能使一个人成为七品或三品文官,但在任何时候也造就不出歌德或贝多芬来……

和命运抗争的乐圣 **贝多芬**

- 26岁的时候，他的听力开始下降。到了晚年，贝多芬彻底失去了听力，耳聋之后，他只能通过在谈话册上写字，才能和别人交谈。

> 对音乐家而言，还有什么比耳聋更悲惨的事吗？

- 热爱大自然，许多灵感都来自大自然。为了更好地看窗外的风景，贝多芬是这么做的：

嘭！！

> 至少要开这么大的窗户才行！

影响世界的他们——大艺术家

- 一辈子都没有结婚。
- 1826年12月贝多芬因为肝脏病患上严重的腹部水肿。1827年3月26日贝多芬咽下最后一口气。他的葬礼没有亲人，但有两万多群众自动来参加。而一年之后，大音乐家舒伯特去世，按照其遗愿葬于贝多芬墓旁。
- 说了很多值得大家学习的话。

> 智慧、勤劳和天才，高于显贵和富有。
> 把"德性"教给你们的孩子：使人幸福的是德性而非金钱。
> 卓越的人的一大优点是：在不利和艰难的遭遇里百折不挠。
> 我要扼住命运的咽喉，它妄想使我屈服，这绝对办不到。
> 生活这样美好，活它一辈子吧！

注意这个孩子，他的琴声必将轰动世界

贝多芬出生在德国波恩的一个平民家庭，他的爸爸是一位宫廷男高音歌手，在大部分时间里，他的爸爸都喝得大醉，从没对家里人和气过，甚至连家人们是否有足够的吃穿都从不过问。

而神童莫扎特的成功刺激了贝多芬的爸爸，于是……

如果我的儿子和莫扎特一样，是小明星，那么我就发财了！

美酒！房子！要什么有什么！

和命运抗争的乐圣 **贝多芬**

贝多芬的爸爸要实现自己的幻想，接下来的行动就是：
- 把四岁的贝多芬锁在屋里，从早到晚地练习钢琴和小提琴。
- 每天扔一堆曲谱在贝多芬面前，一天最少要练熟五首曲子。
- 喝醉后，就算半夜两三点也会把贝多芬从床上拉下来练琴。

为了酒池肉林的生活！

现在你就辛苦点吧！

- 动作稍微慢一点，就准备挨打吧。

贝多芬的老爸歌唱得一般，倒是很懂包装、宣传与营销……

先生们，女士们，这孩子才只有五岁半，已经是个小小的音乐家了！

五岁半就这么高了？

哈哈！

胡说！我已经有八岁了！

影响世界的他们
——大艺术家

就这样，贝多芬被他老爸带着到很多地方开音乐会，虽然也取得了一定的成就，但是，离他爸爸的期望还有一定的距离，不过，这个时候，贝多芬的老师奈弗对他帮助很大。

1787年春天，贝多芬来到维也纳，在这里和他的偶像莫扎特相遇了。

> 哦，天啊，见到活的了！

> 我一直活得很好！

莫扎特是很忙的人，但他还是很认真地听了贝多芬的演奏，贝多芬得到了莫扎特的欣赏，他也准备长期跟随莫扎特老师学习。可是这个时候，贝多芬却收到了妈妈病重的消息，贝多芬立刻回到了老家。由于家庭事务太多，一直到1792年秋他才有机会第二次来到维也纳，但这时莫扎特已经去世了。

莫扎特留给少年贝多芬的一句话就是：

> 注意这个孩子，他的琴声必将轰动世界！

成功，可以说的秘密

1. 百分百勤奋努力

除了那少得可怜的睡觉时间，我几乎都待在钢琴旁边。我的生活几乎就是这样的——钢琴在哪儿我在哪儿。

> 姑娘，请嫁给我吧！我将带你进入艺术的海洋……

> 比起我，你更喜欢钢琴！

看来我是过于专注，旁人觉得我是异类，觉得钢琴当我老婆就行了。不过我一天在钢琴前要坐上十几个小时，普通人也的确受不了我这种生活。

> 要知道，人的耳朵在85分贝以上的声音环境中长时间停留就会影响听力，钢琴声的分贝在80～90分贝啊。

医学专家权威注释

结果我的听力越来越差，这让我的脾气越来越暴躁。所以说，认真是好事，但是无论做什么，都要注意自己的身体健康。

影响世界的他们
——大艺术家

2. 绝对不放弃希望

我的耳朵越来越听不见声音了,可我并没有听从医生的话停止练琴。直到我的耳朵彻底聋了的时候,我的世界有点像天塌下来了一样。我写好了遗书!对一个音乐家来说,这是多么的悲惨啊!

不过我并不愿意放弃音乐和我的生命,因为我渐渐地发现,音乐不只是动听的声音,也是一种思想的语言。虽然,听不到声音是一种遗憾,但是我还可以用灵魂创作和演奏,这让我虽然痛苦,但是也感到了另一种快乐。

> **遗 言**
>
> 上帝要将我抛弃了,我的世界失去了声音,我在这个世界又有什么意义?

3. 绝对投入废寝忘食

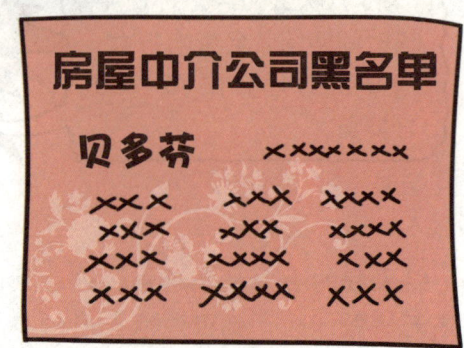

似乎这种黑名单就是为我打造的,每张黑名单在一开始就绝对有我的大名。

虽然我并不想用这种方式出名,但是我认真创作的时候,为了使自己的头脑保持清醒,我会把一盆盆的水

> **房屋中介公司黑名单**
>
> 贝多芬　　×××××××
> ×××　×××　××××
> ×××　×××　××××
> ×××　×××　××××
> ×××　××××　×××

和命运抗争的乐圣 **贝多芬**

泼到自己头上。那些水通过地板都流到了楼下。

房东,这房子漏雨啊!

现在可是晴天!

一定是贝多芬那瘟神干的好事!

我已经记不清搬家多少次了。

……

  还有一次,我来到一家饭馆用餐。点过菜后,我突然来了灵感,便顺手拿起餐桌上的菜谱,在菜谱的背面作起曲来。不一会儿,我就完全沉浸在美妙的旋律之中了。服务员看到我十分投入的样子,也不敢来打扰我;直到过了一个小时,服务员才终于来请我点餐。

我照菜单上的定价付款之后，直接拿走了写满音符的菜谱。

4. 绝对严谨，不停进步

我写作歌剧《费德里奥》时，为其中的一首合唱曲先后拟定过十种开头。人们熟悉的《命运交响曲》第一乐章，我也写了十几种不同的构想。我常常揣着笔记本，在散步时也从不忘记将突发的灵感记录下来。

和命运抗争的乐圣 **贝多芬**

我有张稿纸，其中一处改了又改，贴上了 12 层小纸片。但这些小纸片最里面的那个最初构想的音符与最外面的那个第 12 次改写后的音符还是一样的。

> 不，通常我都要反复试多次才定稿。艺术必须认真对待，哪怕一点小细节。

> 结果还是一样，这只是浪费时间。

我有一次听到一位朋友弹奏一首很难听的曲子。

> 这是谁作的曲？实在太蠢了！

> 就是你的《c小调三十二变奏曲》啊。

> 这么笨拙的曲子会是我写的？

> 啊，当年的贝多芬简直是个傻瓜！

后人评价我说："贝多芬时刻都在变化，在成长。"

是的，我在不停地钻研，最好的作品就是最有进步的，我一直在努力，即使耳聋也没有放弃，这是我一生的追求。

影响世界的他们
—— 大艺术家

和命运抗争的乐圣 **贝多芬**

自法国革命后,欧洲的空气为之一新,个人自由与人权的确立更是让人振奋。贝多芬把音乐平民化,将音乐从贵族私有带到了全民中。贝多芬的成就功垂百世。

可我还是不想租房给这个人!

影响世界的他们——大艺术家

文艺复兴的伟大巨人 达·芬奇

关于今天的这位伟大人物,首先要从欧洲历史上黑暗的中世纪讲起。

> 这是一个战乱四起、思想闭塞、科学文化停滞不前的黑暗时代。

> 那么这个可怕的时代是如何结束的呢?

> 文艺复兴!伟大的文艺复兴结束了漆黑的中世纪!

> 什么是文艺复兴?

文艺复兴是13世纪末在意大利各城市兴起,后来扩展到西欧各国,于16世纪在欧洲盛行的一场思想文化运动。这场运动带来了一段科学与艺术革命的时期,揭开了近代欧洲历史的序幕,被认为是中古时代和近代的分界。

文艺复兴的伟大巨人 达·芬奇

13世纪末期，在意大利商业发达的城市，新兴资产阶级中的一些先进的知识分子借助研究古希腊、古罗马艺术文化，通过文艺创作，宣传人文精神。在文艺复兴时期的意大利，出现了三位并称为"文艺复兴三杰"的伟大人物。

米开朗基罗　拉斐尔　达·芬奇

是的，达·芬奇、米开朗基罗和拉斐尔的出现，让意大利的文艺复兴运动发展到了顶峰。而我们今天的主角就是莱昂纳多·达·芬奇。

可以说莱昂纳多·达·芬奇是整个欧洲文艺复兴时期最完美的代表。他是一位思想深邃、学识渊博、多才多艺的画家、寓言家、雕塑家、发明家、哲学家、音乐家、医学家、生物学家、地理学家、建筑工程师和军事工程师。

鄙人达·芬奇，在这里向各位问好。

什么啊！这么多头衔？这是一个人可以办到的事吗？这不科学！你是虚构的人物吧！

这种大喊大叫妖言惑众的小子是哪儿来的？

你那是什么装备啊？

23

影响世界的他们——大艺术家

达·芬奇是一位天才，他一面热心于艺术创作和理论研究，研究如何用线条与立体造型去表现形体的各种问题；另一方面他也醉心于研究自然科学，为了能够创作出更加真实感人的艺术形象，他广泛地研究与绘画有关的光学、数学、地质学、生物学等多种学科。他的艺术实践和科学探索精神对后代产生了重大而深远的影响。

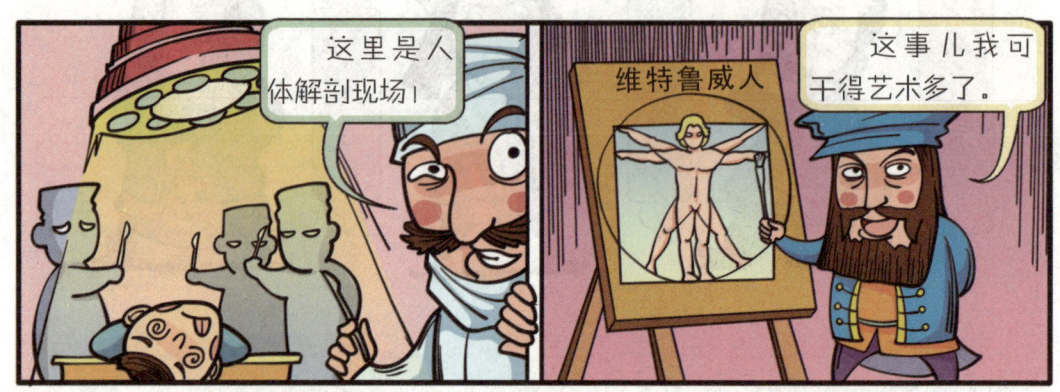

> 这里是人体解剖现场！

> 维特鲁威人
> 这事儿我可干得艺术多了。

> 这是世界上最先进的坦克。

> 这是世界上第一辆坦克。

> 我喜欢自行车！

> 这是我设计的简易自行车！

文艺复兴的伟大巨人 **达·芬奇**

关于这位了不起的巨人

- 童年时代的达·芬奇聪明伶俐，勤奋好学，兴趣广泛。他歌唱得很好，很早就学会了弹七弦琴和吹奏长笛。他的即兴演唱，不论歌词还是曲调，都让人惊叹。他尤其喜爱绘画，常为邻里们作画，有"绘画神童"的称号。
- 是个帅哥，性格活泼，精力旺盛，多才多艺。
- 在艺术创作方面，达·芬奇解决了造型艺术中三个领域——建筑、雕刻、绘画的重大问题。
- 画了一幅世界闻名的画《蒙娜丽莎》。
- 有个和别人不一样的睡眠习惯。

> 我听说有人对"是个帅哥"这项形容持怀疑态度？

青年达·芬奇

> 这个叫多相睡眠法，就是每四个小时睡十五分钟，这么一夜睡一个半小时就够了。不过我不推荐普通人轻易尝试，小心你们会因此睡眠不足哦。

- 习惯从右到左写字。

达·芬奇的学生：

我要疯啦！

要不，还是用镜子吧。

看不懂！

25

影响世界的他们
—— 大艺术家

- 喜欢航空航天，做梦都想飞，并且设计出最早的飞行器。

达·芬奇的飞行器

文艺复兴时期，人人都有奇思妙想，人人都是艺术迷和科技迷，每个人都尽最大的努力探索各种不同的领域。当然，达·芬奇是对这些自己有兴趣的领域最成功的挑战者。他的思想丰富，想象力开阔，每一个方面都做到了最好，超过了任何一个同时期的人。

达芬奇的超级才艺秀

达·芬奇有着惊人的创造力和行动力，简直像长了三头六臂一样。

文艺复兴的伟大巨人 **达·芬奇**

画家达·芬奇

我觉得她说的应该没错!

这就是现今世界上最有名的画作——达·芬奇的《蒙娜丽莎》!

除非你是达·芬奇本人,否则别在这儿乱拍照!

太多的人都为了蒙娜丽莎的微笑着迷,就连拿破仑和撒切尔夫人都是蒙娜丽莎的忠实粉丝。不过,要论最最忠实的,当属法国国王路易十三。当路易十三得到蒙娜丽莎这幅画时,他立刻挂在墙上,茶不思,饭不想,还找两个女儿来模仿蒙娜丽莎的微笑。

路易十三的女儿们

这是什么啊?不学会她的微笑就别吃饭了!!

我要把画偷回来。

路易十四

路易十三

影响世界的他们——大艺术家

当然,我的传世佳作可不是只有这一幅!比如画在米兰一座修道院餐厅墙上的壁画《最后的晚餐》,怎么样?这名字是不是如雷贯耳呢?这也是公认的世界上最杰出的画作之一。

> 你们中有个人出卖了我……

最后的晚餐

事实上我的杰作还有很多。其中一些已经公之于世,而另一些,呵呵,这是个秘密。虽然我的画作如此杰出,但我却不只专注于画画,老实说,我的兴趣非常广泛,成就也硕果累累,就让我们继续走着瞧吧。

在建筑方面,我也表现出了卓越的才华。我设计过桥梁、教堂、城市街道和城市建筑。在城市街道设计中,我将车马道和人行道分开。设计城市建筑时,具体规定了房屋的高度和街道的宽度。

米兰的护城河就是我设计和监工建造而成的。1502年我离开桑蒂西马·阿努佳塔后,就曾在声名狼藉的罗马教皇亚历山大六世之子凯撒·波吉亚——一个相当难应付的家伙手下担任过军事建筑师及工程师。

> 我好像听见有谁在说我的坏话!不想活了?

这位是凯撒·波吉亚

文艺复兴的伟大巨人 达·芬奇

　　我对水利学的研究比意大利的学者克斯铁列早一个世纪。为了排除泥沙，我做了疏通亚诺河的施工计划，设计并亲自主持修建了米兰至帕维亚的运河灌溉工程。由我经手建造的一些水库、水闸、拦水坝便利了农田灌溉，推动了农业生产的发展，有些水利设施至今仍在发挥作用。

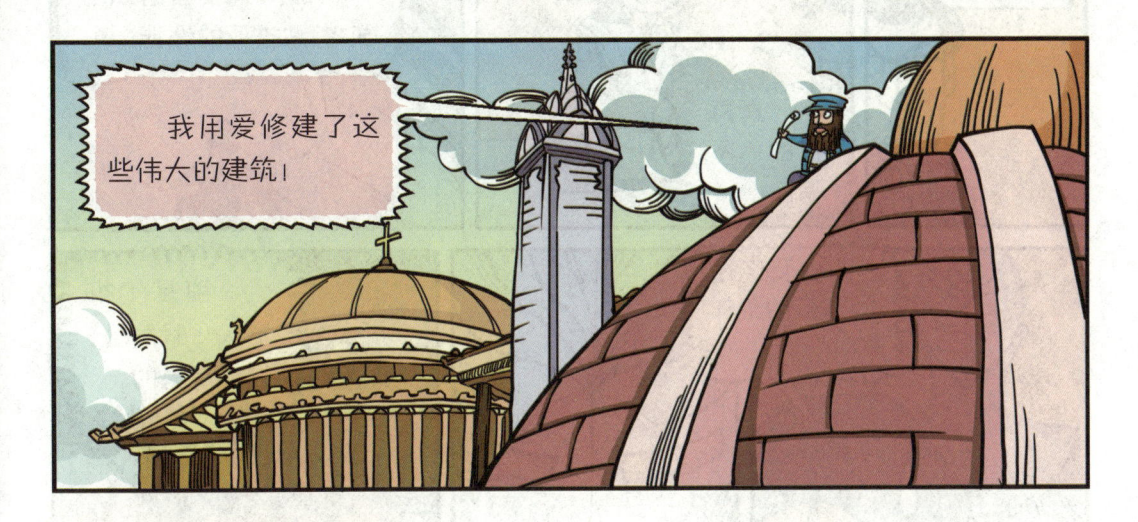

> 我用爱修建了这些伟大的建筑！

发明家达·芬奇

　　我在一生中构思过无数令人眼花缭乱的发明，很多现代人觉得，其中的很大一部分超出了我所在时代的认识水平。现代人们都好奇我的脑袋到底是什么结构，我也不知道。当然，我发誓我跟外星人以及时间机器都没什么瓜葛。

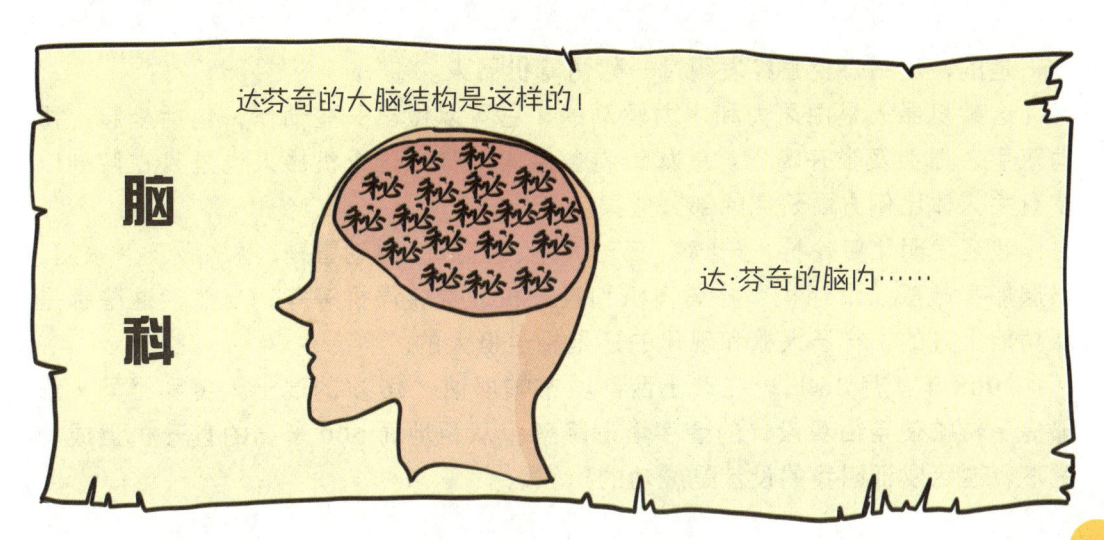

脑科

达芬奇的大脑结构是这样的！

达·芬奇的脑内……

影响世界的他们
——大艺术家

是的，没错，我曾经发明过一架仿真机器人。

这架机器人是由风力和水力驱动的，它可以做出一些动作，包括坐起、摆动双手、摇头及张开嘴巴。就如维特鲁威人一样，这个机器人也是我在解剖以及有关人体比例方面研究的部分成果。

我还发明了簧轮枪、子母弹、三管大炮、坦克车、浮动雪鞋、潜水服及潜水艇、双层船壳战舰、滑翔机、扑翼飞机和直升机、旋转浮桥等等，当然，这些都是从功能上说的，样子大概和现代的还是相差挺大的。

2008年4月26日，在瑞士西部城市帕耶讷，36岁的瑞士人奥利维耶·维耶提·特帕使用由我设计的金字塔形降落伞从距地面600米高的直升机上成功跳下，这足以证明我的设计是成功的！

文艺复兴的伟大巨人 达·芬奇

科技界的达·芬奇

水下呼吸装置、拉动装置、发条传动装置、滚珠装置、反向螺旋、差动螺旋、风速计和陀螺仪……这都是我曾经的奇思妙想。我根据高山上有海中动物化石的事实推断出地壳有过变动，指出地球上洪水的痕迹是海陆变迁的证明，这个思想与300年后赫顿在地质学方面的发现颇为近似。并且在麦哲伦环球航行之前，我就计算出地球的直径为7 000多英里①。

> 瞧，这也没什么难的。

我发现了惯性原理、杠杆原理，还研究江河湖海、地心引力、空气在肺部的运动等等。另外，经过观察和研究，我发现亚里士多德的"地球中心说"其实是错误的，不过我可没敢声张，你知道，在我的时代，若不是我的投资人凯撒是个极其厉害有权力的人的话，教会完全可以因为我有这个想法就烧死我。

> 地球不是世界中心……

> 不说我就不杀你！

罗马教皇

> 滚开！你这个异端！

> 就算杀我我也要说，地球才不是宇宙的中心！这是科学的发现！

布鲁诺

---

① 1英里=1.609 344千米。

影响世界的他们
——大艺术家

达·芬奇的私人工作室

文艺复兴的伟大巨人 达·芬奇

达·芬奇的探索之路

1. 用实力证明自己是可以画画的

我是达·芬奇，我出生在佛罗伦萨城附近的一个小镇。从小我就很聪明，是个讨人喜欢的小孩子。六岁的时候，我开始上学。在学校，我的每一门功课都很好，甚至可以说是优秀。不过，我最爱的还是画画。不过我的爸爸挺反对的，只是不像米开朗基罗的老爹那样激烈罢了。直到有一次，我在上课时，画了一张老师的速写，回到家里，我把速写给爸爸看，爸爸觉得画得的确不错，认为我有绘画的天赋，这才转而鼓励支持我。

只要我活着，我的儿子就别想当个画匠！

米开朗基罗

你就是好面子！

有一次，爸爸让我为邻居画一张木制盾牌。我仔细搜集了好多素材，并且观察了很久才开始画这张盾牌。

33

影响世界的他们——大艺术家

为了制造出令人吃惊的效果，我花了整整一个月的时间，画出了一个两眼冒火、鼻孔生烟的老妖怪盾牌。

啊！怪物啊！

爸爸，那只是面盾牌而已。

后来，爸爸把我的画给当时著名的画家及雕塑家维罗奇奥看，我的画令他很满意，并且愿意做我的老师。就这样，我到了佛罗伦萨，开始跟维罗奇奥老师学习。

我的老师维罗奇奥可不是一般人，他是文艺复兴早期意大利最著名的画家及雕刻家之一，也是15世纪下半叶最具影响力的艺术家之一。而他的声名，仅次于大名鼎鼎的多纳泰罗。

2. 画鸡蛋培养了我的观察力和耐力

维罗奇奥老师的要求很严格，跟随老师学习，我学到了很多东西。

起初，老师让我先学着画鸡蛋，一遍一遍反复地画。我感到十分的枯燥乏味，不理解维罗奇奥老师让我反复画这个小小的鸡蛋有什么意义。

> 鸡蛋有什么好画的，还要我天天画，太没意思了！鸡蛋都长得一样啊！就是一笔下去画个圈的事情，为什么要没完没了地画！

> 孩子，世界上没有两只形状完全相同的鸡蛋，多画鸡蛋，就是训练眼睛和手，随心所欲地表现事物，等到手眼一致，那么对任何形象都能应付自如了。

> 我想我明白了。

老师的话让我大受启发，从此，我开始认真地观察那些鸡蛋，争取能够分辨它们最细微的不同。在无数次的练习中，我掌握了绘画技巧，进步非常快。

影响世界的他们——大艺术家

后来，不管是绘画还是别的科学研究，我都会进行细致谨慎的观察。这个好习惯，不仅帮助我成了大画家，还帮助我成了科学家。

3. 谢谢你，我的老师

在老师的教导下，我的进步非常快。

各位，这是鄙人的新作《约翰为基督洗礼》。

哦，真是一幅好画！

对啊！

尤其是左下角的那个小天使，画得非常传神！

很抱歉，看来我以后要退出绘画界，专心去做雕塑了。

《约翰为基督洗礼》这幅画中，小天使是我帮老师画的，可是小天使却受到了最多的好评，这让老师觉得非常丢脸。我也有点不好意思，不过我真的非常感谢我的老师，没有他的教育，我怎么会有今天呢！

不过超过老师，并不是我的目标，我的目标是要探索出这世上所有的真理，并用我的画笔把它们表现出来。

4. 点燃现代汽车发明灵感之火

我留下的手稿长达1万多页，里面的很多设计至今仍有影响，人们说我是预言家，也有人说我的手稿是一部15世纪科学技术真正的百科全书。在我的科学世界中，早就有了汽车的影子，原因是我对当时的四轮马车不满。事实上，点燃现代汽车发明灵感之火的正是我这辆"达·芬奇汽车"。

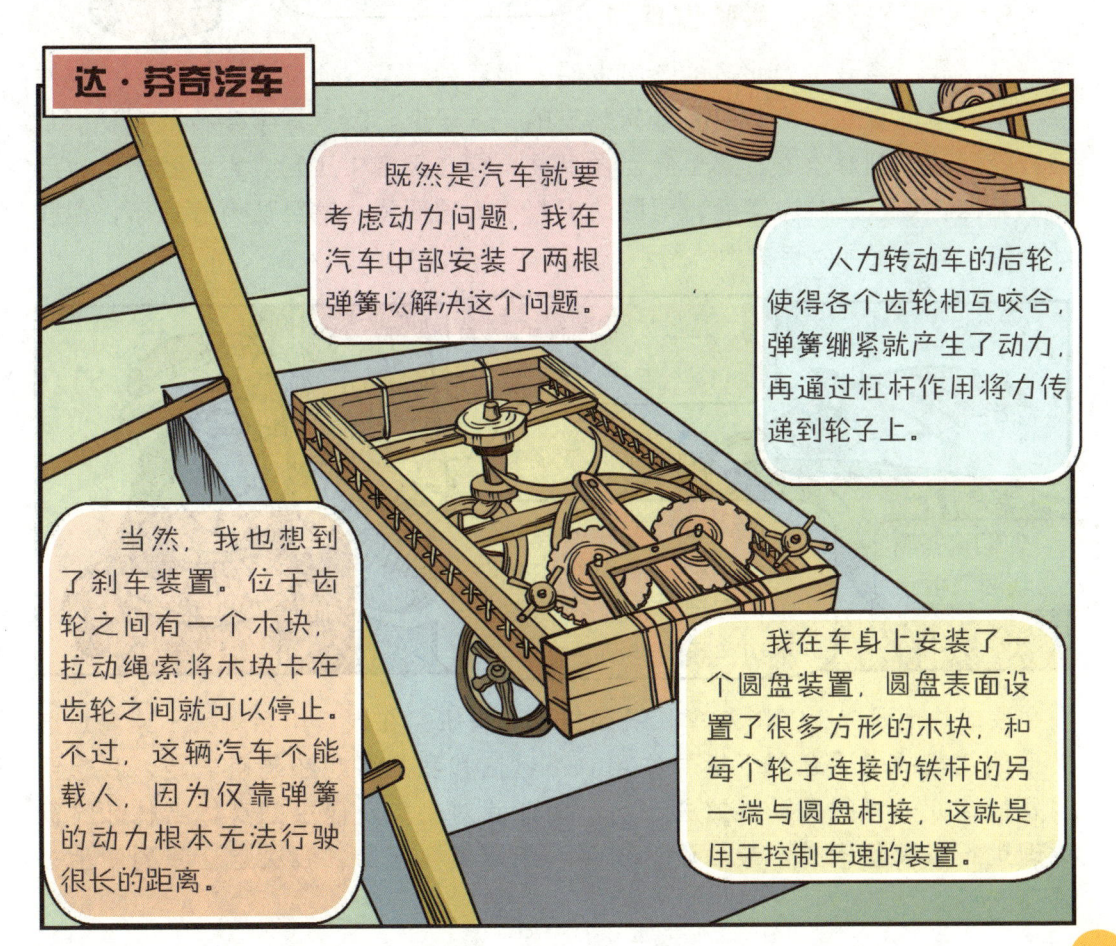

达·芬奇汽车

既然是汽车就要考虑动力问题，我在汽车中部安装了两根弹簧以解决这个问题。

人力转动车的后轮，使得各个齿轮相互咬合，弹簧绷紧就产生了动力，再通过杠杆作用将力传递到轮子上。

当然，我也想到了刹车装置。位于齿轮之间有一个木块，拉动绳索将木块卡在齿轮之间就可以停止。不过，这辆汽车不能载人，因为仅靠弹簧的动力根本无法行驶很长的距离。

我在车身上安装了一个圆盘装置，圆盘表面设置了很多方形的木块，和每个轮子连接的铁杆的另一端与圆盘相接，这就是用于控制车速的装置。

此外，乐器、闹钟、自行车、照相机、温度计、烤肉机、纺织机、起重机、挖掘机……我曾有过无数的发明设计，而这些发明设计在当时如果都能发表，并且制作出来，足足可以让我们的世界科学文明进程提前100年。

100年？

啊！多了！

是啊，真怀疑当年上帝在播撒才华时是不是没拿稳全洒在达·芬奇身上了。

5. 双翼飞行器，实验出真知

虽然我已经有了如此多的杰出发明，但我并没有就此满足。我的一生都在探寻着科学的真知，而其中我最为热衷的一项研究，就是探索飞行的奥秘。从小我就时时刻刻想象着、渴望着能像鸟儿一样在天空中飞翔。为此我画出过无数的草图，做过无数次实验，周围的人都不太理解我，甚至认为我疯了，但我却坚信人类一定可以自由地飞行。

混蛋！只有神的使者才有在天上飞的权力！

你们这些庸人，我要飞啦！

飞行器？这对我一统意大利的伟业有什么帮助吗？真受不了达·芬奇这个不切实际的老疯子。

我成功地研究出了降落伞和滑翔机，这些研究在数百年后对第一架真正意义上的飞机的发明起到了指导作用。不过这和我的梦想还是有差距，我想要的是像鸟儿一样的挥动双翼去飞行。为此我对鸟类及昆虫的身体结构和飞行原理进行了大量研究，最后设计出了一架双翼飞行器，我决定让我的学生去试飞一下。

文艺复兴的伟大巨人 **达·芬奇**

老师，真的没问题吗？您说话呀，老师！

放心吧你就肯定没问题！你只要快速挥动翅膀就行！

这么重的翅膀，怎么可能挥得动……

哈啰~没事吧？

达·芬奇的手稿现在有一部分已经找不到了，因此我们也无从知道他后来有没有设计出能让人类真正像鸟一样自主飞行的机器。即使到现在，我们能飞上太空，却也没能真正做到像达·芬奇所向往的那样去自主飞行，但也许，他已经成功了也说不定。

试飞失败了，这次失败的经验让我认识到人类没有足够强壮的身体来带动我的飞行机器。不过，我探寻飞行奥秘的决心是不会被动摇的，接下来我将要解决的是如何为人类提供足以自由飞翔的动力这个问题。但这时我的年纪已经很大了，没有力气再去为我的那些研究成果做实验，于是我把我的研究都记录在我的手稿上了——虽然我听说它们大部分后来都遗失了。

我活到了67岁，对那个年代来说我算是长命的了。可惜的是，我的很多想法还是没有实现。有人说那是因为我做事缺乏恒心，除了对飞行的研究外，其他发明都只是记录下了想法却没有去实施。不过要知道，我的想法实在太多了，真的没有足够的时间去一一实现它们，何况我还有那么多杰出的艺术创作要完成呢！

达·芬奇的机械时代

人们常说达·芬奇是一个伟大的天才,试想一下,如果人类文明真的依照达·芬奇的设计发明和他的伟大艺术发展下去的话,那将是一副多么奇妙的景象!

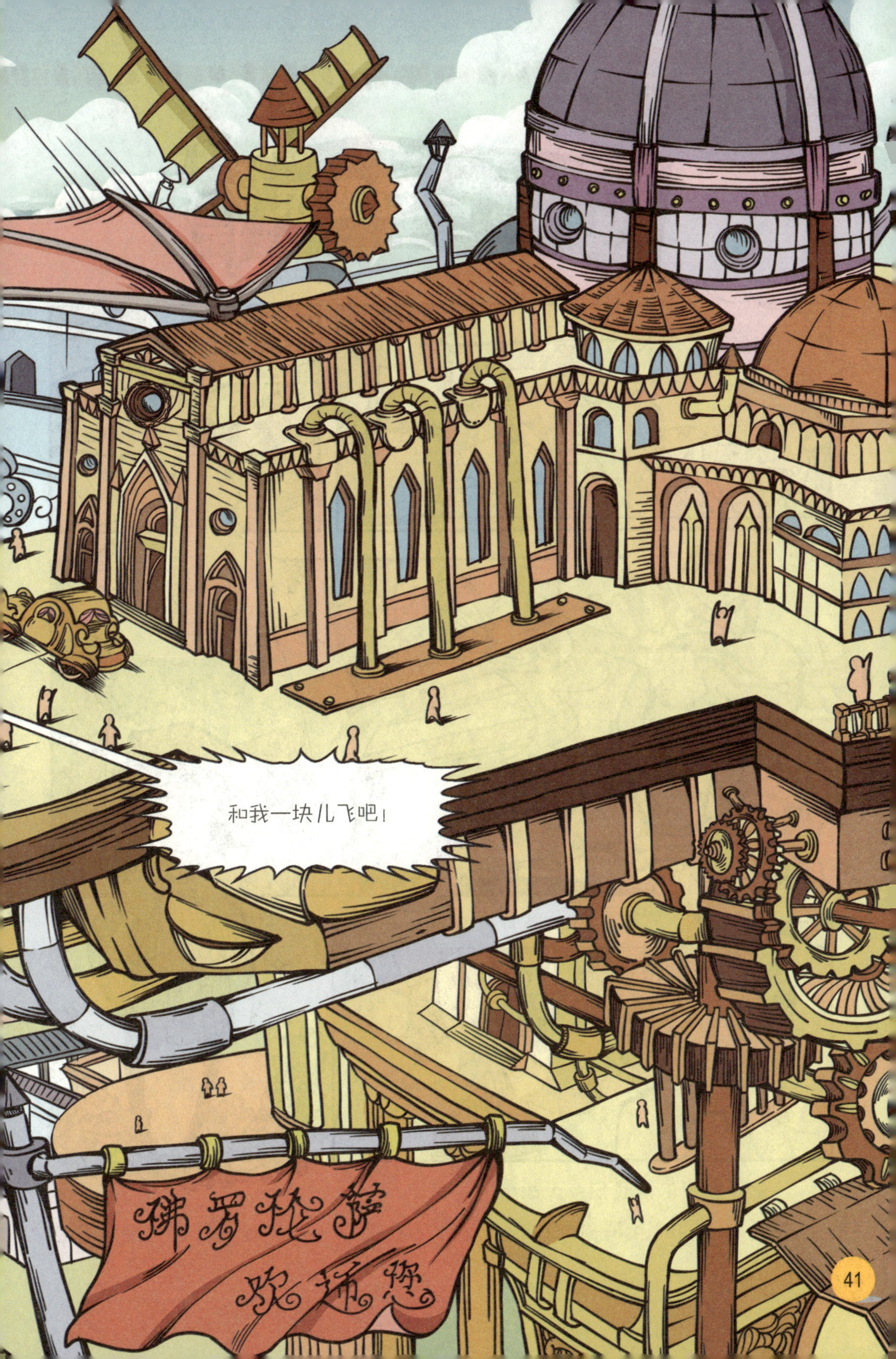
和我一块儿飞吧！
佛罗伦萨
欢迎您

优雅温和的大画家 拉斐尔

啊啊啊！快看，那是拉斐尔！

说的是我吗？

少给自己贴金了。我说的是你后面的那位帅哥。

乌龟君，你没事吧……

这就是拉斐尔，我们今天故事的主角。

拉斐尔（1483.4.6—1520.4.6），本名拉斐尔·圣齐奥，简称拉斐尔，意

优雅温和的大画家 **拉斐尔**

大利画家、建筑师。与莱昂纳多·达·芬奇和米开朗基罗合称"文艺复兴三杰"。拉斐尔的绘画以"秀美"著称,画作中的人物清秀,场景祥和。他自己也是性情平和、文雅,和他的画作一样。

关于这位万人迷大画家

- 哈哈,首先是个帅哥,万人迷的人气偶像。

> 拉斐尔!别走!等等我们!

> 你们放了我吧……

- 拉斐尔的可爱之处,不仅仅在于相貌帅,还有性格好,待人诚恳,笑容温和,人际关系非常好,大家都很喜欢他,无论是教皇还是农民,都对他有着很高的评价,也能和他打成一片。

> 毫无疑问,我有很多我喜欢的艺术家,最最最喜欢的就是拉斐尔了。至于米开朗基罗,他的那个坏脾气,苍蝇见了都绕道走。

> 我也喜欢拉斐尔,他是很好说话的人,我想要他一幅画,他也不嫌弃我穷,真是好人!

- 拉斐尔在绘画上非常聪明,他致力于寻找符合人们欣赏眼光的风格,在坚持自己的风格的同时,也善于学习别人的长处,譬如达·芬奇的构图技巧和米开朗基罗的人体表现力。

影响世界的他们——大艺术家

· 也许是老天爷觉得拉斐尔太完美了，在他 37 岁生日的时候，拉斐尔发高烧去世了。这也意味着拉斐尔在比别人短的时间里，做出了和别人一样伟大的成就，成了和达·芬奇、米开朗基罗一样的伟大人物。

> 拉斐尔是被上帝带回身边了。

> 我们要直面悲伤，哭哭啼啼太不像话了。

> 我再也不信神了！老天爷你夭妒英才！把拉斐尔还给我们！

· 罗马城都被拉斐尔的死震惊了，整个城市都在为他哭泣。罗马人为他举行了豪华隆重的葬礼，教皇还坚持把他安葬在万神庙，这可是至高无上的荣耀。

万人迷创造的艺术作品

拉斐尔的作品，就像他的人一样。安宁、协调、和谐，给人以美的享受，很符合当时大众的审美需求。

> 我学得像她吗？

> 有我的身材好吗？

> 看起来很开心，整个人都轻松了。

优雅温和的大画家 拉斐尔

他的作品都很亲切、平和，流露出画家温柔的内心。即使是《圣·乔治大战恶龙》这样的战争题材，拉斐尔都能将画面表现得圣洁高贵。

> 拉斐尔一定是上帝送给我们的天使。

事实上，拉斐尔不喜欢痛苦的东西，他也不喜欢画战争题材，他最喜欢画的就是圣母像。拉斐尔留下了三百多幅画作，有四十多幅都是圣母像。这些圣母像用色圆润、饱满，圣母们的形象端庄文雅，眼神温柔又不失青春健美。因此那个时候的欧洲，如果说一个女人像拉斐尔的圣母一样，那绝对是最高的赞美。

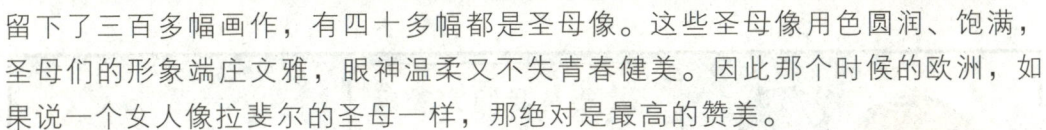

拉斐尔也很擅长画肖像画。很多大人物都排着队地等他给自己画画。

就连挑剔的教皇利奥十世，也会因为有拉斐尔帮自己绘画肖像而感到心满意足。

> 嗯，亲爱的拉斐尔，只有你才能画出我的感觉，我想要的样子。

拉斐尔还画了很多壁画，拉斐尔最著名的壁画是为梵蒂冈宫绘制的《雅典学派》。这幅巨型壁画把古希腊以来的50多个著名的哲学家和思想家聚于一堂，包括柏拉图、亚里士多德、苏格拉底、毕达哥拉斯等，以此歌颂人类对智慧和真理的追求，赞美人类的创造力。

在《雅典学派》中，位居画面中心的柏拉图和亚里士多德，一个以指头指着上天，另一个则伸出右指指着他前面的世界，以此表示他们不同的哲学观点：柏拉图的唯心主义和亚里士多德的唯物主义。以他们两人为中心，两侧分别画出的其他的著名学者，每个人都形象生动，丝毫不显得杂乱。

在这里，拉斐尔利用台阶，使众多人物组合主次前后有序、真实、生动、活泼，画面将观赏者带进先哲们的行列。宏大的场面，人物生动的姿态表情，画面布局的和谐，统一中又有变化的节奏，可谓把绘画创作发展到文艺复兴时期的顶峰。

影响世界的他们
——大艺术家

优雅的大画家的人生课堂

1. 幸福童年造就温和的性格

我的一生是非常顺利幸福的,充满了温暖、爱护、肯定、自信与安全感。相比起来,达·芬奇与米开朗基罗可就没我这么幸运了。

我一出生,爸爸妈妈就特别疼爱我。我的爸爸是一位画家,也是一位诗人,我们家的生活不是特别富有,但是因为妈妈和爸爸非常恩爱,她也贡献了所有的力量来照顾家庭,所以,我们一直过得很欢乐。

> 要是我们家爹妈也这样就好了!

我的爸爸妈妈在生我之前,曾经有过两个儿子,但是很不幸运,两个哥哥都没有活下来。所以,我出生以后,爸爸妈妈对我加倍宠爱,一天到晚地祈祷着我健康成长。并以拉斐尔来给我取名字。拉斐尔在意大利文中就是天使的意思。

我从小就表现出极高的艺术兴趣与天分,在我还不会说话时,就喜欢拿着画笔当玩具玩儿,见着颜料就兴奋,这些都使我的爸爸妈妈很高兴。

我8岁的时候,爸爸开始教我画画,10岁的时候,爸爸就教会了我所有的绘画技巧。为了提高我画画的水平,爸爸还不断给我请老师,并大力鼓励我探索自己的艺术风格。

> 有什么好得意的!

> 看吧~我的童年是那么的幸福快乐,这些都是我的幸福记忆。

46

优雅温和的大画家 **拉斐尔**

我 8 岁的时候妈妈去世了，11 岁的时候，爸爸也去世了，我成了孤儿，可是爸爸妈妈的爱都在我心里，这些爱都不会丢的。后来叔叔成了我的监护人，他也很支持我继续画画，我对我的家人都非常感激。

2. 好老师和虚心使人进步

我在 16 岁的时候，离开了家，跟着大画家佩鲁吉诺学习画画。他是一位好老师，教会我很多很多对绘画有用的东西。

> 要想画出好的图画，就必须先练出好的身体！

> 是。

非常感谢佩鲁吉诺老师，这么认真地教导我，就这样，我跟随老师学习了好几年。直到有一天，画室来了一群老师的画家朋友，于是……

> 哇，《圣母的婚礼》，这太棒了！

> 佩鲁吉诺，你现在不得了啦，简直超越了你以前的所有作品！

> 的确，瞧，无论是构图还是人物形象，都是超一流的！

> 既然这样，那实话告诉你们吧，这是我的学生——拉斐尔的作品！

影响世界的他们——大艺术家

大家七嘴八舌地赞扬我，老师也很为我高兴。可是接下来，老师就对我说：

> 拉斐尔，你的水平已经完完全全超过了我，你应该到佛罗伦萨去，我没有资格再做你的老师了。

> 没有您也就没有我，您永远是我的老师，我会一辈子记住您对我的教导的。

就这样，我来到了佛罗伦萨，这可是艺术之都，达·芬奇和米开朗基罗都在这里。我刚到这里的时候，达·芬奇和米开朗基罗已经收到了佛罗伦萨市政厅的邀请，正在为维奇欧宫的会议大厅绘制巨幅壁画。

我亲眼看到他们两位大师的作品时，简直惊呆了。我发自内心地希望能够向他们学习，深入地研究他们的作品。当然，所有的艺术家都值得我学习，我很乐意向每一个人学习。

在佛罗伦萨这艺术的天堂里，我陶醉在了这些大师的作品中。

> 这作品的用笔真是出神入化！

> 亲，我们要关门了，走吧！

> 这作品的细腻度真是鬼斧神工。

> 伙计，再不走把你关在里面了。

> 我要是也能设计出这样的圆形屋顶就好了。

就这样，我一边学习他们的长处，一边创造自己的风格。很感谢这些前辈们，通过刻苦、细心地研究他们的作品，我有了更多绘画方面的心得体会，我不停地创作，终于获得了属于我自己的成功。看下佛罗伦萨的媒体评论吧。

优雅温和的大画家 **拉斐尔**

佛罗伦萨艺术报

新的偶像诞生了，这就是年轻的艺术家拉斐尔，他简直是个天才！他的作品融合了达·芬奇和米开朗基罗等同时代艺术家的特长，又散发着自己让人无法抵抗的风格，吸引着大众的眼球，展现出一种只属于拉斐尔的优雅格调。

3. 拥有和发挥自己的特长

> 我的特点嘛，那就是我的作品总是那么崇高威严……

> 我在很多方面无法和两位大师相比，但是论温和优雅，我应该是可以排第一。

> 谁没特点啊，瞧我的作品，总是发出震撼人心的悲壮力量。

优雅温和不只是我的性格，我的作品也是这样的，我的作品也让很多人感受到了愉悦，我也很高兴能让大家都快乐起来，这让我越来越有名气，所以，我也很快成为和达·芬奇，还有米开朗基罗一样有名的艺术家。

瞧吧，连教皇都亲自给我写信：

我亲爱的拉斐尔：

49

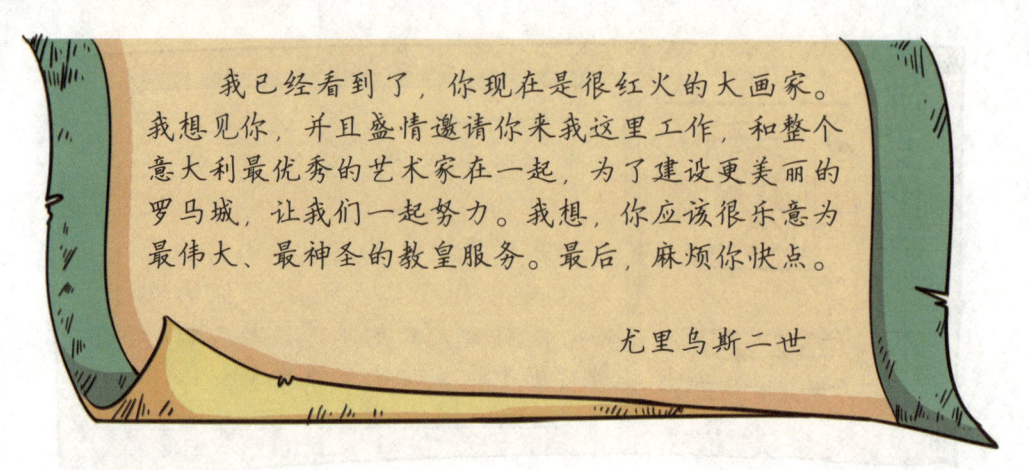

> 我已经看到了，你现在是很红火的大画家。我想见你，并且盛情邀请你来我这里工作，和整个意大利最优秀的艺术家在一起，为了建设更美丽的罗马城，让我们一起努力。我想，你应该很乐意为最伟大、最神圣的教皇服务。最后，麻烦你快点。
>
> 尤里乌斯二世

我就是这样来到了罗马。

我们的教皇有着尊贵的身份，这里的确汇集了很多最优秀的艺术家，都在为他服务。我到罗马的时候，米开朗基罗已经在这里画西斯廷教堂的天顶画了。

但是我来后不久，教皇就把其他艺术家都解雇了，只留下了我和米开朗基罗。

> 其他人只是优秀的艺术家，你们俩是伟大的艺术家，最伟大的艺术家才配得上为最最伟大的教皇服务。

教皇让我做的事情是，为梵蒂冈宫的墙壁画画。我趁着这个机会，充分发挥了我的技术，用我最擅长的风格，在这里画了四幅壁画。这些画中就有我的代表作，那就是先贤云集的《雅典学派》。

4. 越忙碌，越要注意健康

为完成教皇的任务，我几乎所有的时间都在工作。同时还有很多高官、贵族、大富豪也在请我画画，我不好意思拒绝他们，结果弄得自己忙得透不过气来。

优雅温和的大画家 **拉斐尔**

我越有名，就越忙碌；我越忙碌，我的订单也就越多。

> 达·芬奇和米开朗基罗的作品都很厉害啊，真让人崇拜。

> 哎，反正我不会找他们俩画画，达·芬奇经常会为自己的兴趣中断工作，而米开朗基罗，想想他的脾气就害怕。

> 没错，要选就选拉斐尔，我是他的铁杆粉丝。

> 选择拉斐尔是正确的，就算不是他的粉丝，我也会选择拉斐尔，因为他总那么温和，很好亲近，并且能按时完成工作。

> 可是，我真的很累。我没有时间休息，总是一个活儿接一个活儿，不停地画。

1514年，圣彼得大教堂的总建筑师布拉曼特生病去世了，教皇让我接他的班，继续建造。这个时期的我，成了罗马最忙碌的建筑师。

几年之后，我又当上了罗马的文物总监，负责保护罗马的文物，制订计划、考古发现等等。这份工作很有意义，我做得很仔细认真。

这样努力的工作，让我获得了荣耀、财富和名声。但是，我的身体却垮掉了，一场高烧就夺走了我的生命。

这就是我的故事，我的人生虽然短暂，但是我很感谢那么多人喜欢我，同样，我也感谢那个伟大的文艺复兴时代。

我想给大家说的是，尽情投入到你热爱的事业中，才能更有成就。不过越忙碌，越要注意健康，这是我的经验与教训，和你们一起分享。有空的时候，要记得唱唱健康歌啊。

影响世界的他们
——大艺术家

文艺复兴三杰只是我们的头衔，这个时代的伟大之处在于每个人都让思想的火花尽情地燃烧起来，将被禁锢的黑暗的中世纪照耀得一片光明。

优雅温和的大画家 **拉斐尔**

影响世界的他们
——大艺术家

贫穷的超级画家 梵高

"那个红头发是个疯子！"

没错，我们今天要讲的就是这个红头发的疯子，因为……

为了画画不吃不喝不要命。

"不！不行！"

触动社会禁忌爱上表姐。

付不起生活费，为此结束了第三段爱情！

割掉了自己的耳朵。

54

贫穷的超级画家 **梵高**

他的性格很激烈，经历听起来也有点可怜，但是绝对不是疯子。在他短暂的生命里，贫穷一直困扰着他，但他自身是和太阳一样发光发热的伟大画家。他就是文森特·威廉·梵高，荷兰后印象派画家。他是表现主义的先驱，并深深影响了20世纪的艺术，尤其是野兽派与德国表现主义。

梵高的作品，如《星夜》《向日葵》《有乌鸦的麦田》等，现已跻身于全球最广为人知、最昂贵的艺术作品的行列。

> 这幅画3 950万美元，我终于买到了！

关于这位红头发的疯子

不是帅哥，走路驼背，脸上有雀斑，有点像小老头儿。

> 这叫艺术家范儿！

> 懂不懂欣赏啊！

当过传教士，后来收到了教会的一封信，就辞职了。

> 文森特·梵高先生：
> 　　作为一个传教士，你是不合适的，你的过度热情已经超过了牧师的职责，你更应该去做慈善家还有人道主义者。

影响世界的他们——大艺术家

- 不喜欢拍照，却给自己画了四十多张自画像。
- 有个好弟弟，和弟弟的感情很深。弟弟是梵高唯一的支持者，甚至有人说，弟弟提奥就是为了支持这位画家哥哥而出生的。梵高一生都在接受弟弟的照顾，他去世不久，弟弟也去世了。他死了，人们才渐渐知道了梵高的作品价值。在他死后，他的画成了当时最贵的画。

> 喂喂，知道我们国家的第一富豪是谁吗？

> 当然是文森特！

- 他一生穷苦，可是弟媳妇家仓库的那一堆画，却创造了荷兰的首富，确切地说，应该是小文森特，也就是梵高的侄子，梵高最亲爱的弟弟提奥的独生子。梵高还活着的时候，他的弟弟有了儿子。因为哥俩关系特别好，弟弟也给自己的儿子取名字叫文森特，和哥哥一样的名字。

> 可惜我却没伯伯的画画天赋，不过我能够帮助我的母亲让世人知道伯伯的天才也不错了。

贫穷的超级画家 梵高

伯伯的画虽然很贵，但是我都不舍得卖，一直珍藏着，直到后来我捐献给了我的国家，并建立了国立梵高美术馆，欢迎你们来参观啊，伯伯留给我的画如今都存放在那儿。

> 我成立了梵高粉丝团，欢迎来参观哦！

超级画家的超级作品

画面左侧是柏树，一棵燃烧的柏树！天空中有星星，星星仿佛都是翻滚着的，小镇也似乎笼罩在某种不安之中，夜空在梵高的笔下扭曲着。

这就是梵高著名的画作之一《星夜》。

除了星夜之外，梵高的著名画作还有很多：《向日葵》《夜晚的咖啡馆》《乌鸦群飞的麦田》等等。现在，梵高的每一幅画都贵得惊人。来看看这些作品拍卖后令人咋舌的价格吧。

《加歇医生肖像》8 250 万美元

《向日葵》2 250 万英镑

《没胡子的自画像》7 150 万美元

《鸢尾花》5 390 万美元

《星夜》

影响世界的他们——大艺术家

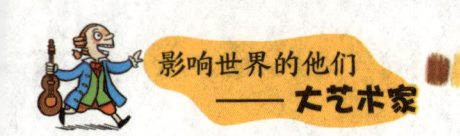

关于梵高的绘画，我们可以通过一场综合报告会来说明。

皇家画师艾德森： 你的画就像贫民窟一样，为什么？

梵高： 我喜欢乡村，土豆的味道，咸肉的味道，马粪的味道，这是多么美丽的感觉。

弟弟提奥： 为什么不能画面干净点，给我邮寄的画都跟破烂似的。

梵高： 亲爱的提奥，我是野外创作啊。

梵高： 还有啊，上次蚊子来咬我，咬完我还咬我的画，我就一巴掌拍死它们，它们死在画上，也留下了它们的痕迹，有创意吧。

我的画常常结构不合理，看起来是随便画的，可是又很生动逼真，为什么呢？因为我画的是我的感觉，我真实的感觉是什么样就画什么样。绘画不是照相，真实的感情比什么无聊的结构和比例都重要。

梵高： 好了，会议差不多了，我脑袋里又有灵感了，我画画去了！

贫穷的超级画家 梵高

超级画家梵高的超级课堂

1. 家族庞大，我生活得没什么忧愁

我的爷爷是一位牧师，而外公被选中装订第一部荷兰宪法，被誉为"国王的装帧师"。

我的爸爸也是位牧师，我是爸爸妈妈第一个活下来的孩子。因为我还有个哥哥，他出生不久就死了，所以，爸爸妈妈就把哥哥的名字给了我，爷爷也是这个名字，还有一位伯伯，也是这个名字，后来我亲爱的弟弟提奥的孩子，也叫这个名字。

> 爷爷、伯伯、哥哥，我一定会努力画画，让文森特闻名天下的！

我有三个妹妹两个弟弟，但是和我最亲密的还是大弟弟提奥，他是我最好的弟弟，也是最支持我的绘画事业的人。事实上，我们梵高家族在当时是很厉害、很有地位的，我的几个叔叔伯伯在当时都是"很有影响的人物"：

海因伯伯，在鹿特丹开画廊，后来迁到布鲁塞尔。

约翰伯伯，一位海军司令，生活在阿姆斯特丹。1877年，我到这位伯伯家生活了一段时间。

科尔叔叔，是一位画商。

文森特伯伯，他是位大画商。这位伯伯小时候因为身体不好，没能上大学。不过伯伯是一个很有经商头脑的人，刚开始在海牙卖绘画材料，几年间他的画廊就成为全欧洲著名的画廊。之后，他与当时世界上最大的画廊海牙古比尔公司订立了合股合同，也因此我与提奥最初都在海牙古比尔公司工作过。

不过从小开始，我的个性就比较沉静，我喜欢沉默地观察事物，不太善于表达。也许是我的家庭给了我艺术的灵感，虽然我没受过什么正规的绘画教育，但是我能够凭本能来表现这个世界，而这些作品中充满了我对这个世界的感情。

2. 只要喜欢，起步就不晚

我觉得，我命中注定是画画的，虽然我在 27 岁之前都没接触画画，我也不是天才儿童，也没从小树立当画家的理想。在 27 岁的时候，我才学习画画，想想我之前的时间在干吗？

这就是我原来的生活，先是心爱的姑娘拒绝了我，瞧不起我，本来想子承父业做一名传教士，可还是被人找理由解雇了。

贫穷的超级画家 梵高

我的心情很低落，我很孤独，唯一让我可以抒发这种郁闷之情的办法，就是给我的弟弟提奥写信！

> 亲爱的提奥：
> 　　我最近很难过，身边的一切糟糕透了，我想离开这里了。我发现我爱上了画画，我想学习画画，做个大画家。如果可以的话，我想去巴黎找你。哥哥很想你，弟弟，只有你是最懂我最理解我的。
> 　　　　　　　　　　　　　　　爱你的文森特

3. 困难没完没了

画画可不是闹着玩的，我面对的困难没完没了。但是，无论怎么困难，我还是开始了创作。我特别喜欢大自然，我觉得大自然里的每个生命都和人一样，是有感情的，所以，我爱画大自然里的一切。

可是，我拼命地画，结果却并没那么好……

"卖了好多天都没人买，难道我的画没人喜欢吗？"

于是，我又给提奥写了信。

> 亲爱的提奥：
> 　　我的弟弟，我现在每天吃咖啡而不是喝的了，因为除了咖啡，我再也没有任何粮食了，我更没有一点钱。这些我还是能够忍受的。但是，关于画画的事，我必须要做，我需要十个法郎，希望你早点给我邮寄过来。最好和钱一起，再给我邮寄几件能穿的衣服。
> 　　　　　　　　　　　　爱你的哥哥，文森特

影响世界的他们——大艺术家

弟弟二话不说就给了我所有我需要的，他一直都是这么帮助我的，这让我很惭愧。在很多亲戚都不爱搭理我的时候，只有我的弟弟提奥，一直给了我无私的关怀和照顾，提奥是世界上最好的弟弟。

那个时候，提奥已经是个小画商了。我怕我的画不能给他带来收入，改了改画风，可是，当提奥看到我的画时：

> 我是要你创作，不是要你模仿，你画的应该是梵高的画，不应该是模仿别的名人的画！

在提奥的提醒下，我发现了自己的问题。虽然巴黎是印象派画家的天地，但是我有着更加不同的想法。就这样，我离开了巴黎，到了法国的南部。

4.生命的色彩和割耳朵事件

在普罗旺斯，我看到了最美的太阳。这是我长这么大第一次看见这么大的太阳，那鲜亮的色彩就像奔放的生命。我立刻给提奥写了信。

> 亲爱的提奥：
>
> 　　我的弟弟提奥，来到这里太惊喜了，也太震撼了，你简直无法想象，这里的太阳，它是明亮的黄色，是属于我的颜色，我简直爱上了它，这是和我的生命一样的色彩。
>
> 　　我想，如果我调好色彩，我会画上一幅普罗旺斯的太阳，送给你，我最亲爱的弟弟。
>
> 　　　　　　　　　　　　　　　　　　　　　爱你的哥哥，文森特

贫穷的超级画家 **梵高**

在这里画画太有感觉了，我的灵感就像火山爆发一样。我租了房子，并把房子的外墙粉刷成了黄色，然后给我的朋友高更写了邀请信。

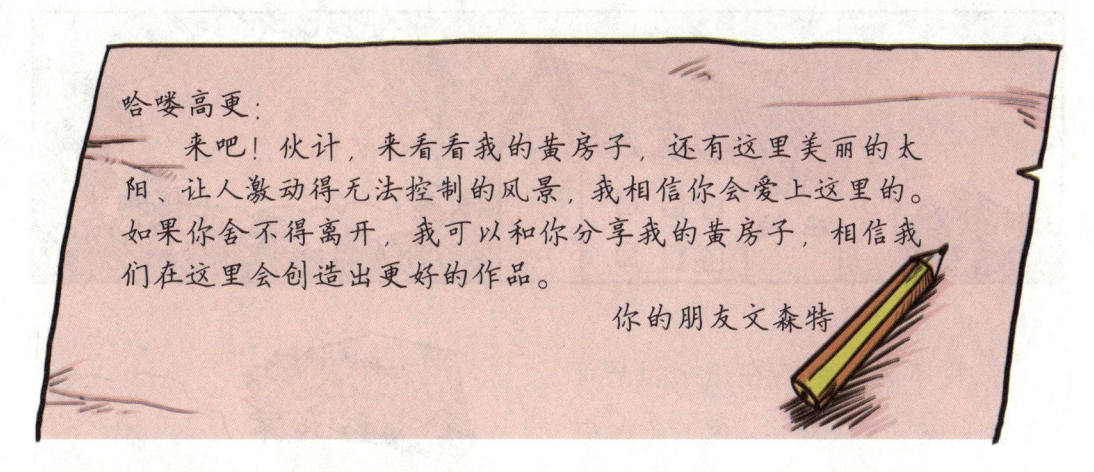

哈喽高更：

　　来吧！伙计，来看看我的黄房子，还有这里美丽的太阳、让人激动得无法控制的风景，我相信你会爱上这里的。如果你舍不得离开，我可以和你分享我的黄房子，相信我们在这里会创造出更好的作品。

　　　　　　　　　　　　　　　你的朋友文森特

收到我的信后，高更就来了。我们在黄房子里一起工作和生活。可想象是美好的，现实是残酷的，我们俩脾气都不好，无休止的吵架让人感觉糟糕透了。

你讲点卫生好吧，你碰过的每一件东西都是脏的！

你自己没手吗？不会自己洗洗吗？笨蛋！

黄色是最美的，是我生命的色彩！

我讨厌黄色，丑陋的颜色！

我们互不相让，这下高更就更加恼火了，他冲着我说："你这个大白痴，大蠢货，你给你们整个梵高家族丢脸！我诅咒你，画卖不出去，没有一个女人会爱上你。拜拜，我要回巴黎了。"

影响世界的他们——大艺术家

我被气疯了,一下子拿起了剃须刀,把自己的耳朵割了下来。然后我找了画布包起来,找人送给了一个女人,因为那个女人说过,想要我的耳朵。

> 梵高,你这个疯子!

5. 我不想继续待在这个世界了

我失去了一只耳朵,这下还真有点麻烦,听东西听不清楚了,不知道是心理作用还是生理作用,脑袋仿佛也不听使唤了。好像脑袋两边连重量都不一样了。我的行为让邻居很害怕,他们觉得我疯了,有精神病,有攻击性。我能够体谅他们,因为我自己也觉得渐渐控制不住行为了。

> 郁闷!

用刀子到处乱划

喝掉调色专用的松节油

到后来,我看到谁都觉得是来伤害我的。没办法,提奥只能把我送到了一个能照顾我的地方——疯人院!

这个病太折磨人了,我仿佛有一种预感,这病会要了我的命。所以,只要精神一集中,我就会拼命地画画,似乎在潜意识中我能够感受到,我的生命只有奉献给画画才能有一丝清明了。

贫穷的超级画家 **梵高**

在生病和画画的时候，我最想念的就是我的弟弟提奥，我给他写了一封信。

> 亲爱的提奥：
>   我怕我的病再次发作，我怕我是不能够画画了，我很想你。
>
>   爱你的哥哥，文森特

提奥收到我的信，感觉不对劲，他立刻就来看我了。

你哥哥自杀了，节哀顺变吧！

文森特！文……

可是那个时候，我已经在我画过的麦田里开枪自杀了。提奥见到我的时候，我躺在病床上，生命垂危，医生都说我坚强，因为提奥到来的时候，离我开枪自杀已经过了整整一个夜晚。为了见到我亲爱的弟弟最后一面，我和死神展开了较量，直到他到来我才闭上了眼睛，和他以及这个世界说再见。

我为能有一个这样的弟弟而心怀感激。

影响世界的他们
——大艺术家

"黄房子"是梵高在阿尔的居所,这个地方只是一个小房间。梵高打算把黄房子变成一个画家之家,这是他的一个具有乌托邦色彩的想法。

贫穷的超级画家　**梵高**

影响世界的他们——大艺术家

伟大的钢琴诗人 肖邦

2010年是波兰伟大作曲家和钢琴家肖邦的诞辰200周年,波兰参、众两院此前决定把2010年命名为"肖邦年"。在一年时间内,全球几十个国家举办了2 000余场音乐会、电影、展览等活动,纪念这位波兰音乐家。

2010 chopin

举办方:"肖邦年"庆典委员会

"肖邦年"里在波兰首都华沙出生的婴儿,都将得到华沙市长赠送的一份特别礼物:

生于华沙,灵魂属于波兰,才华属于世界。

怎么样,这礼物不错吧,大家肯定会奇怪,纪念的这个人到底是谁呢?让我们回到18世纪的欧洲,来看看这位伟大人物的生平吧。

伟大的钢琴诗人 **肖邦**

姓名：弗里德里克·弗朗索瓦·肖邦
（1810.3.1—1849.10.17）
职业：波兰作曲家、钢琴家
个人简历：
肖邦1810年3月1日生于华沙附近的郊区，爸爸是法国人，侨居华沙任中学法文教员；妈妈是波兰人。肖邦从小就表现出非凡的艺术天赋，6岁开始学习音乐，7岁时就创作了波兰舞曲，8岁登台演出，不足20岁已出名……他是历史上最具影响力和最受欢迎的钢琴作曲家之一，是波兰音乐史上最重要的人物之一，是欧洲19世纪浪漫主义音乐的代表人物。肖邦一生的创作大多是钢琴曲，被誉为"钢琴诗人"。

> 这人可真有才啊！

关于这位伟大的钢琴诗人

- 绝对的音乐神童。

> 你们看这孩子多聪明。

- 一辈子都离不开钢琴，几乎所有的作品都是钢琴曲。

影响世界的他们
——大艺术家

- 外界传说连我养的猫都会弹琴……

妈妈，快看那猫咪在弹琴啊！

其实是……
真舒服喵~
喵

- 不过我的确受到了小猫的启发，随后为它们创作了著名的乐曲……

这些人类真是吵！
喵~
《小猫的圆舞曲》试听

- 和著名小说家乔治桑谈恋爱，一起度过了长达十年的浪漫生活。

亲爱的，我永远爱你，啦啦啦~

亲爱的，我永远爱你……

毫无疑问，和乔治桑在一起的日子，是肖邦的创作高峰期，也是他一生中最幸福安定的日子。

伟大的钢琴诗人 **肖邦**

- 肖邦擅长在钢琴上即兴创作,而且有着一气呵成的流畅,但是当他想把这些曲子写到稿子上时,却非常费力,稿纸上往往留下很多涂改痕迹。许多已经完成的作品,每次经过他本人演奏一次,就会出现一种有改动的版本。可见肖邦对于作曲是十分情绪化的。
- 他在国外经常为同胞募捐演出,反而不太愿意为贵族演出。

> 去告诉这些富二代们,今天我只给穷人演奏,叫他们改天吧。

> 请肖邦先为我们演奏吧!

- 是非常爱国的音乐家。他离开祖国18年之久,也不忘祖国,舒曼称他的音乐像"藏在花丛中的一尊大炮",向全世界宣告:"波兰不会亡。"他经常把自己关在小黑屋里进行创作,把一腔热血化为音符。在生活非常孤寂时,肖邦会痛苦地自称是"远离母亲的波兰孤儿"。

> 肖邦又把自己关在小黑屋演奏了。

> 可能是太思念家乡了吧……

- 39岁去世,最后的心愿是把自己的心脏运回祖国,并把祖国的泥土撒在自己的墓碑上。
- 葬礼上,莫扎特的《安魂曲》和肖邦自己创作的《葬礼进行曲》成了送他离开大家的最后两支曲子。

·为了纪念他，波兰每五年举办一次"国际肖邦钢琴作品比赛"，这是国际上水平最高、影响最大的钢琴比赛之一。

关于伟大的"钢琴诗人"的作品

肖邦19岁的时候，在华沙音乐学院上学，他爱上了一个姑娘。

> 好喜欢那个女孩子，可要怎么跟她说呢？

倍受思念折磨的肖邦，只有给朋友写信倾诉。

> 亲爱的：
>   这半年来，我几乎每天晚上都梦见她，但还是未跟她交谈过半句，我就是在对她的思念之中写下了我的协奏曲的慢板乐章。
>
>   弗里德里克·弗朗索瓦·肖邦

肖邦信件里所说的协奏曲的慢板乐章，就是著名的F小调《第二钢琴协奏曲》。这首曲子充满了对爱情的向往与渴望，被很多恋爱中的人用来表达爱情。

伟大的钢琴诗人 **肖邦**

除了表达爱情肖邦的作品也用来表达自己对祖国更深刻的情感。譬如《革命练习曲》《D小调前奏曲》《A小调前奏曲》等等，都是这样的作品。

肖邦还很喜欢创作马兹卡舞曲和波兰舞曲，前者是一种波兰民间的庆典音乐而后者则是高雅的宫廷音乐。

肖邦的作品风格很浪漫、个性鲜明，并且充满了激情，为欧洲浪漫主义音乐增添了动人的光彩。

钢琴诗人的成功课堂

1. 在父母和老师的指导下刻苦练琴

我的爸爸在华沙的一所中学里做法语教师，妈妈特别喜欢弹钢琴和唱歌。

我出生后，每当哭闹的时候，妈妈就会给我唱歌，我一听到妈妈的歌声，立刻就安静了下来。

有一天，我自己爬到凳子上，在琴键上试着寻找妈妈平时给我弹奏的旋律。虽然旋律不是很连贯，但对于只有三岁的我，已经是很不容易的了。正好这个时候，爸爸妈妈在隔壁房间讨论着我对音乐的敏感和喜爱，听到我的琴声，他们感到很惊奇。"难道是肖邦在弹琴？"爸爸惊讶地问妈妈。

妈妈仔细听了听，肯定地说："是的，是的，是肖邦没错。"爸爸妈妈赶快来到了琴房。当时的我，正在用小手兴奋地弹奏着，弹得很投入很专心，连爸爸妈妈进来我都没有听见。我还有一个姐姐，她也觉得我非常有才华，甚至说她自己练习钢琴就是为了能够给我做个好榜样！

我的家人希望我能有更好的学习环境，便帮我请来了专业的钢琴老师。这位老师非常严格，他看出了我的天赋，马上让我不要再练习一些赶时髦的东西，而是开始接触巴赫、莫扎特创作的真正的好音乐，在老师的督促以及我自己刻苦的练习下，7岁的时候，我创作了《波罗乃兹舞曲》。

影响世界的他们
——大艺术家

8岁的时候，我得到了一个机会，在一场慈善音乐会上弹奏钢琴，这是我第一次正式登台表演，我们看看当时媒体的评论吧！

波兰艺术家报

头条新闻　　1818年×月×日第××期　第一版

上帝把莫扎特赐给了奥地利人，把肖邦赐给了我们波兰人！

肖邦：我的名字立刻传遍了整个华沙市，邀请我去演奏的请帖就像雪片一样飞来。

爸爸：大家都说你是音乐神童，纷纷邀请你演出，你是怎么想的呢，我的孩子？

肖邦：我要成为一名钢琴家，要学习的东西还多着呢。

次要新闻

八卦新闻

事实就是这样的，我的路还很长，我仍然需要在爸爸妈妈和老师的指导下更加刻苦地练琴，这些荣誉只能让我更努力。

2. 对祖国的爱给了我创作热情

我19岁的时候，从华沙音乐学院毕业了。这个时候，我已经是很有名的钢琴家和作曲家了，我收到了很多邀请信，譬如这封：

伟大的钢琴诗人 **肖邦**

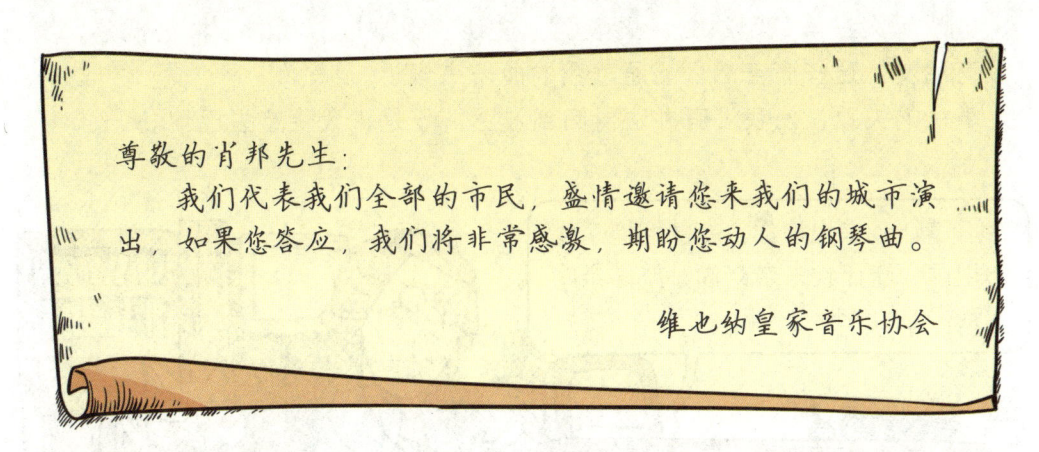

> 尊敬的肖邦先生：
> 　　我们代表我们全部的市民，盛情邀请您来我们的城市演出，如果您答应，我们将非常感激，期盼您动人的钢琴曲。
>
> 　　　　　　　　　　　　　　维也纳皇家音乐协会

就这样，我决定出国旅行演奏，也到处看看，开阔眼界。我的老师和同学都来送我，他们送给了我一份最好的礼物。

> 这是我们波兰的泥土，不管走到哪儿，都要热爱祖国，想念祖国的土地！

> 我永远不会忘记我的祖国、我的家乡，因为我热爱这里的一切……

那个时候处在战争边缘，整个世界都乱糟糟的。我的国家波兰被沙皇俄国统治，但是我们的人民想要自由和独立。在我离开后不久，波兰就发生了著名的华沙起义。

听到这个消息后，我是多么想回国，但是当时局势太混乱了，我根本没有办法回去，我唯一能做的就是，借助我的音乐，来表达我对祖国的爱和侵略者的愤怒。

> 我要把我的愤怒，全部写进我的乐曲中！

影响世界的他们——大艺术家

华沙起义在第二年的七月失败了，这让我很难过。我的心情很低落，身边又没有朋友，这些痛苦都只能通过我的曲子来倾诉。

革命的失败，使我没有办法再回到波兰。于是，我决定去巴黎。

> 请让我来抱抱你，就像拥抱了我的祖国，请让我来亲亲你，就像亲吻了我祖国的土地……

3. 实力加朋友帮助

我很喜欢交朋友，我的朋友非常多，他们包括诗人缪塞、巴尔扎克、海涅和亚当·密茨凯维奇，画家德拉克洛瓦，音乐家李斯特、费迪南·希勒等等。

我刚到巴黎的时候，没几个人知道我，而当时整个巴黎最著名的钢琴家就是李斯特，下面让我介绍下我这位朋友吧：

> 著名的匈牙利作曲家、钢琴家、指挥家，伟大的浪漫主义大师，是浪漫主义前期最杰出的代表人物之一。他生于匈牙利雷汀，六岁起学钢琴，先后是多位钢琴名家的弟子。十六岁后定居巴黎。李斯特将钢琴的技巧发展到了无与伦比的程度，极大地丰富了钢琴的表现力，在钢琴上创造了管弦乐的效果，他还首创了背谱演奏法，他也因此获得了"钢琴之王"的美称。

好吧，关于我这位朋友，也许你们以后会有详细的了解，今天的主角是我。和李斯特丰富的人生经历以及在钢琴领域的创造力相比，我对他的介绍是多么的简单啊，看看李斯特在巴黎怎么介绍我出场的吧！

伟大的钢琴诗人 **肖邦**

李斯特音乐会

哦~弹得太好了！太好了！

怎么和以往李斯特的风格不一样呢？

李斯特！我爱你！

下面让我们的主角登场！

咚咚咚咚~~

咦……这是哪位？

我们的李斯特呢？

不过弹得还不错。

  原来那个时候演奏会是需要关灯进行的，但是李斯特在灯火熄灭之际，悄悄地把我换了上来，让我来进行演奏。他用这样的方式，把我介绍给了巴黎听众，而我也不负重望，一鸣惊人。

  从那以后，无论是巴黎的媒体还是群众，都给了我很高的评价，我的名字无人不知，无人不晓。感谢我的朋友李斯特，仿佛一夜之间，我成了巴黎最受欢迎的音乐家，希望我出席各种演唱会和派对的邀请也源源不断地涌来。

影响世界的他们——大艺术家

那时候我的祖国波兰正在被俄国侵略着,我真的没有那个心情出门参加宴会。于是我在那些不用参加聚会的日子里写了很多曲子,来表达我对祖国的思念和热爱。有一天,我收到了一封俄国的来信:

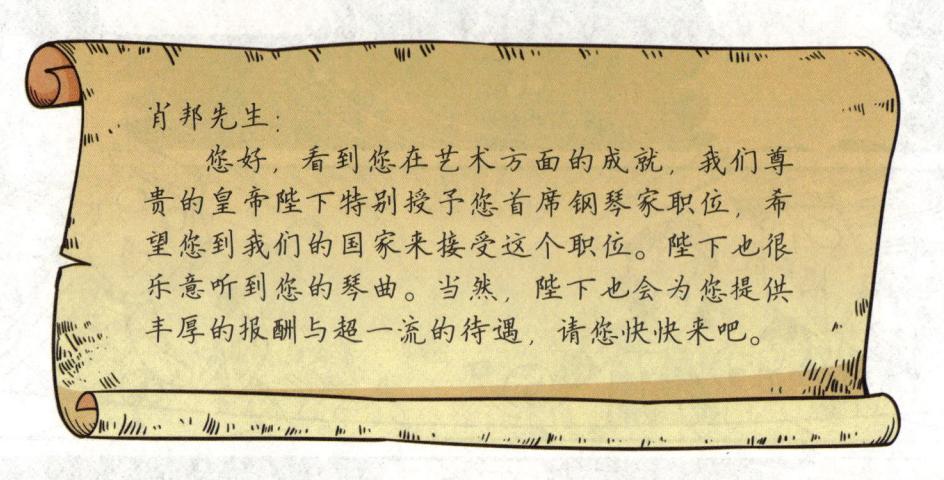

> 肖邦先生:
>
> 您好,看到您在艺术方面的成就,我们尊贵的皇帝陛下特别授予您首席钢琴家职位,希望您到我们的国家来接受这个职位。陛下也很乐意听到您的琴曲。当然,陛下也会为您提供丰厚的报酬与超一流的待遇,请您快快来吧。

俄国正在侵略我的国家,我内心对俄国的仇恨就像火焰一样熊熊燃烧着,我怎么可能在这种时候接受沙皇提供的职位?于是我果断地拒绝了他们提供的职位。于是,我回了一封信:

请停止侵略,还我国家独立,自由!

肖邦这小子真是不知道天高地厚!

伟大的钢琴诗人　**肖邦**

就这样，我的生活和创作，都停留在了巴黎这座城市。但是，如果我可以选择，我是多么想回到波兰，回到我的国家。这个愿望直到我39岁才实现，因为这一年，我死了。

我下葬的时候，人们将我一直带在身边的银杯中的泥土撒在了我的棺木上，而我的心脏，被装在一个小匣子里，运回了我日思夜想的祖国。

再见了，巴黎！再见了，我的朋友！

我得到了尊敬和赞扬，那是因为，成功要有高尚的人格，我和我的祖国将永不分割。

F.F.CHOPIN

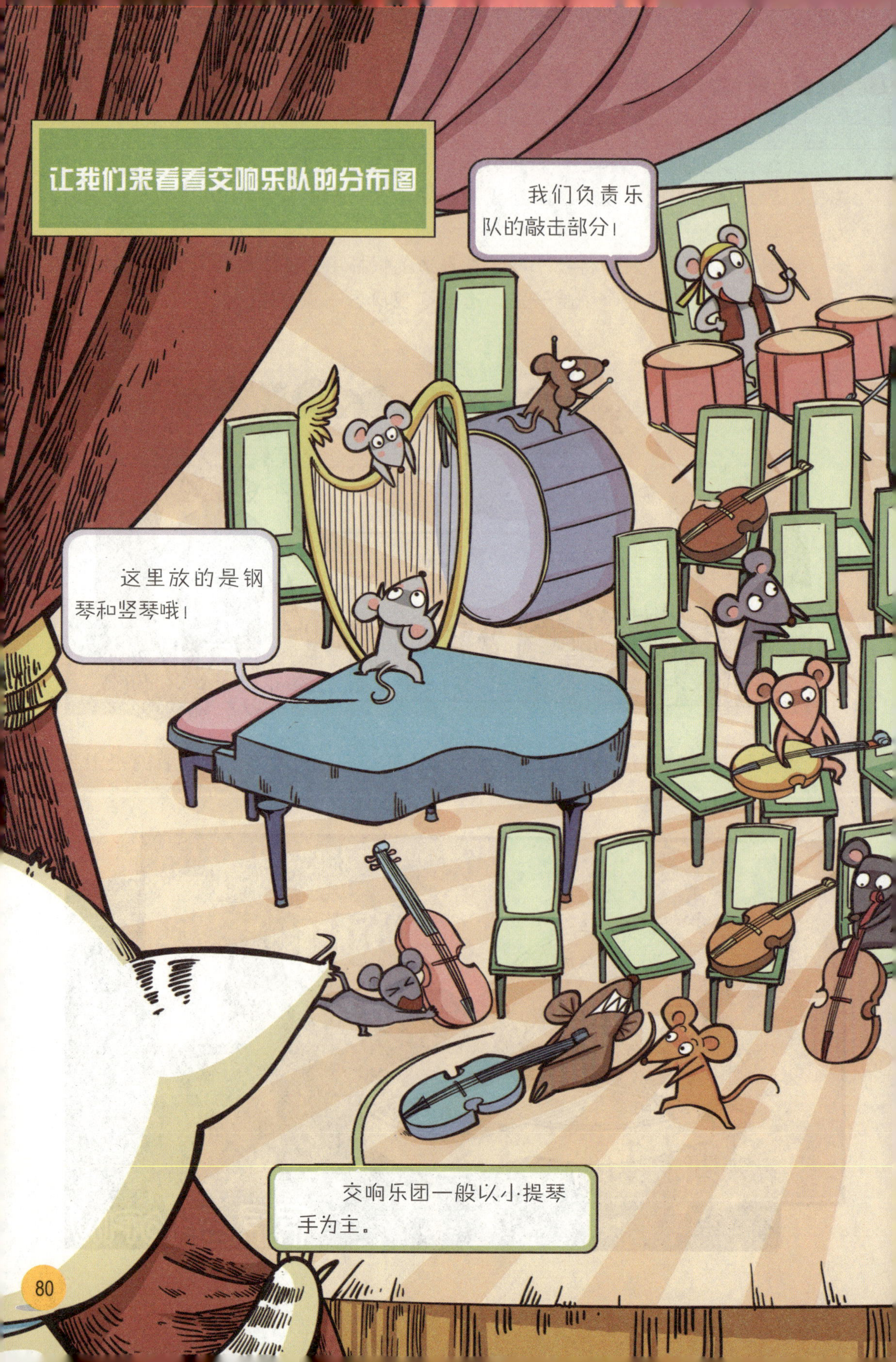
让我们来看看交响乐队的分布图
我们负责乐队的敲击部分！
这里放的是钢琴和竖琴哦！
交响乐团一般以小提琴手为主。

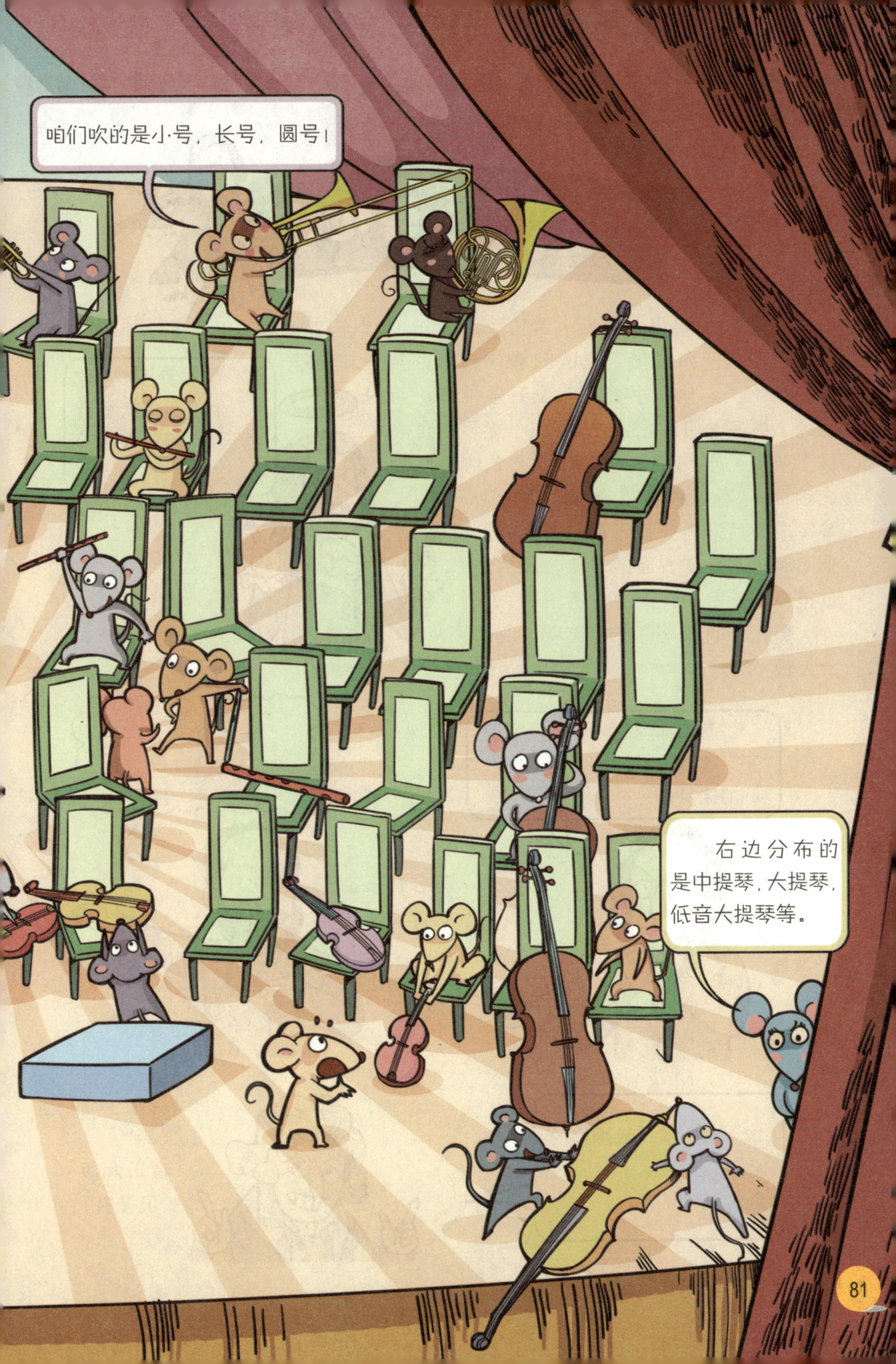

咱们吹的是小号，长号，圆号！
右边分布的是中提琴，大提琴，低音大提琴等。

影响世界的他们——大艺术家

超级音乐神童 莫扎特

沃尔夫冈·阿玛多伊斯·莫扎特（1756.1.27—1791.12.5），生于神圣罗马帝国时期的萨尔兹堡，是欧洲最伟大的古典主义音乐作曲家之一。他从小就是一位音乐神童，而经过了更多学习后，他在钢琴和小提琴方面，成了一个天分极高的艺术家，谱出的协奏曲、交响曲、奏鸣曲、小夜曲、嬉游曲等等成为后来古典音乐的主要形式。他同时也是歌剧方面的专家，他的成就至今不落后于时代的变迁。

莫扎特的粉丝可都是大有来头的大人物：

> 虽然我死得早，但我的作品包括了我生活年代所有的音乐类型。

> 莫扎特真是太不可思议了，他简直是神的创造力在人间的化身。

大思想家 歌德

> 他简直就是音乐界的基督！

著名音乐家 柴可夫斯基

> 莫扎特是我永远的偶像，这点从来没有改变过。

音乐大师 贝多芬

超级音乐神童 **莫扎特**

即使到了现在，莫扎特的音乐也非常畅销，他的音乐现在已经不仅仅是耳朵的享受了，还被人加上了很多意想不到的功能，我们来看看吧！

我们在城市的主干道、主要广场播放莫扎特的音乐，有降低犯罪率的作用哦，听莫扎特音乐能陶冶人的情操！

市民们都很赞赏。

孩子刚出生就会唱歌了！

因为我怀孕时一直在听莫扎特的音乐！

我们这里的牛奶是最好的，我们的奶牛都是听着莫扎特的音乐产奶的。

听着莫扎特的音乐，灵感不断啊！

莫扎特似乎成了个"心灵及身体治疗师"的代名词。

83

关于这位天才音乐家

· 爸爸也是个受人尊敬的音乐家。莫扎特有很多兄弟姐妹，但是活下来的只有最小的他和他的姐姐安娜。

· 绝对的神童。在欧洲音乐史的长河中，自幼便显示出音乐才能的人并不罕见。可像莫扎特那样，3岁就能在钢琴上弹奏听到过的乐曲片段，5岁就能准确无误地辨明任何乐器上奏出的单音、双音、和弦的音名，甚至可以轻易地说出杯子、铃铛等器皿碰撞时所发出的音高……如此精确的绝对音准感受是绝大多数职业乐师一辈子都只能仰望的。

> 我的儿子这么早就比我更厉害了，他是我的骄傲！

· 莫扎特保存下来的手稿，一个人每天抄写两页，也要抄写30年。

· 是许多家长教育孩子的典范。

· 在莫扎特身上，处处都体现出典型的艺术家天性。他是一个热爱生活、充满诗意、富于感情的人。他天真、单纯，易受感动，爱掉眼泪，敏感而充满柔情。他童心不泯，像孩子一样有强烈的好奇心，似乎永远长不大。

> 我愿意跟穷人们玩在一起，因为有钱人根本不知道什么才叫友谊。

· 莫扎特的生活中也不乏痛苦。但他所创造的音乐是欢快、优雅、明亮、自由的。他自己没有得到足够的抚慰，却永远抚慰着别人。

超级音乐神童 **莫扎特**

- 莫扎特挚爱自己的亲人，每当他谈起父母、妻子时，脸上都会出现幸福的光彩，就连声音都变得格外温柔。在婚礼上，他也和妻子双双落下激动的热泪。大家深受感染，都跟着一起哭了。

> 哭什么，我记得这确实是婚礼仪式啊！

- 死后被埋葬在一个罪犯、流浪汉与贫民专用的坟场，下葬的墓穴里已有两口他人的棺材。因为当天天气恶劣，下葬的人回去再来时竟找不到这块墓穴了。

> 除了有音乐天赋，老天对我实在太不公平了！

天才音乐家的作品

莫扎特在短暂的一生中写下了六百多首作品。这些作品包括 23 首钢琴协奏曲、四十多部交响曲、二十多部歌剧……

莫扎特的代表作有很多，其中歌剧有《费加罗的婚礼》《唐璜》《魔笛》，交响乐有降 E 大调、G 小调和 C 大调交响曲，这些剧目至今仍在世界各地进行演出，观众依然对它们赞赏不绝。

> 我一生 36 年有 25 年在写歌剧。

天才音乐家莫扎特的人生课堂

1. 天生的才能与兴趣

我出生在奥地利,我的爸爸是萨尔茨堡市宫廷乐团的小提琴师,同时也是一位受人尊敬的作曲家,还是音乐教育家。

> 从我的儿子的表现来看,我这个教育家实在太成功了!哇哈哈哈……

我名字中的"阿玛多伊斯"的意思就是神的宠儿,这也许是命中注定我就是个小小的神童了。不过,再多的天赋也是需要后天努力的。

我3岁的时候,有一天,爸爸在琴房里教姐姐弹钢琴,我被叮叮咚咚的声音吸引了,于是,我搬了一个小凳子,很有兴趣地坐在旁边看爸爸教姐姐弹钢琴。我的记忆力特别好,只要是听过的曲子,我都记得。所以,每当姐姐弹错的时候,我都能准确地指出来。

> 弹错了!弹错了!

> 哪有不对?小孩子懂什么,一边去玩!

我4岁的时候,爸爸开始教我弹琴,一般的曲子我弹几遍就能全部记住。我5岁的时候,就会自己创作各种小曲子了。

爸爸经常和乐团的两位小提琴手演奏三重奏。有一天,我听见他们在客厅

超级音乐神童 **莫扎特**

里演奏三重奏的小提琴曲,我非常希望能加入他们,于是我带着自己的小提琴也来到了客厅里。

不不,这个曲子你都没拉过,何况你的小提琴水平还不行。

让我试试吧,看两遍曲谱我就会了!

好吧,让我们的小天才试试吧!

就这样,我和爸爸还有另外一位叔叔一起,演奏小提琴三重奏。演奏结束时,他们三个大人站在那里一动不动。

这……这是!

我简直不能相信这是一个孩子演奏出来的!

神童啊!将来一定大有作为!

爸爸简直有点不敢相信,那两位叔叔也异口同声地夸奖我。爸爸发现我有这么高的天赋之后乐坏了,之后便更加注重对我的培养。

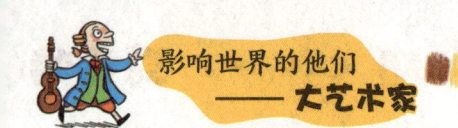

2. 我的好老师就是爸爸

不得不说的是,爸爸是我的爸爸,也是我的老师,爸爸亲自教育我,看着我一步一步快速成长。

记得小时候,有一次,爸爸和他的一位朋友一起到我们家,看到4岁的我正聚精会神地趴在五线谱纸上写东西。

你在画什么?

我在作曲!

听完我的回答,爸爸和他的朋友都笑了起来,面对着纸上那歪七扭八的音符,他们以为这不过是我的胡闹。然而,当细心的爸爸将我的作品认真地看了几眼之后,忽然兴奋地几乎哭出来了!

快来看!这上面写的东西多么美妙而有意义啊!

HA HA... AH?

为了使我能迅速成长,爸爸对我是竭尽心血,精心栽培。除了复杂的音乐理论与演奏技能外,我还要学习拉丁文、法文、意大利文、英文以及文学和历史等等。

爸爸,我讨厌这些文字,我还是喜欢音乐!

语言也是一种音乐。

超级音乐神童 **莫扎特**

就这样，在爸爸的辛苦教育下，我取得了极速的进步。我特别喜欢即兴演奏和作曲。在我6岁的时候，我有了我的第一部完整作品，一首钢琴小步舞曲，曲子简单而动人。

从1762年起，在爸爸的带领下，6岁的我和10岁的姐姐开始了漫游整个欧洲大陆的旅行演出。我们到过慕尼黑、法兰克福、波恩、维也纳、巴黎、伦敦、米兰、波隆那、佛罗伦萨、那不勒斯、罗马、阿姆斯特丹等许多地方，所到之处无不引起巨大的轰动！

在鲜花、掌声和欢呼的背后，是艰苦的练习、苛刻的条件和可怕的考验。为了金钱与荣誉，爸爸要求我无论旅途多么劳累，都要随时可以当众演奏。

为了宣扬我的天才，爸爸让我必须满足听众突如其来、异想天开的种种刁难性提议。

- 当场试奏从未接触过的技巧艰深的乐曲；
- 按照听众临时设想的几个低音即兴作曲；
- 根据指定的调性当场即兴演奏；
- 在一场音乐会上从头至尾全部演奏自己的作品，等等。

影响世界的他们——大艺术家

在奥地利的国都维也纳，我应皇帝佛朗茨一世的邀请进王宫进行表演。皇帝有心为难我，要我用丝绒绸缎将琴键盖上，还只准用一根手指弹奏，他简直就是要拿我寻开心！

超级音乐神童 **莫扎特**

我不慌不忙地铺好了绸缎，用一根手指弹奏起乐曲来，这下皇帝心服口服了。哈哈，别忘了我可是神童！

影响世界的他们
——大艺术家

1765年7月，英国伦敦一家报纸刊登了这样一条消息：

伦敦艺术家报

独家报导！！

莫扎特是能使全欧洲乃至全人类感到自豪的神童。8岁的少年使音乐家和有识之士惊叹不已。他的羽管键琴演奏、视奏能力及运用各种乐器的即兴表演和作曲，都使人叹为观止。这位天才儿童的父亲，根据绅士淑女恳切的要求，决定延长滞留时间。为此，各位有了欣赏这位小作曲家和他姐姐演奏的机会……

3. 超常记忆力的体现

我从小记忆力就非常好，在和爸爸一起演出的日子里，这一点也得到了充分的证明。但是我要说的这件事，更能体现我的记忆力。

那个时候我在罗马教皇的音乐厅里听到《圣经》里的一首圣歌《主啊，怜悯我们吧》，这首曲子的乐谱非常珍贵，因为这首曲子很难，同时包括了高音、中音、次中音、低音等九个声部，在同一首歌里有九支不同的曲子，就像九首歌同时在演奏一样。这是从不外传的珍藏品，如果有谁敢传出去可是会被开除教籍的。但是，我听了一遍之后，便能把这首曲子演奏下来，我凭着记忆将曲子完整地写了下来，而且只错了三个音符。

> 年轻人，你真让我大开眼界啊！

> 教皇不但没责怪他，还给他奖章。

4. 懂得灵活变通

说起来我还有一位好老师、好朋友,那就是海顿先生。德国的国歌就是他创作的。当我还是海顿的学生时,曾和老师打过一次赌。我跟他说,我能写出一段曲子,老师准弹不了。老师有点不相信,我很快写好了曲子,然后将曲谱交给了老师。

海顿老师未及细看便满不在意地坐在钢琴前弹奏起来,没一会儿的工夫,他就弹不下去了。

> 我两手分别弹响钢琴两端时,怎么键盘中间会有一个音符啊?

> 这要有三只手才能弹吧!

接下来老师以他那精湛的技巧又试弹了几次,还是不行。

我接过乐谱,微笑着坐在琴椅上,胸有成竹地弹奏起来,当遇到那个特别的音符时,我不慌不忙地向前弯下身子,用鼻子……

> 好厉害啊!这样也可以!不过好像有点痛?

5. 坚持自己的音乐道路，不惜和大主教翻脸

1772年，16岁的我终于结束了长达10年之久的漫游生活，回到自己的家乡萨尔兹堡，在大主教的宫廷乐队里担任首席乐师。

尽管我有才华，而且享有极大的荣誉，可是在大主教眼中，我不过是一个普通的奴仆，还是一个很糟糕的奴仆——因为我并不那么听话。

我不得不和我的老师，我的好友海顿一样，每天在前厅穿堂里，恭候主人的吩咐，随时都有可能遭到大主教的斥责辱骂，甚至严厉的惩罚。但是，我强烈的自尊心和独立不羁的果敢精神让我不能忍受这一切。为摆脱大主教的侮辱与控制，我于1777年再次外出旅行演出，期望能找到一个落脚之处，永远离开萨尔兹堡。我很快就离开了，但是一切并不顺利，过去的神童已经长大，尽管我的才华随着年龄也成正比地增长，可现实社会却无情地冷落了我。我不得不重新回到萨尔兹堡，而这样一来，大主教当然更加刻薄地对待我了。

离开了就别回来，滚，没用的东西！

我不会乱弹曲子，曲子是神圣的。

过去的就过去了，随便弹点什么，让大主教宽宽心！

超级音乐神童 **莫扎特**

> 给你吃住的是我，这个世上哪有什么比我更神圣？

1781年6月，我终于忍无可忍地当众与大主教公开决裂。在当时的社会条件下，这种举动极其大胆、英勇甚至有些愚蠢。因为，这意味着艰辛、饥饿甚至死亡。因此，我老爸很快给我写了信，要我向大主教道歉。我当然拒绝了他！

> 我不能再忍受这些了。心灵使人高尚起来。我不是公爵，但可能比很多继承来的公爵要正直得多。我准备牺牲我的幸福、我的健康以至我的生命。我的人格，对于我，对于你，都应该是最珍贵的！
>
> 您的儿子，小莫扎特

冲出牢笼的我定居在有"音乐之都"美名的维也纳，开始了一个自由艺术家的生涯。在维也纳居住的日子，我以飞快的速度自由创作。神奇的旋律就在我的脑海里游荡，我以惊人的速度把它们记录下来，我脑海里的乐谱就是我的草稿，我只负责抄写。我确实是天才，不过……

> 实际上，没有人会像我一样花这么多时间和思考来进行作曲；没有一位名家的作品我不是辛勤地研究了许多次。

95

影响世界的他们——大艺术家

最了不起的画家 毕加索

提起毕加索,我们有个故事要讲。

> 毕加索家生孩子了,是个男孩。

> 咦,这孩子怎么不哭呢?

> 啊,难道我们家的宝宝没救了?

> 我是孩子的叔叔,也是个医生,让我来看看,都让开点儿,让开点儿!

> 你要对刚刚出生的孩子做什么?

> 看我的!

> 噗噗~

> 哇哇!

> 啊!

这个被叔叔的一大口雪茄呛活的婴儿就是毕加索,长大后成了最了不起、最伟大的画家。出生在西班牙马拉加,是当代西方最有创造性、影响最深远的艺术家之一,立体画派创始人,他和他的画在世界艺术史上有着极高的地位。

最了不起的画家 毕加索

巴勃罗·鲁伊斯·毕加索（1881.10.25—1973.4.8），是西班牙画家、雕塑家。法国共产党党员。是现代艺术的创始人，西方现代派绘画的主要代表。但是，毕加索的全名是：巴勃罗·迭戈·何塞·弗朗西斯科·德·保拉·胡安·尼波莫切诺·玛利亚·德·罗斯·瑞米迪欧斯·西波瑞亚诺·德·拉·山迪西玛·特立尼达·帕里西奥·克里托·鲁伊斯·布拉斯科·毕加索。

> 怎么样？这个名字一口气念不完吧？

> 最伟大的人就要用最长的名字，不过，只要记住我是毕加索就得了！

听说他是一个多产的画家，我们来看看毕加索画了多少幅画吧。

西班牙官方统计

毕加索的作品总计近 37 000 件

油画 1 885 幅　　　　素描 7 089 幅
版画 20 000 幅　　　平版画 6 121 幅

所以，当时的人们称他为"人类艺术史上罕见的天才"，他在 20 世纪的艺术史上留下了浓墨重彩的一笔！

关于这位最了不起的画家

- 喜欢画画，是个斗牛迷。
- 前面你们已经看到了，作品多得吓人吧，高产量啊。
- 在全世界最贵的拍卖绘画作品里，毕加索的作品就有 4 幅。其中油画《拿烟斗的男孩》是世界上最贵的画，卖出了 1.04 亿美元的天价。

影响世界的他们——大艺术家

- 毕加索还是第一个亲眼看到自己作品被卢浮宫收藏的艺术家,这对许多艺术家来说可是非常大的荣誉,因为卢浮宫是最古老、最大的博物馆之一。
- 在法国的民意调查中,毕加索是20世纪最伟大的十位画家之首。

> 毕加索,了不起!
> 毕加索,你真棒!
> 毕加索,我爱你!

关于《和平鸽》

1949年,保卫世界和平大会召开,毕加索为大会画了一幅《和平鸽》,俊秀的少女头像旁,一只鸽子展翅欲飞。后来,这被称为"和平鸽"的小生灵,成了和平的象征,迅速出现在世界各地,每一届的奥林匹克运动会,都会出现和平鸽的身影,而毕加索也成为和平鸽的创始人。

不断创新的、了不起的画家

毕加索的作品和他丰富多彩的生活一样,变幻无穷。毕加索总是在你想不到的时候给你惊喜,他的大脑一刻不停地想着新花样。

> 我有太多的想法啦,时间,请停止吧!

最了不起的画家 **毕加索**

　　1906年毕加索受到非洲原始雕刻和塞尚绘画的影响，转向一种新画风的探索。毕加索力求使画面保持平面的效果。虽然画上的诸多块面皆具有凹凸感，但它们并不会下陷很深或上升很高。画面显示的空间其实非常浅，以致该画看起来好像表现的是一个浮雕的图像。

　　利用这种风格，他画出了一幅具有里程碑意义的著名杰作——《亚威农少女》。当他的《亚威农少女》完成时，权威媒体是这样报道的……

西班牙新闻报

这是什么新画风？到底是雕刻还是绘画？难道是和毕加索轻微的脑部中风有关？这是新作还是在和大家开玩笑？到底是什么请毕加索解释一下吧！

　　以前的画家只知道从一个角度去表现人或事物，而毕加索的作品《亚威农少女》，是把正面不可能看到的几个侧面用并列或者重叠的方式表现出来。毕加索刚开始受到了严重的质疑，但是不久以后，人们发现这是一次绘画方式的革命，毕加索就得到了大家的认可！

　　之后，毕加索又创作了立体主义、现实主义和超现实主义相结合画法的油画《格尔尼卡》。

　　不过，人们的喜好总赶不上毕加索改变的速度。当人们还陶醉在这种风格的时候，毕加索已经去忙着追求另一种风格了。

太神奇了啊！

真是太美了！

不可思议啊！这还是人类吗？

居然有人说我不是人类！太过分了！

99

影响世界的他们——大艺术家

　　猛一看《格尔尼卡》这幅画，它在形象的组织及构图的安排上显得十分随意，我们甚至会觉得它有些杂乱。仔细推敲则会发现，画面中的形象与构图都经过了仔细的琢磨。这幅 20 世纪最伟大的名画象征性地表现了西班牙北部小镇格尔尼卡在第二次世界大战中被战争摧毁的悲惨场面。

　　有一次，一位德国军官来到了毕加索的画室，看到了《格尔尼卡》。

> 这是您的杰作吗？

> 不，这是你们的杰作！

在战争期间，毕加索也没有停止过创作！

防空洞中

战场上

　　除了油画、素描和各种版画等数不清的绘画作品之外，毕加索对雕塑、制作陶器甚至舞台服装设计都很感兴趣。

　　毕加索一生不断探求新的艺术手法，他在各种变异的风格中，保持着自己粗犷刚劲的个性，然后将自己的个性和各种手法的使用达到了完美的统一与和谐。毕加索这种充满了激情的创造性，以及强烈的探索精神是世界美术发展不可缺少的一种推动力。

最了不起的画家 **毕加索**

曾经有人这样评价毕加索……

> 如果没有毕加索，现代艺术根本就不会是现在这个样子。毕加索主导了 20 世纪的美术史。

最了不起的画家的人生课堂

1. 兴趣和爸爸，都是最好的老师

我的爸爸是一位美术老师。我可能是遗传了爸爸的美术细胞，从小就特别喜欢画画，画画是我最大的兴趣。

> 毕加索，你妈喊你回家吃饭！

> 再等会儿，等我画完这棵树。

> 再等会儿，等我画完这只鸟儿。

> 孩子他爸，吃饭啦！

看吧，我和爸爸多么相似，真是有其父必有其子啊。
在我刚刚学说话的时候，我张开嘴巴就是"匹兹、匹兹"，就是想要一支铅笔的意思。

101

影响世界的他们——大艺术家

我常常用惊奇的目光看着爸爸画画,然后拿起画笔,模仿爸爸画画的样子,画一些螺旋形、圆形、曲线形的"小甜饼"。

在我 6 岁的时候,爸爸把我送到了最好的一所学校。但是,我的学习成绩不好,特别是数学,我简直一点儿也不想学,一想到那些数字都觉得可怕。我就在作业本上画画,画各种类型的画。

毕加索,你这个孩子,你知道一元钱加一元钱是几元钱吗?

妈妈,您怎么问我这么幼稚的问题啊!

我数学再不好,也是会知道钱和钱是怎么算的。幸好,我还会画画……爸爸非常支持我,他让我带着画筒和画笔去上学。当然,作为回报爸爸的条件,我答应爸爸要好好学习。后来……

儿子,你爸爸现在是马拉加市博物馆馆长!

我现在是馆长的儿子!

最了不起的画家 **毕加索**

爸爸也有了自己的画室，我就常常到爸爸的画室里。

看爸爸画画

学习鸽子的飞行动作

爸爸还常常带我去看斗牛，把斗牛中的每一个细节都讲给我听。爸爸和我的这些经历给了我很深刻的记忆，鸽子和斗牛也成了我后来经常进行创作的主题，给了我许多灵感。

我8岁的时候开始创作油画，第一幅画是《马背上的斗牛士》，爸爸夸我画得好，许多人都说我像爸爸，我的风格和技巧就像爸爸教过的学生一样。我渐渐长大，爸爸的传统画法不再适合我，我已经有了和同时代的所有的著名画家都不同的画法和风格。

我大胆地开创了一个新的绘画天地，我为此感到非常的幸运！

2. 好奇心不死的大胆创新

我19岁的时候，到巴黎留学。

巴黎街头的乞丐、流浪汉、马戏团的小丑们成了画家们最喜欢画的人物，我也喜欢这些，我对这个世界的一切都有着很大的兴趣。

> 嗨，让我免费给你画张画吧！

> 好啊！

1901年，我的第一次画展在巴黎举行，得到了权威媒体非常好的评价。

巴黎世界报

新偶像新画室，这就是来自西班牙的年轻小伙子，一个叫作毕加索的画家，他将是本年度最有实力的新人，也是最佳新人。

赞扬如潮水涌来，可是我前进的脚步并没有停下，我不能固定下来。我要继续尝试新画风，创作新的属于自己的风格。

> 哦，我的上帝啊！我到底该怎么做才能追得上毕加索变化的速度？

> 他就像风一样，在古典主义、浪漫主义、现实主义、印象派、野兽派中穿梭！

资深评论家

最了不起的画家 **毕加索**

不久我想到了一个全新的美术手法——拼贴。

拼贴就是画画的时候，在画中贴上纸或者布匹一样的东西。这在当时的绘画界是难以想象的绘画手法。

难道我家宝宝的尿布也能画画了，太可笑了！

不会吧？买错画了？

这也叫画儿？是什么五颜六色的破布条啊！

但是，不久……

最近很流行毕加索的拼贴画，赶紧买回去装饰一下房间！

毕加索太棒了，我库存的好几年的布都卖光啦！

我不管什么流行不流行，因为我已经离开了拼贴！

我做够了，我已经有了一个新的创意。

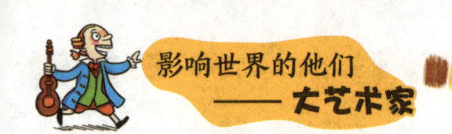

3. 生活是七色阳光，充满了变化的美

没错儿，我的生活丰富多彩，因为艺术源于生活嘛！我喜欢运动，还特别喜欢大自然，我总是在大自然中寻找喜欢的素材。

当然，作为一个西班牙人，我也有不自然的爱好，那就是斗牛比赛，小时候爸爸就常带我去。所以，关于斗牛，我了解的程度就和画画差不多。

如此多的爱好让我变成了个有趣的男人，很受欢迎。

美丽的姑娘，能请你跳个舞吗？

好啊！

毕加索，为什么不选择我？

看在毕加索的面子上，来做我的模特吧！

能做你的模特，我非常荣幸！

这样的生活让我充满了灵感。身为一个画家，作品才是最重要的。我一直活到了 92 岁，我的画笔从来没有停止过。生活是美好的，是要努力创造的、积极向上的。而关于画画的探索，我也从来没有停止过，所以，我总是新画风的最佳新人。

最新画风、最佳新人颁奖：最佳新人是一个老头儿，不，应该是个伟大的老头，因为他是毕加索。

影响世界的他们——大艺术家

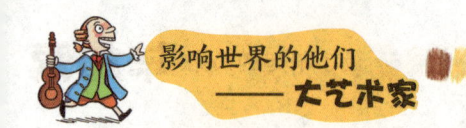

巴黎毕加索博物馆

巴黎毕加索博物馆1985年正式对公众开放,这里收集了许多毕加索的画作及雕刻作品。馆中藏有毕加索的5 000多幅作品,从油画到素描、版画、陶塑,

最了不起的画家 **毕加索**

种类非常繁多。它们包括 203 幅油画、158 件雕刻作品、88 件陶瓷器、1 500 件素描、1 600 幅版画。此外还有很多毕加索的亲笔原稿。这之中还有很多是画家本人捐赠的早期作品，甚至自己幼年时期的作品。

影响世界的他们——大艺术家

文艺复兴的艺术大师 米开朗基罗

《大卫》雕像：被认为是西方美术史上最值得夸耀的男性人体雕像之一。

你懂什么？人体就是这世界上最完美的艺术品！

公共场合禁止裸体！

《大卫》可以说达到了一个时代的雕塑艺术作品的最高境界，它将永远在艺术史上放射出不尽的光辉。《大卫》雕像的作者就是我们今天要说的文艺复兴时期的艺术大师，米开朗基罗。

文艺复兴的艺术大师 **米开朗基罗**

说真的，米开朗基罗是个其貌不扬的家伙……

> 我知道我长得一般般，但是那更多是因为我脾气不好，给人造成的错觉好吗！别给我戴面具！

米开朗基罗个子不高，面孔长而忧郁，眼睛不大却有着锐利的眼神。这让他看起来很不讨人喜欢。他出生于1475年，全名米开朗基罗·迪·洛多维科·博那罗蒂。他生于佛罗伦萨加柏里斯镇，是一位雕塑家、建筑师、画家和诗人。他与莱昂纳多·达·芬奇和拉斐尔并称"文艺复兴三杰"，以人物"健美"著称，即使女性的身体也会描画得肌肉健壮。米开朗基罗脾气暴躁、不合群，他一生追求艺术的完美，坚持自己的艺术思路。和达·芬奇、拉斐尔都合不来，还经常顶撞别人。他于1564年在罗马去世，他的风格影响了几乎三个世纪的艺术家。小行星3001以他的名字命名。

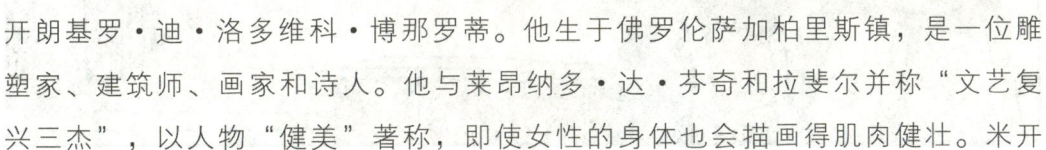

> 看看这儿！我能在艺术史上名垂青史就够了，相貌好不好看根本没关系！

影响世界的他们——大艺术家

关于这位脾气不好的艺术大师

- 从小就接受了最好的教育,他出身高贵,是佛罗伦萨的名门望族。
- 脾气不好,不是那么好相处,但是是一个很有激情的人。
- 米开朗基罗显然不是外貌协会的成员,长得不好看,再加上臭脾气,很不讨人喜欢。

> 长得好看画得一塌糊涂才可怕!

- 有野心,有才华。
- 是个工作狂,西斯廷教堂五百多平方米的天顶画他只带了一个小助手,而事实上这份工作几乎都是他独立完成的。他也从来不收学徒。
- 是个骄傲倔强的家伙,爱和人吵架。

文艺复兴的艺术大师 **米开朗基罗**

达·芬奇你这个不务正业的家伙！

拉斐尔你这个臭小子！

你，你，还有你，都是混蛋！

那家伙，又开始了。

米开朗基罗凶起来真的挺可怕的。

- 不爱交朋友，所以基本没什么朋友。和一位寡妇交好，米开朗基罗虽然挺喜欢她，不过这两个更像是精神层面的好朋友。
- 疑心病很重，总觉得别人要害他，还常常觉得自己要死了。

六十年后

我中毒了，快要死了！

您想多啦！

你看，我果然死了吧！

那是，我都死了好几年了。

文艺复兴的艺术大师

　　无论是绘画还是雕塑，米开朗基罗都达到了最高的水平。他在西斯廷教堂的天花板的墙壁上画的壁画，是世界上最伟大的画作之一。

教皇：话是这么说，但你们难道都没发现他画的那些人，都没有穿衣服吗？这太不知廉耻了！难道就没有人提出一点儿意见吗？

　　当然，人体是这世界上最完美的艺术，这是现在的画家们都公认的真理。我们不用去在意那些极端保守势力说什么。

　　米开朗基罗除了是一位出色的画家、雕塑家，同时也是杰出的建筑家。他应邀设计了佛罗伦萨美第奇教堂、罗马圣彼得大教堂、教皇尤利乌斯二世的陵墓。这些工作他并不喜欢，但是应该做的事，即使勉强，也要坚持完成，并且完成得很出色。

虽然枯燥无味，但设计工程对我来说的确是小事一桩。

文艺复兴的艺术大师 **米开朗基罗**

艺术大师的成长课堂

1. 坚持自己的兴趣，喜欢就不改变

我出生在意大利佛罗伦萨附近的一个小镇。

哦哦，博那罗蒂家的儿子出生啦！

爸爸是这个镇上唯一的行政官员。

很不幸运的是，我6岁的时候，妈妈就去世了，爸爸只好把我寄养在奶妈家里。

奶妈的丈夫是个石匠，看到可以用石头雕刻东西，我对他的敲敲打打非常感兴趣，就整天跟在他后面，像个小尾巴一样。

有时候，我会学着他的样子，拿着石刀在一些废弃的石头上刻划，希望做出我心中的形象。

影响世界的他们
—— 大艺术家

奶妈很爱我，她看见我这么喜欢雕刻，就让她老公给我打造了一套小刀具，并且开始认真地指点我雕刻的技巧。

虽然我的技术还很幼稚，但充满了创意和潜力。

可是，当我的父亲知道了我的这项兴趣爱好后，他非常愤怒。

我的儿子难道要去当一个普通的石匠？这不可能！

爸爸把我接回了家，并送我去了一所拉丁语学校学习。

116

文艺复兴的艺术大师 **米开朗基罗**

但即使在学校,我也没有停止雕刻。

这下爸爸可真的生气了,因为爸爸认为,我们官员家庭的孩子,不应该去做手艺人,这是一个低贱的职业。可是我绝不会改变。为此,爸爸揍我也没用。爸爸的责难使我更坚定了学习下去的信念。最后,爸爸实在没办法了,就在我13岁那年,把我送到了佛罗伦萨比较有名的一个画家那里学习艺术。

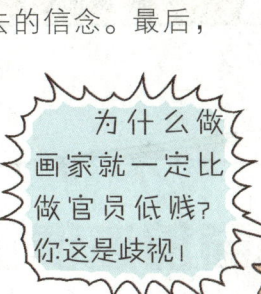

是的!我还要让你看看我的独裁!

为什么做画家就一定比做官员低贱?你这是歧视!

至少这家伙很有名……

我是基兰达约,很乐意培养您的公子,执政官大人!

117

影响世界的他们——大艺术家

2. 热情和新体验是创造的力量

学习雕塑的生活终于开始了，但我的老师似乎并不喜欢我，他一直以来都嫉妒我的才华，因而处处打压我。直到有一天，佛罗伦萨的大贵族罗伦佐·美第奇认识了我。

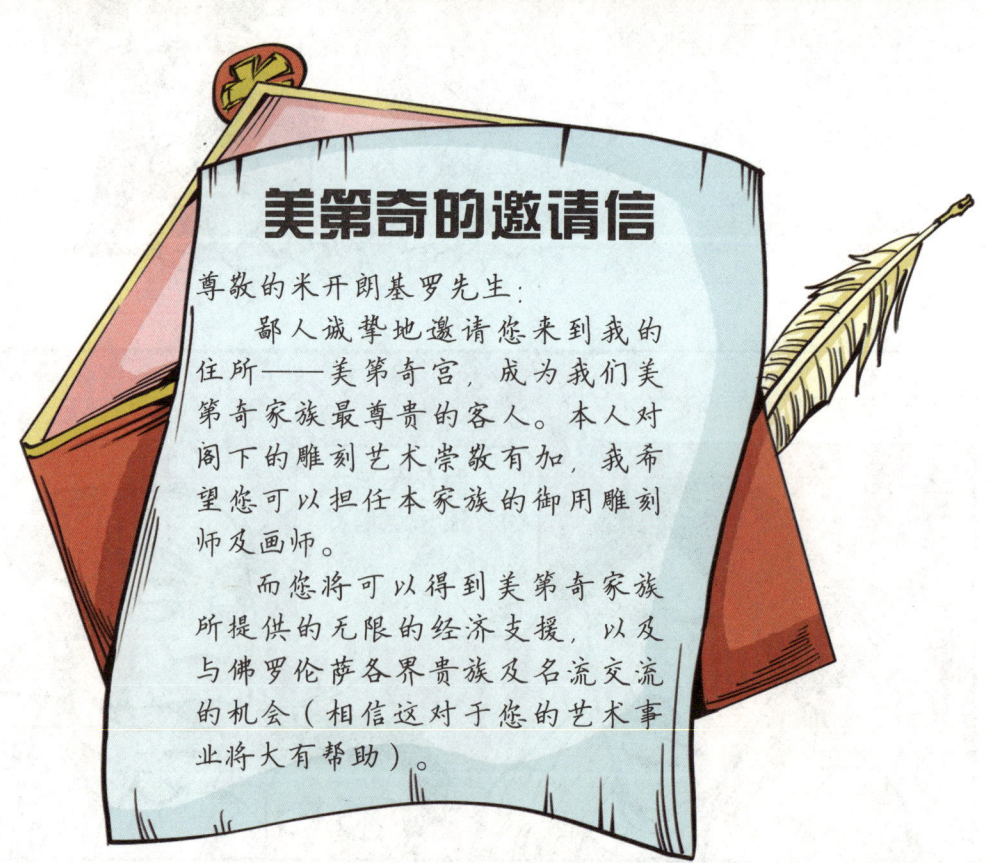

嗯？我吗？

完美的艺术品，米开朗基罗是天才！

美第奇的邀请信

尊敬的米开朗基罗先生：

鄙人诚挚地邀请您来到我的住所——美第奇宫，成为我们美第奇家族最尊贵的客人。本人对阁下的雕刻艺术崇敬有加，我希望您可以担任本家族的御用雕刻师及画师。

而您将可以得到美第奇家族所提供的无限的经济支援，以及与佛罗伦萨各界贵族及名流交流的机会（相信这对于您的艺术事业将大有帮助）。

文艺复兴的艺术大师 **米开朗基罗**

　　我理所当然地接受了邀请，来到美第奇家。美第奇家族是佛罗伦萨的大家族，事实上也是佛罗伦萨的统治者，他们家族光教皇就出过好几位呢。美第奇宫的丰富雕刻简直令我为之惊叹，为它们着迷。

　　美第奇家的人对我很好，把我当成他们家族的成员，让我参加各种派对，与很多有名的大人物见面。

> 这些可都是大名人。

　　他们让我增长了许多见识，使我的眼界一下子开阔起来。而他们对艺术的热情也感染了我，也激发了我对艺术的无限想象，以及更多热爱，促使我想更加大胆地体验以及展现艺术的无穷魅力。

　　可惜的是，几年后，非常支持我的罗伦佐去世了。

> 美第奇这位伟大艺术赞助人的逝世令佛罗伦萨的文艺复兴如同笼罩在夕阳下一般悲伤。

119

影响世界的他们——大艺术家

悲痛之后我听到了一个消息，这对我来说是一个非常好的机会，罗马的圣彼得大教堂在招聘雕塑家。

啊，我是来应聘的。

哦！我在美第奇宫见过你！太好了，就是你啦！

就这样，我应聘成功，并且用了将近一年的时间雕塑了放在圣彼得大教堂的作品——《哀悼基督》。

我以娴熟的技巧，塑造了人物的造型，还给雕像做了极其精细的打磨和抛光工作，在用刀凿刻的最细微部分，还用天鹅绒细心地摩擦，直到石像的表面完全平滑光亮为止，就连观众见不着的地方，也一点不马虎。

既然圣母是纯洁、崇高的化身，是神圣事物的象征，就一定能够避免岁月的折磨和世事的毁损。她所体现的青春永恒与母性，正是人类对这种美好事物的最高理想啊。

真是杰作啊！

太完美啦！

不过为什么圣母看上去比基督还要年轻这么多呢？

文艺复兴的艺术大师 **米开朗基罗**

之后，我又耗费四年的时光完成了旷世杰作《大卫》，这令我得以跻身有史以来最伟大的雕塑家行列。一时间，我的大名世人皆知。

事实上，著名的大卫雕塑有三座

多纳泰罗的大卫　　米开朗基罗的大卫　　贝尼尼的大卫

3. 认真负责，这是高贵的品质

1508年，教皇尤利乌斯交给了我一个任务，这任务很有挑战性，那就是在梵蒂冈西斯廷教堂的天花板上作画。我太忙了，需要做的事情太多，并且我一个徒弟也没有，所有的工作都得我自己完成，况且，我也不是很喜欢纯粹的绘画。但是，教皇的命令我也不敢轻易违背，只好接下这个任务。

这合同根本就是个卖身契！

121

影响世界的他们——大艺术家

不过工作正式开始以后我沉入了对艺术的完美追求中,在接下来的四年里,我带着一个小助手辛苦地工作。我每天在 20 米高的脚手架上,连续工作十几个小时。对画中的每一个细节都精雕细琢,以至于教皇都开始抱怨我的进度太慢。

> 他不会在偷懒吧?给我盯着点儿!

> 他站太高了,我也看不见啊,不过他似乎已经两周没有下来了。

当我完成天顶壁画《创世纪》时,我激动得哭了。太辛苦了,也太感动了,我一个人在五百多平方米的教堂天顶上完成了一幅出色的壁画,这也是我的心血,壁画里包括了 343 个人,都是我的心血凝结而成的。

> 无论别人看得见还是看不见的地方,都要认真、仔细、负责,这是做人的尊严。

> 哦,我多年来的杰作啊!

文艺复兴的艺术大师 **米开朗基罗**

《创世纪》的成功，使我又多了一个称呼，从最伟大的雕塑家到最伟大的画家，我都做到了。人们都说：神一样的米开朗基罗。

对人体美的赞美

米开朗基罗的作品无不洋溢着正义的激情。他创作的众多的强健雄伟的艺术形象，如《大卫》，充满了生气与力量，但也包含了悲剧的色彩。这正表达了米开朗基罗追求自由、追求解放的精神和在那个时代无法实现理想的悲剧性生涯。

> 这简直就是个悲剧呀！

米开朗基罗的雕塑大部分是人体，这是文艺复兴时期一种人文主义思想的表现特点，赞美人体的美，是对古代希腊艺术的一种"复兴"。米开朗基罗的人体比起真实人体的比例和姿态，更偏向于按照他的理想来塑造。而这种塑造更深刻的意义在于反对宗教的虚伪，重视人及其现实的力量。他最擅长的是雕塑男性雄伟有力、动作舒展结实的身体，雕的女性的身体则被人说肌肉多了点。

> 这个叫男女平等！我觉得这样挺好的。

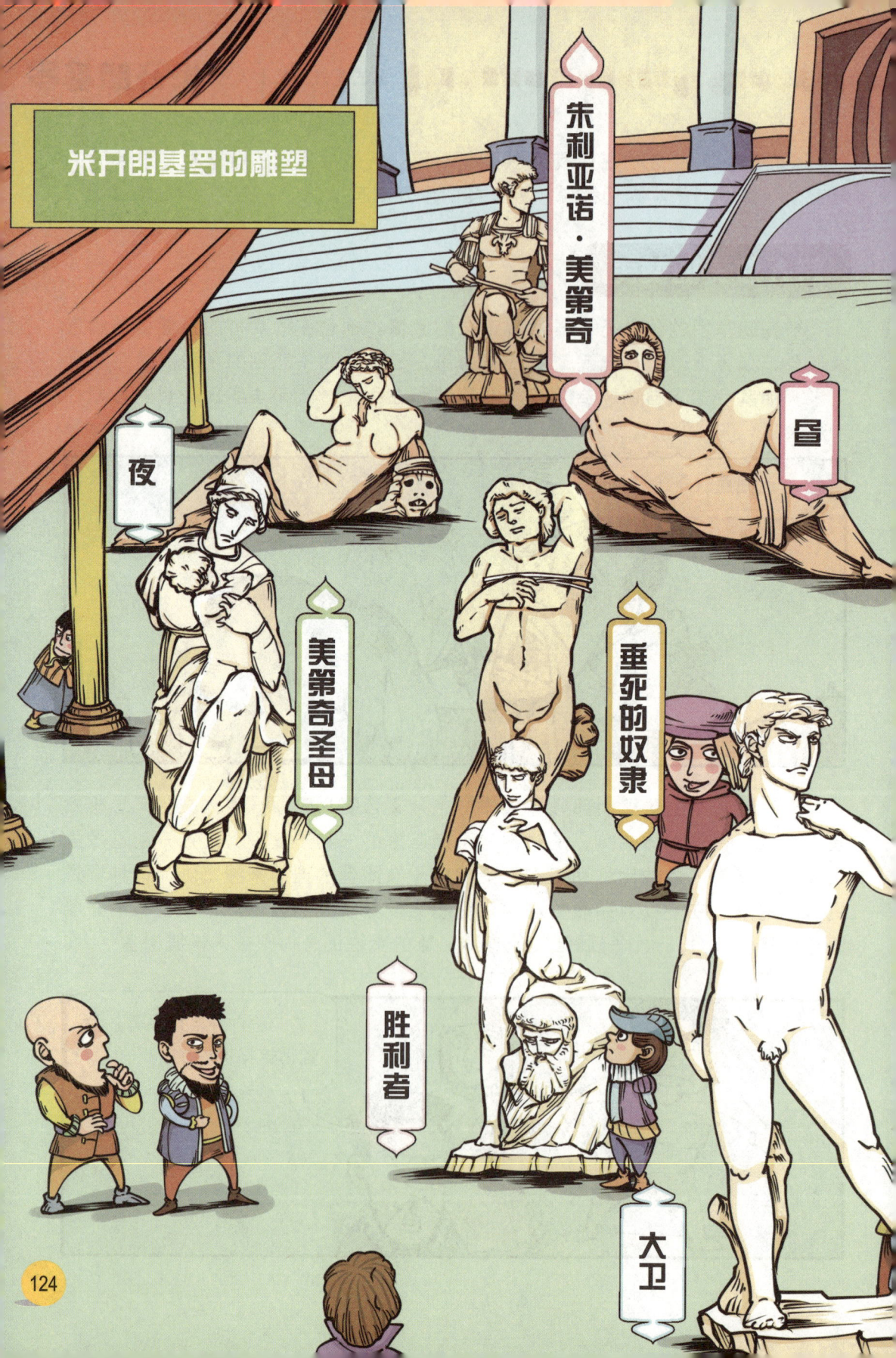

米开朗基罗的雕塑

- 朱利亚诺·美第奇
- 夜
- 昼
- 美第奇圣母
- 垂死的奴隶
- 胜利者
- 大卫

罗伦佐·美第奇

暮

晨

酒神巴库斯

摩西

哀悼基督

阿波罗

125

影响世界的他们——大艺术家

群星闪耀 更多大艺术家

1. 欧洲雕刻的支柱——罗丹

罗丹是19世纪法国最有影响的雕塑家，同他的两个学生马约尔和布德尔，被誉为欧洲雕刻"三大支柱"。

- 从小出生于贫苦的家庭，全靠姐姐才能开始学习美术。
- 就学时因为买不起油画颜料才开始学习雕塑。
- 在报考巴黎美术学院时三次被拒门外，并得到了"毫无才能"的评价。
- 他雕塑的《地狱之门》上有186件雕塑作品集中在一起，非常壮观。

奥古斯特·罗丹
（1864.11.12—1917.11.17）

没有手的雕像

1891年，法国文学家协会委托罗丹雕塑一尊巴尔扎克的雕像，罗丹非常敬慕巴尔扎克，一口答应了下来。等到雕像完成的时候，罗丹征求布德尔的意见，布德尔赞美地说："他这双手雕得太好了！"罗丹听后却砸掉了这双手，原来他不愿意因为一双手而让人们忽略了他所塑造的巴尔扎克雕像中那伟大的胆略和精神。最终，这尊没有手的雕像，成了最"神似"的巴尔扎克雕像，受到后人们的称赞。

37年的心血之作——《地狱之门》

奥古斯特·罗丹被誉为继米开朗基罗后最伟大的雕塑家，他的雕塑风格不拘一格。1880年，法国政府委托罗丹为即将动工的法国工艺美术馆的青铜大门做装饰雕刻，罗丹决定用这座大门来呈现《神曲·地狱篇》的主题。

有了这个思路，罗丹便开始为了这座大门创作数不清的各种雕像，这些雕塑中包括罗丹一些相当著名的作品，如《思想者》《三个影子》《吻》《亚当》《夏娃》等。在这些雕像上，罗丹不仅吸收了古希腊雕塑中弱化结构体积的方法，使得自己的雕塑表面的光线更加有流动感，而且借鉴了印象派笔触的机理，让感情能更好地从凝固的雕塑作品中宣泄出来。他还让雕塑的人物从一个被固定的姿态中解放出来，让他们从脚开始一直到头部都处于一个动态的连贯动作中，而这也让他的作品呈现出最显著的特征——生动。

与很多建筑上面主题繁多、庄严壮美的沉稳雕塑不同，地狱之门上只有一个主题，那就是地狱篇中形形色色的人物与感情。这些人物互相交织的身体在光线照射下显露出错综复杂的阴影变化，这也让整座大门充满了让人无法平静的恐怖气氛。

直到死前的最后一刻，罗丹都还在修改这座大门上的雕像。而这座大门成了罗丹雕塑艺术的一个总汇，永远向人们展示着罗丹"艺术即感情"的信念。

2. 作画妙在似与不似之间——齐白石

齐白石是近现代中国绘画大师，他画的虾堪称画坛一绝。

- 从小就喜欢画画，习字本和账簿都是他的"绘画本"。
- 14岁时拜师学习雕刻，一边做木匠一边坚持练习画画。
- 在祖国被侵略的时候，他在家门口贴出"画不卖予官家"的告示，谢绝所有来求画与给自己送礼的人，避免为敌作画。
- 1956年4月27日，世界和平理事会宣布授予齐白石国际和平奖金。

齐白石
（1864.1.1—1957.9.16）

活虾太贵了

因为找我齐白石求画的人不少，为了方便，齐白石便干脆按照鱼虾蔬果把每种单独画的东西分别定了价钱。不过有的求画人非常不尊重画家，在画完之后还要求多加画内容，并且说"您看卖菜的也会多送点添头呢"。齐白石听了也不说话，很快就加画了几只鱼、虾、蟹，不过求画人觉得这些动物都看着半死不活的，齐老先生笑呵呵地说："活虾子市面上多贵啊！"幽默地讽刺了不尊重作品的求画人。

群星闪耀 **更多大艺术家**

淳朴与浪漫童趣的艺术大师

齐白石出生在一个贫困的农家,在他长大后跟随木匠学习时,把自己对绘画的喜爱和创新运用到了木雕中。在他举家迁往北京,开始卖画和卖印为生时,他认识了一生中最为重要的一位友人——陈师曾。陈师曾觉得齐白石的绘画有着中国民族艺术的优秀传统,他把对自然的喜爱都用水墨写意的形式表现了出来,画中有着一份质朴纯真。在陈师曾的激励和支持下,齐白石用了十年的时间磨炼自己的技艺,最终取得了巨大的成功。

有了朋友们的支持,齐白石越来越有名,这也让他能更加自如地进行创新和大胆的尝试。他的绘画题材从人物、山水到花卉、鱼虫、鸟兽几乎无所不包,而这些绘画都能给人以清新、明朗、简练和生机蓬勃之感。他晚年的名作《墨虾》,更是用极其简单的笔墨就表现出了活灵活现的六只小虾,这幅画没有任何背景衬托,小虾动作各异,动作活泼,利用水墨浓淡变化营造出的虾壳的透明感更是令人惊叹。齐白石生动灵巧,富有生活气息的作品为当时的画坛注入了一股生机,为写意花鸟画创造了新的风气。

甚至画家毕加索在谈到艺术时,毕加索对来访的张大千说:"齐白石真是中国了不起的一位画家!中国画师多神奇呀!齐白石用水墨画的鱼儿没有上色,却使人看到长河与游鱼。"

3. 现代舞的创始人——邓肯

伊莎多拉·邓肯是美国著名舞蹈家，现代舞的创始人。

• 她从小就喜欢音乐和舞蹈，6岁的时候就可以教其他小伙伴们跳舞了。

• 她是世界上第一位披散头发、赤着双脚在舞台上表演的艺术家。

• 邓肯的舞蹈中有很多的旋转、摇动和冲前的动作，这让当时的舞蹈评论家不知道怎么评论才对。

• 她从古希腊雕塑和绘画中找到了灵感，发现了她认为最理想的舞蹈方式。

伊莎多拉·邓肯
（1878.5.26—1927.9.14）

小姑娘的远大志向

邓肯从小就接受了母亲在音乐上的熏陶，并表现出对舞蹈的喜爱，不过她对当时流行的古典芭蕾非常反感，她认为那些紧绷的衣裙，僵化、刻板节奏和动作都破坏了人在舞蹈时的表达和自然美。她立志用自然的节奏和动作去解释和表演音乐家的作品。她的一生都在为这个目标舞蹈，不论是舞蹈界对她的狂轰滥炸，还是家人的不理解，都不能动摇邓肯的决心，而她也以这种决心创立了人体与音乐相结合的现代舞。

群星闪耀 **更多大艺术家**

挣脱束缚的不羁舞者

当邓肯还是小姑娘的时候,她就组织起了一些甚至还不会走路的孩子们,开办自己的"舞蹈学校"。这些看似简单的舞动手臂的动作并不只是孩子们的玩耍游戏,这个舞蹈班是真的受到了家长们的欢迎,甚至有不少人愿意出钱来这个小姑娘的舞蹈学校里让她教育自己的孩子。

邓肯长大后,舞蹈应该与自然结合的观念也逐渐成形,她希望用舞蹈来表达人类的心灵,让感受与身体的行为结合起来来诠释音乐的内涵。有了这些明确的理念,她先以抒情的音乐开始创作,之后将目光转向了悲壮、英雄主义的题材。当邓肯穿上她独特的宽松纱裙,赤脚舞蹈时,她不仅给人以美的享受,还传达出积极向上的精神。自由的赞歌《马赛曲》、充满了激情的贝多芬的《第七交响乐》,生机盎然、朝气蓬勃的门德尔松的《春之歌》,以及雄壮激烈的柴可夫斯基的《斯拉夫进行曲》等的表演都展现出她对舞蹈与美的理解——"美不仅在外表,也是人与自己、与社会中的他人及宇宙的和谐状态,因而舞蹈是社会、政治,也是宗教"。除了纯真自然的舞姿,邓肯还有着优美动人的文笔以及渊博的才学,通过她的自传,邓肯向全世界的人展示了一个有着强大、自由、美丽灵魂的舞蹈家为了舞蹈艺术而奋斗的一生。

4. 中国近代绘画之父——徐悲鸿

徐悲鸿被称为中国现代美术教育的奠基者，主张发展"传统中国画"的改良。

- 他与张书旗、柳子谷三人被称为画坛的"金陵三杰"。
- 徐悲鸿曾经在法国留学，学习到了很多西方油画的精华，并将其引入国画创作中。
- 1934年在欧洲进行中国近代绘画展览，让各国更好地了解了中国的绘画艺术。
- 徐悲鸿非常欣赏齐白石，曾经"三顾茅庐"去请他来担任大学教授，最终齐白石被他的诚意感动而答应了他的邀请。

徐悲鸿
（1895.7.19—1953.9.26）

尾巴画错了

有一次徐悲鸿开画展，很多人慕名而来。就在他给大家介绍自己的画时，突然人群中的一个乡下老汉说："先生，您这画里的鸭子画错了。"众人很奇怪，大画家怎么会画错呢？徐悲鸿非常谦虚，赶紧询问老汉。原来，徐悲鸿在画中画的是"春江水暖鸭先知"一句，这里面画的是麻鸭，它们的尾羽都卷曲如环。而麻鸭只有雄鸭的尾巴是卷曲的，而雌鸭的尾巴却是平平的。徐悲鸿连忙把这幅错画拿下来，并且向这位乡下老汉深深致谢。

中西结合的马与狮

徐悲鸿小时候的家庭并不富裕，不过他的父亲能诗善文，在书法绘画方面也很有研究，徐悲鸿从小就跟着父亲学习这些传统文化，打下了坚实的基础。当他到日本和欧洲求学后，他的艺术视野大大开拓，特别是古典派造型结构的写实与严谨给他留下了深刻的印象。他在欧洲各国一共待了8年，这8年中他一刻不停地吸收欧洲绘画艺术中的养分，抓紧每一分每一秒磨炼提高自己的画技。到32岁时，他回到了他热爱的祖国，投身于美术教育工作。

回国之后，徐悲鸿创作了一系列表现爱国主义与人道主义的画作，而在日本入侵中国后，徐悲鸿投入到抗日救亡的运动中，他的画作中也充满了中华民族奋起的期望。在他的画作中，"奔马"几乎成了他的标志。他画的马既有西方绘画中的造型感，又有中国传统水墨画的写意感。经过长年的仔细观察与琢磨，他笔下的马都有着刚健强劲的身体，水墨线条中的潇洒飘逸又时刻向人们传达着自由、奋进的感情。

当时，有一位叫赵望云的画家，也非常擅长画马，他和徐悲鸿都是张大千的好友。赵望云问张大千："都说徐悲鸿画马比我好，你说说为什么？"张大千也直话直说："他画的马是赛跑的马、拉车的马，你画的是耕田的马。"赵望云听完默默无语，因为张大千正是点中了要害，他们的画作差别并不在技巧，而是在体现出的精神。除了马，徐悲鸿的《负伤之狮》更是蕴含着极其强大的战斗、拼搏精神。那头瘦骨嶙峋的狮子就好像徐悲鸿对艺术与祖国的热爱，即使千疮百孔，也会坚强地努力奋斗下去。

影响世界的他们——大艺术家

5. 男扮女装的京剧大师——梅兰芳

梅兰芳是我国近代杰出的京昆旦行演员，也是享有国际盛誉的表演艺术大师。

· 为了更好地表演，梅兰芳会对传统唱词中不合理的地方进行修改，这样能更好地表现人物和角色的感情。

· 梅兰芳不只是研究唱腔，他对化装、头饰等也进行了改革。

· 梅兰芳的表演被推为"世界三大表演体系之一"。

· 梅兰芳在演戏之外，最大的爱好就是养鸽子。

梅兰芳
（1894.10.22—1961.8.8）

生活处处是老师

梅兰芳有不少业余爱好，养鸽子的时候，他天天看着鸽子在空中飞行，久而久之，他的眼睛越来越灵活，也越来越有神采。而在养花的过程中，他把不同颜色的花儿拿来进行色彩的搭配，这对他在搭配戏台上的服装、行头时有了很大帮助。而梅兰芳的本行对他来说就是一幅活动的中国水墨画，因此他也从绘画中得到很多戏剧方面的启发。他将业余爱好与艺术工作结合在一起，吸收每一处养分，也因此才创作出更好的戏剧表演。

勇于创新、精益求精的表演艺术家

京剧表演中的女性角色被统称为"旦角"，其中按照人物年龄和性格的不同又可以细分出青衣、花旦、刀马旦等。这些女性角色有的坚强，有的柔弱，

群星闪耀 **更多大艺术家**

有的雍容华贵,有的武功高强,而出生在京剧世家的梅兰芳从8岁起就开始接触到了这些形象各异的角色,并且拜师学艺。

他在进行京剧表演时,运用自己创立的"梅派"表演方式,他也非常注意艺术的创新和进步。在唱腔上,他注意吸收各种名家的特点,他不以花哨奇特的唱腔取巧,而是在老式唱腔的基础上用自己独特的规律加以变化,使得"梅派"唱腔清丽舒畅、高低错落有致。而他的关注点也不止有唱腔,他借鉴了南方旦角的化妆方式,使得北方旦角的妆容更加好看。而通过学习绘画,他在服装、道具、表演上都有着独特的见解。多种多样的女性角色在动作上也有着极大的差别,有一些经典的武打和舞蹈动作,梅兰芳都会根据不同角色的特点进行精心的调整设计,使自己的表演质朴中见华贵、端庄中含俏丽、淑静中蕴情致、妩媚中显大方。

梅兰芳还多次出访欧美国家和日本进行表演,梅兰芳的一生除了从事京剧、昆曲表演,并进行戏曲创作和加工之外,他还提出了"中国戏剧之三要点"的戏曲理论。这三点分别是中西方戏剧的隔阂并不是不可打破的、中国戏剧的动作和音乐都是姿势化的以及中国戏剧的现代化是心情伦理的现代化。

梅兰芳用他对戏曲艺术的热情与钻研精神,为京剧艺术的推广和旦角魅力的成熟做出了巨大的贡献。

图书在版编目(CIP)数据

影响世界的他们：手绘名人故事：函套共8册 / 亚亚文；夏阳绘. — 北京：北京理工大学出版社，2019.9（2022.7重印）

ISBN 978-7-5682-7559-0

Ⅰ. ①影… Ⅱ. ①亚… ②夏… Ⅲ. ①名人－生平事迹－世界－青少年读物 Ⅳ. ①K811-49

中国版本图书馆CIP数据核字(2019)第190778号

出版发行 / 北京理工大学出版社有限责任公司	
社　　址 / 北京市海淀区中关村南大街5号	
邮　　编 / 100081	
电　　话 / (010)68913389(编辑部)	
网　　址 / http://www.bitpress.com.cn	
经　　销 / 全国各地新华书店	
印　　刷 / 湖北意康包装印务有限公司	
开　　本 / 710毫米×1000毫米　1/16	责任编辑 / 张　萌
印　　张 / 68	文案编辑 / 张　萌
字　　数 / 1360千字	责任校对 / 周瑞红
版　　次 / 2019年9月第1版　2022年7月第6次印刷	责任印制 / 边心超
定　　价 / 200.00元(全8册)	责任制作 / 格林图书

图书出现印装质量问题，请拨打售后服务热线，本社负责调换

给孩子一部有温度的梦想之书

手绘名人故事

影响世界的他们

大政治家

亚亚/文　夏阳/绘

北京理工大学出版社
BEIJING INSTITUTE OF TECHNOLOGY PRESS

给孩子梦想起飞的翅膀

世界上每一只小鸟都要翱翔于蓝天，世界上每一个孩子都有属于自己的梦想。

每一个孩子都是与众不同的，每个孩子都是梦想家。在他们成长的过程中，梦想可能会折翼、会被误导，所以孩子们萌发的梦想更需要被细心呵护，需要被温柔地鼓励和引导。因此，一套好的成长之书，在孩子们的成长道路上扮演着重要的角色，发挥着潜移默化的作用。《影响世界的他们——手绘名人故事》丛书正是这样一套送给孩子的梦想之书。

这是一套给孩子带来正能量的、守候孩子梦想的书。在这里，孩子们会看到古今中外各个领域的名人故事，他们身上的坚强、勇敢、奋进的意志品格，是孩子们得以学习的榜样力量；他们身上的由于时代带来的局限，也是孩子们得以

不断深入思考的问题。

　　这是一套给孩子的有温度的、引人思考的梦想之书。理想不是冷冰冰的灌输和说教，在这里，孩子们能看到的不仅仅是名人们各种令人羡慕的成就，更有他们在成就的道路上遇到的挫折、打击以及他们做出的努力、他们得到的和失去的……

　　这是一套给孩子的轻松的、风趣的"朋友"之书。在这里，没有板起脸来的长篇大论，在这个名人们的"展览馆"里，他们如同一些经历丰富的"大朋友"，用他们的故事陪伴和启发着孩子们在追寻梦想的道路上前进。

　　心怀梦想的孩子更强大。守候孩子的梦想，就是守候我们的未来。愿这套书带给孩子们梦想起飞的翅膀，陪伴他们不断翱翔、快乐成长、实现梦想……

著名诗人、儿童文学作家　徐鲁

目录

8　最伟大的征服者　亚历山大大帝

亚历山大大帝（前356年7月20日—前323年6月10日），即马其顿的亚历山大三世，生于马其顿王国首都佩拉城，一生未有败绩，被认为是历史上最伟大的军事统帅之一。

22　千古一帝　秦始皇

秦始皇（前259年1月—前210年8月10日），姓嬴，名政，生于赵国邯郸（今属河北）。著名的政治家、战略家、改革家，也是中国历史上第一个使用皇帝称号的君主。

38　西汉盛世皇帝　汉武帝

汉武帝刘彻（前156年7月14日—前87年3月29日），西汉的第五位皇帝，7岁被册立为皇太子，16岁登基，在位54年，这时期被称为汉武盛世，为汉朝的极盛时期。

52　古罗马的无冕之王　恺撒大帝

恺撒大帝（前102年7月13日—前44年3月15日），是罗马共和国末期的军事统帅、政治家，尤利乌斯家族成员，罗马帝国的奠基者。

68 开创唐朝第一个治世的皇帝 唐太宗

唐太宗李世民（599年1月23日—649年7月10日），唐朝第二位皇帝。在位期间虚心纳谏，厉行节约，开疆拓土，开创了中国历史上著名的贞观之治，成为中国历史上一代明君。

84 开创康乾盛世的伟大皇帝 康熙

清圣祖康熙（1654年5月4日—1722年12月20日），是清朝入关后的第二个皇帝，满族，爱新觉罗氏，名玄烨，是中国历史上在位时间最长的皇帝，开创了"康乾盛世"。

98 俄国最了不起的皇帝 彼得大帝

彼得一世·阿列克谢耶维奇·罗曼诺夫（1672年6月9日—1725年2月8日），是俄国罗曼诺夫王朝的第四代沙皇，在位期间力行改革，使俄罗斯现代化，人称彼得大帝。

114 美国国父和美国独立战争的领袖 华盛顿

乔治·华盛顿（1732年2月22日—1799年12月14日），美国首任总统，美国独立战争时期大陆军总司令。被称为美国"国父"，同时也是全世界第一位以"总统"为称号的国家元首。

128 群星闪耀 更多大政治家

你，准备好了吗？

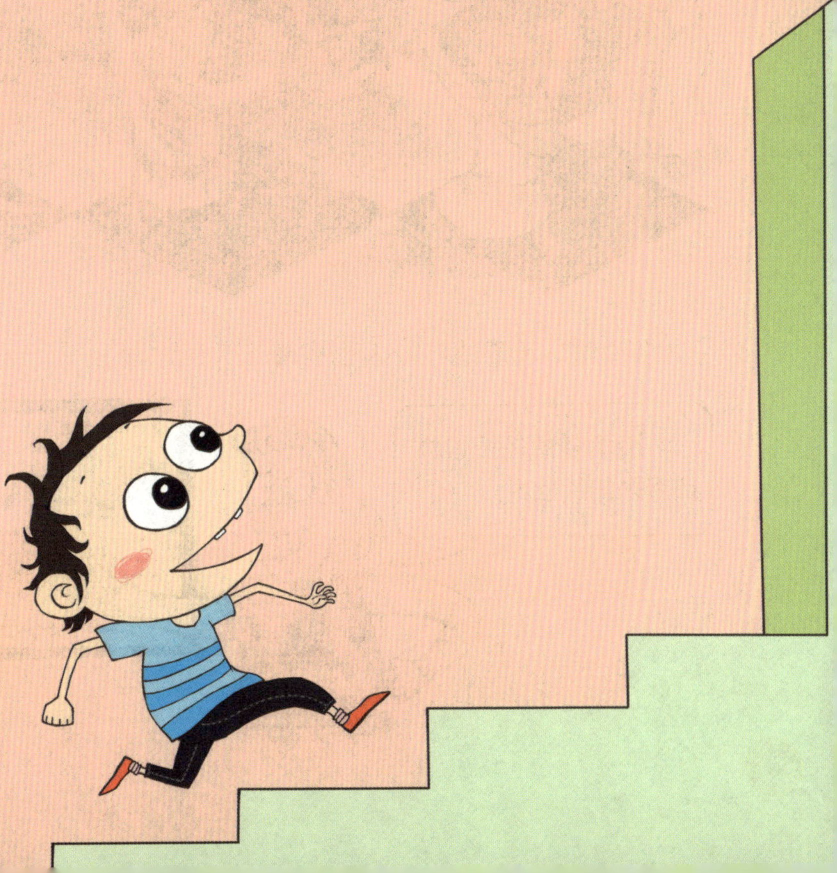

影响世界的他们——大政治家

最伟大的征服者 亚历山大大帝

我是马其顿的亚历山大三世，人称"亚历山大大帝"。

终于见到偶像了，好年轻啊！

好帅啊！

请继续您的伟业！

这个骄傲、潇洒的年轻人也有着远大的志向：

我的梦想是探索并征服未知的世界！

亚历山大帝国

最伟大的征服者 **亚历山大大帝**

口气听起来很大，不过我们今天的主角——亚历山大大帝，30岁时就创立了历史上最大的帝国之一，其疆域从爱奥尼亚海一直延伸到印度河流域。

> 我的征途从统一希腊开始！

> 万岁！万岁！

亚历山大大帝（前356年—前323年），18岁就随父出征，20岁继承王位。他英勇善战，一生未有败绩，被认为是历史上最伟大的军事统帅之一。他建立了以他的名字命名的城市，最著名的就是埃及的亚历山大城。他在扩展疆域的过程中，将希腊文化一直向东传播，导致希腊化时代的到来。他以古希腊神话中的阿喀琉斯为偶像，最终自己也成为一个近乎神话的人物。

关于这位亚历山大大帝

- 据说他出生的时候，女神庙被烧毁了。当时有传言，因为女神正忙着照顾他，所以才无法顾及自己的神庙，因此这个孩子一定会有大出息。

> 将来他能不能统治世界？

> 嗯，让我翻翻资料……

先知

影响世界的他们——大政治家

- 老爸是英勇善战的马其顿国王——腓力二世。

> 等我长大,会比您更厉害!

> 马其顿现在是希腊各城邦的首领!

- 有一位超级教师——古希腊著名哲学家、教育家亚里士多德。
- 有一匹成年人都不能驯服的烈马,12岁的亚历山大只是温柔地对马说了几句话,马就乖乖听他的话了。
- 从小就对军事很有研究,有自己独特的见解。

> 我16岁了,也学了很多军事知识,可以上战场了!

> 不愧是我儿子!

- 口才很好,善于演讲,这多亏了亚里士多德的教育。

> 听了他的演说,感觉全身充满了干劲!好像自己也变成大人物了……

最伟大的征服者 亚历山大大帝

- 只做了13年国王，去世时只有32岁，却在战场上保持了不败纪录，是一位战无不胜的征服者。

原本我是想征服世界的……

大家一定要在有生之年为早日实现梦想而努力！

我不仅想开疆拓土，更希望传播文化。

亚历山大大帝和他建立的庞大帝国

亚历山大的父亲是马其顿国王腓力二世，他建立了强大的海军，训练了"马其顿方阵"，并且在喀罗尼亚战役后确立了马其顿对希腊各城邦的控制权。他在与亚历山大的母亲离婚后，又娶了马其顿贵族的侄女为妻，在婚礼上，父子二人发生了冲突，亚历山大母子被腓力二世流放。但没多久，腓力二世把亚历山大召了回去，第二年夏天，腓力二世在女儿的婚礼上遇刺身亡，亚历山大继承了王位，开始了他征战四方的生涯。

父亲没有征服的地方，我会代替他去征服的！

影响世界的他们——大政治家

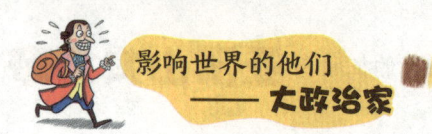

刚继承王位的亚历山大只有20岁。趁着腓力二世去世，不少地区都蠢蠢欲动，不过亚历山大没有给他们任何机会。在他以后的征战中，也没有给过对手任何机会，保持着全胜的纪录。

他为什么总是获胜呢？说起来很简单，做起来却很难：

- 在战场上，英勇、顽强、灵活、善于运用计谋。
- 超强的领导才能。
- 配合他创造的战术，将马其顿方阵运用得出神入化。

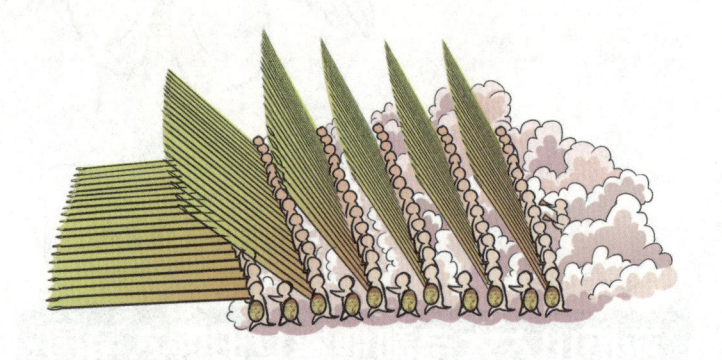

古时候，人们更习惯一对一的单兵格斗，当步兵集合在一起时反而没有整体感，打起仗来就像一盘散沙。而马其顿方阵充分发挥了军团的优势，让步兵排列整齐，拿上长矛，这样一来，几乎没有敌人敢于正面进攻，再加上侧面有保护方阵的骑兵，因此，打败数量更多但排列混乱的敌人显得轻而易举。

亚历山大的另一个伟大之处是，他的征战不仅有毁灭，还有"新生"。他在征战中建立了几十座城市，其中最有名的就是埃及的亚历山大城。这座城市至今仍

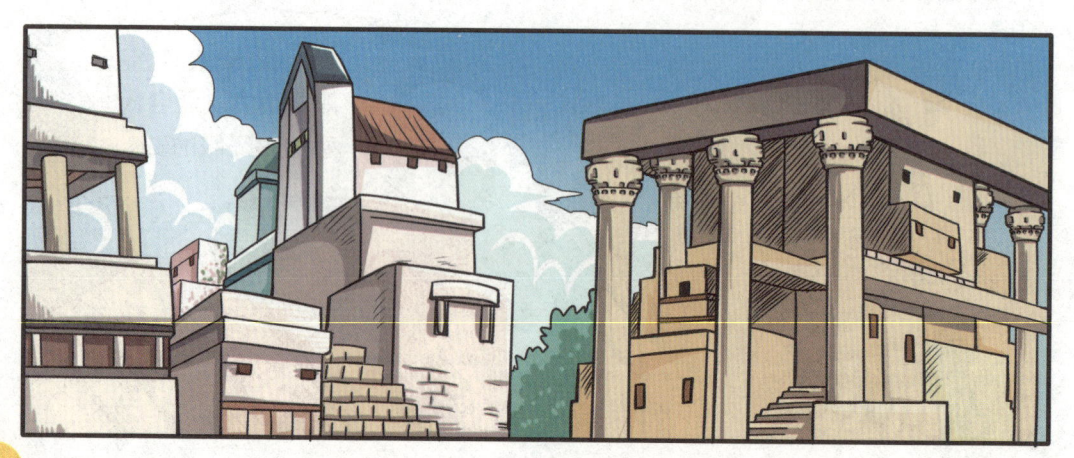

是埃及重要的港口之一。通过建立这些城市，他将希腊文化带到了东方，这让爱琴文明与东方文明有了密切的来往，大大丰富了交通、人文、科技、文艺等各个方面。

为了能够让各民族更加和谐、平等地相处，他将3万名波斯战士编入自己的军队，还和波斯国王的女儿结婚，并且鼓励自己的士兵和东方女子结婚。他想做的，绝对不是征战那么简单。

战无不胜，亚历山大的军事课堂

> 我究竟打了多少场仗，连我自己都数不清了。我记忆最深的有四次，听我慢慢给你们讲。

1. 格拉尼库斯河战役：胜利属于最勇敢的人

马其顿在早期曾经被波斯统治，后来才逐渐强大起来，逐步控制了希腊。腓力二世刚刚去世，希腊城邦就开始了反叛，我只用了两年就平定了叛乱。不过我并不满足现状，领土辽阔、经济富足的波斯才是我的目标！

公元前334年，我带着35 000人的大军和160艘战船开往波斯。波斯人则派出了大约5万人的军队和400艘战舰，不过我可不怕他们。

> 国王，等等我们！

> 胜利就在眼前！勇敢地跟我杀进波斯吧！

影响世界的他们——大政治家

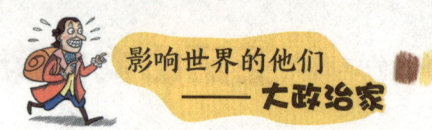

我的军队经过顽强战斗，很快就冲垮了波斯军队的左翼和右翼，波斯国王大流士三世的儿子。女婿都战死了，不管剩下的人再怎么努力，也无法挽回失败的命运。可以说，这一仗拉开了我横扫波斯的序幕！

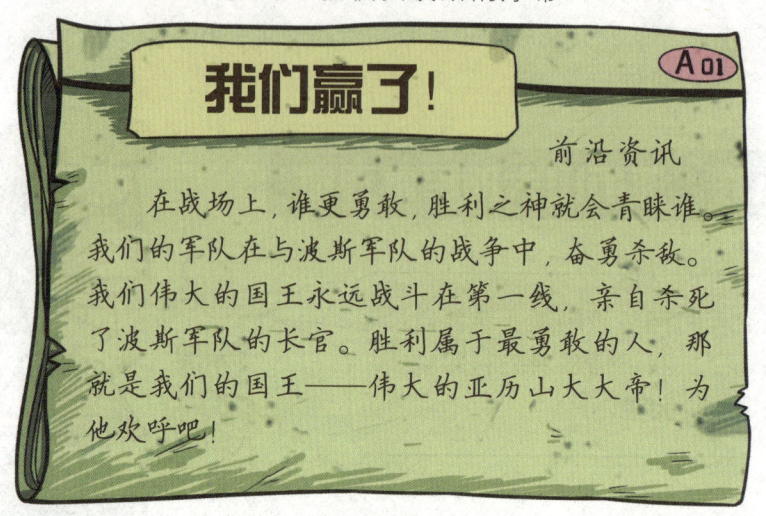

我们赢了！

前沿资讯

在战场上，谁更勇敢，胜利之神就会青睐谁。我们的军队在与波斯军队的战争中，奋勇杀敌。我们伟大的国王永远战斗在第一线，亲自杀死了波斯军队的长官。胜利属于最勇敢的人，那就是我们的国王——伟大的亚历山大大帝！为他欢呼吧！

2. 伊苏斯之战：智慧是绝对重要的

伊苏斯自古以来就是兵家必争之地，公元前333年11月的伊苏斯之战是波斯国王大流士与我之间的一场决定性战役。不过打这场仗一开始并不是我的本意。原本我正率军向叙利亚北部进发，谁知，大流士领着几十万大军出现在我后方，切断了我的补给线。这样一来，我无论如何也必须先解决他了。不过我的兵力太少，所以，我早早地放了烟幕弹，对外宣称我得了重病。

> 亚历山大快病死了，马其顿军队也快完蛋了。

他们仗着自己人多势众，完全没把我放在眼里。当我带着几万大军出现在波斯人面前时，他们才慌了。

> 我们都被骗了！

最伟大的征服者 **亚历山大大帝**

轻敌让他们自食恶果。11月的时候，下午5点天色已经有些暗了，我选择这个时间分出一路人马，杀入敌阵，撕开了波斯军队右边的防线，而我自己更是一直杀到波斯军队后方。波斯军队慌乱得连弓箭都失去了准头。

> 天太黑了看不见！

> 射！

> 射错了！自己人！

来自后方的攻击让波斯军阵脚大乱，对方的雇佣军干脆直接撤退，波斯国王也逃跑了。而我们俘虏了他的儿子、妻子和母亲后，继续前进了。之后，大流士给我写过好几封信，意思大致都是一样的。

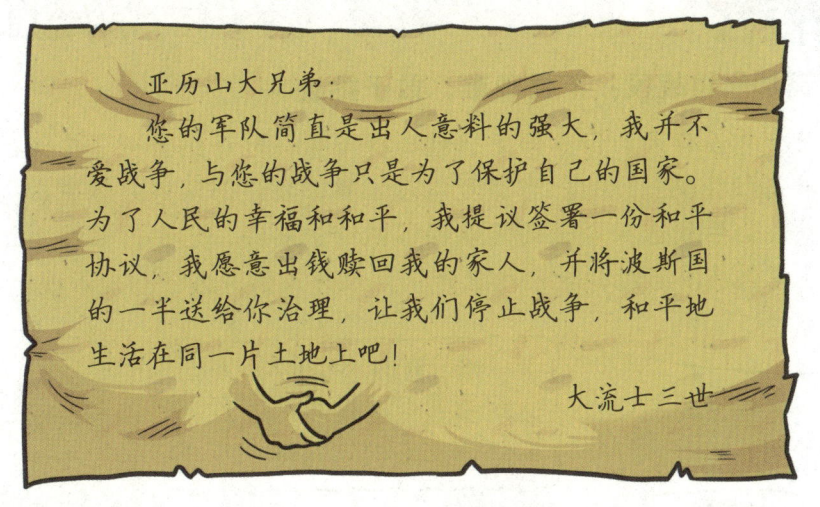

> 亚历山大兄弟：
> 　您的军队简直是出人意料的强大，我并不爱战争，与您的战争只是为了保护自己的国家。为了人民的幸福和和平，我提议签署一份和平协议，我愿意出钱赎回我的家人，并将波斯国的一半送给你治理，让我们停止战争，和平地生活在同一片土地上吧！
> 　　　　　　　　　　　大流士三世

我的将军认为这个提议不错，如果是他就会接受，不过……

> 我的将军劝我接受提议，我该怎么办呢？

15

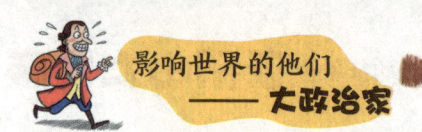

波斯国土的一半可不能满足我，接下来的事情我简单说说吧。

接到大流士的信时，我还在继续征战。我先南下腓尼基，破坏了波斯海军的据点，然后花七个月拿下塞提尔，两个月打下加沙，完全切断了波斯海军和陆地的联系，从而控制了地中海，随后兵不血刃地占领埃及。经过休养之后，我再次出发，向波斯进军，准备一举拿下这片土地。

一决胜负！

3. 高加米拉战役：不畏艰难，敢于挑战

大流士并没有因为伊苏斯之战就一蹶不振，他仔细分析了失败的原因，集结兵力准备和我决一死战。当然我也没闲着，我让部队好好休整，并且招募了更多士兵。之后我选择了一条能够保证供给的路线，还在行军路上筑城保证粮草能够正常供应。不过，除了我之外，大部分人都对远征不太乐观。

天啊，国王疯了吗？

唉，我们才多少人，波斯国面积比我们大几十倍，士兵好几百万啊！

我们的国王骄傲过头了，以为一次胜利就是永远的胜利了。

伴随着这些议论，我在春天出发了。公元前331年9月，我的大军渡过了底格里斯河。现在来看看双方的兵力对比吧。

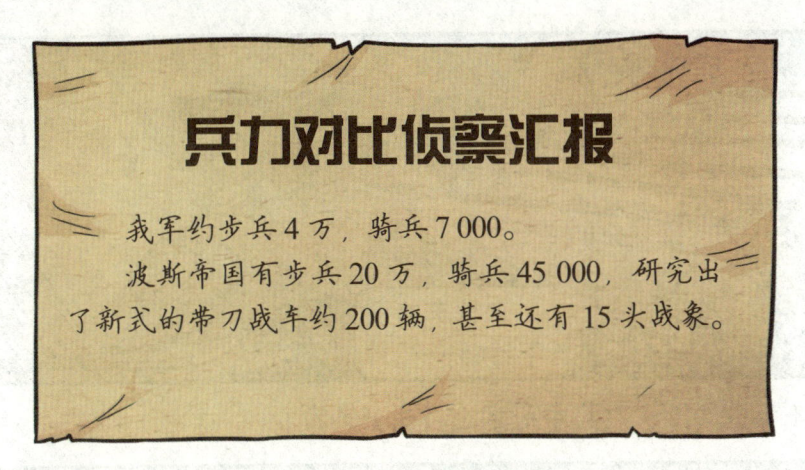

兵力对比侦察汇报

我军约步兵4万，骑兵7000。

波斯帝国有步兵20万，骑兵45 000，研究出了新式的带刀战车约200辆，甚至还有15头战象。

我的士兵们都认为，我这是飞蛾扑火，自寻死路。

> 国王，不如我们暂时休战吧……

我也清楚双方兵力是有差距的。在开战前，我花了整整一天的时间到高加米拉仔细侦察，并且命令我的士兵早点休息，为明天的战斗养精蓄锐。至于大流士……

> 我们比他们人数多，他们肯定会来偷袭！大家都不准睡觉，好好巡逻，盯着营地的动静！

第二天，我率领精神饱满的士兵灵活地运用马其顿方阵在高加米拉和大流士展开决战，大流士的战车的确厉害，但是他太小看我的方阵了。

影响世界的他们
——大政治家

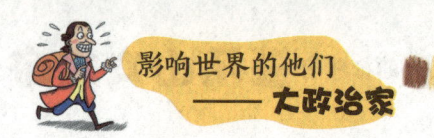

大流士的波斯战车虽然装上了尖刀，不过我派人冲到战车两边，直接攻击马匹和车夫，这些战车很快就失去了作战能力。

这战车的设计不行啊……

至于那些战象，混乱中根本没办法分清敌我……

最终，面对数倍于我军的敌人，我们取得了绝对的胜利。大流士在大军崩溃时逃走了，最后他被自己的部下杀死。波斯帝国灭亡。

我战无不胜！

4. 海达斯佩斯河会战：尊重别人，包括敌人

打败了波斯之后，我开始征服亚洲。公元前327年年初，当我到达印度河东面的支流海达斯佩斯河时，遭遇了不肯屈服的波拉伐斯国王波拉斯，我们爆发了大战。胜利的天平完全倒向了我这边，不过波拉斯实在太英勇了，我不忍心杀死他，便让人把他带到我面前，我要和他进行一场勇士之间的谈话。

> 你希望我怎么对待你呢？

> 像对待国王一样对待我就可以了。

> 你的确值得我尊敬，我决定放了你。

> 战场上我们是敌人，不过我看得出来，我们都是勇士！

> 国王真厉害……

我决定让波拉斯继续担任国王，我甚至还划给他更多的土地，波拉斯也一直对我很忠心。

20

征服巴比伦

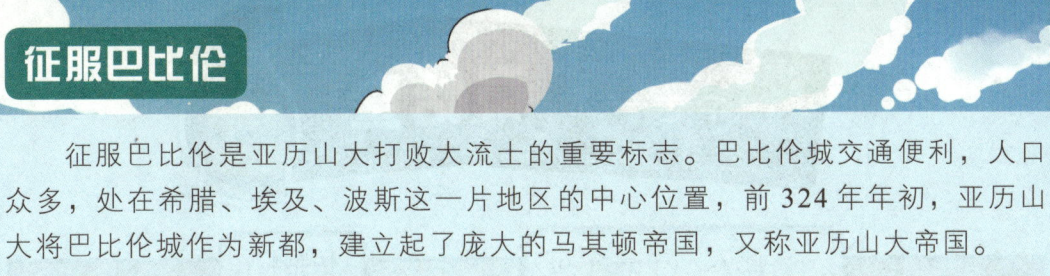

　　征服巴比伦是亚历山大打败大流士的重要标志。巴比伦城交通便利，人口众多，处在希腊、埃及、波斯这一片地区的中心位置，前324年年初，亚历山大将巴比伦城作为新都，建立起了庞大的马其顿帝国，又称亚历山大帝国。

影响世界的他们——大政治家

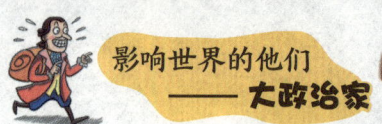

千古一帝 秦始皇

> 此人……是个可怕的暴君啊，提起他，我嘴巴都哆嗦了……

> 快跑啊！他来了！

秦始皇（公元前259年—公元前210年），姓嬴，名政，生于赵国邯郸（今属河北），秦庄襄王之子，是战国末期秦国君主。他十三岁即位，三十九岁时统一六国建立秦朝，在位三十七年。秦始皇统一天下后推行的多项政策，例如书同文、车同轨、统一度量衡等，对日后的中国历史影响深远，他被明代思想家李贽誉为"千古一帝"。

他的父亲是不受宠的秦王庶子异人，在他人帮助下才得到王位。嬴政虽然13岁继承王位，可并没有实权，直到铲除把持朝政的权臣，他才终于能够大展拳脚。

- 他是完全意义上的中国"一把手"。
- 统一文字和货币。

- 他统一中国，构建了功能齐全、结构完整的制度。
- 他统一中国后认为自己比传说中的"三皇五帝"还要伟大，过去"君、王"等称号都不足以显示自己崇高的地位，因而创造出"皇帝"这个新头衔授予自己，用来显示自己不逊于黄帝的地位和威望。
- 他希望自己能长生不老，吃了不少术士们炼制的丹药。不过谁也不知道那些丹药到底有什么成分。

接着来看我们伟大的始皇帝的军队：

- 秦朝的军队有骑兵、步兵、弩兵等兵种，都是作战强悍的特种作战部队。秦军拥有一套完整的军功奖励制度，鼓励士兵冲锋陷阵，军队的管理模式在当时也属于世界领先水平。

影响世界的他们——大政治家

- 拥有先进、庞大的兵工厂，军事工业发达，管理严密。在当时，秦国的工匠们就能按照统一标准大批量地制作高质量的兵器。

> 这是我制造的兵器，真是一级棒！

> 我这下可倒霉了，刚刚挨了打，扣了钱，我制造的兵器有一点点小毛病。

> 那么多兵器，哪分得清楚是谁做的呢？

> 每件兵器上都刻有工匠的名字，这招厉害吧！

- 秦军使用的弩机，制作精良，部件大小标准全国统一，可以替换，这种技术在当时属于世界领先水平。

> 这么厉害的兵器，快逃啊！

> 嘿嘿，你们是逃不掉了，秦弩可以轻松射伤百米外的敌人，你们有我的武器跑得快吗？

第一皇帝的超级帝国版图是怎样炼成的

公元前230年，秦王嬴政正式发动了灭六国的战争，开始了他的统一大业。这些战争就像爬楼梯，他一个阶梯一个阶梯地往上爬，直到成功，不言放弃——这个过程，值得你去了解。

下面我们看看秦王嬴政（那个时候他还没当皇帝）的进攻图：

秦灭六国图
（公元前230年－前221年）

- 公元前222年灭燕
- 公元前228年灭赵
- 公元前221年灭齐
- 公元前225年灭魏
- 公元前230年灭韩
- 公元前223年灭楚
- 公元前230年 秦灭六国时间

蓟（北京）、邯郸（邯郸）、临淄（淄博）、咸阳（西安）、新郑（郑州）、大梁（开封）、寿村（寿县）

渤海、东海、黄海

秦、赵、魏、韩、楚、齐

- **公元前230年，韩国成为第一个被灭的国家。** 虽然韩国拼命向秦国表示友好，愿意送美女和亲，愿意割让土地，愿意做秦国的属国，可是这些都没能挽救韩国的命运。

- **公元前228年，灭赵国。** 韩国被灭之后，秦王把目光投向了赵国。在秦国和赵国的多次交手中，赵国大将李牧一次又一次打败秦军，让嬴政无法取得胜利，李牧成了秦王的"眼中钉"。秦国大将王翦使出反间计，让赵王相信李

牧背叛了他，借赵王之手杀了李牧，引起军心涣散。再利用赵国发生大地震和大灾荒的机会，一举灭掉了赵国。

- 公元前225年，灭魏国。秦王派出大将王贲攻占了楚国北部的十几座城，在确保秦军侧翼安全后，他突然领军北上围困了魏国都城大梁。魏军仗着城池坚固，闭门不出，抵抗了很长时间。王贲想出了水攻的办法，指挥军队挖掘渠道，引黄河水灌入大梁城内，魏王只得乘着小船出城投降。

- 公元前223年，灭楚国。楚国是南方大国，韩赵魏灭亡后，仅存的楚燕齐三国中，以楚国最为强大。于是秦王派大将王翦率领60万重兵，攻打楚国。王翦采取屯兵练武、坚壁不出的办法，无视前来求战的楚军。时间一长，秦军对楚国的环境越来越熟悉、越来越适应，楚军却渐渐松懈。最后，老谋深算的王翦看准时机，一举击破楚军，然后乘胜追击，俘虏了楚王。

- 公元前222年，灭燕国。燕王虽然极力求和，但他的举动根本无济于事。

- 公元前221年，灭齐国。在秦消灭其他五国时，齐国丞相后胜由于被秦王收买，想方设法让齐王既不帮助其他国家共同抵抗秦国，也不加强自己的军备。当秦王派出王贲攻打齐国时，齐国即使想反抗也是有心无力了。就这样，齐王不战而降，齐国灭亡。齐国的灭亡也标志着战国时代落幕，最终建立了中国历史上第一个中央集权的君主制国家——秦朝。这一年秦王嬴政三十九岁。

秦始皇当上皇帝之后，开始对他的帝国进行一系列改革

· 为了有效地管理国家，秦始皇在制度上采取了一系列变革，对后世中国的政治、经济与文化的统一及发展有巨大的影响。

在全国实行郡县制，具体做法就是把国土划分为几十个郡，郡下面设县或道，郡县官员则由秦始皇亲自提拔任命。

> 嘿嘿，这招厉害吧！全天下都由我一个人直接管理，哈哈哈哈！

除此之外，秦始皇还制定了非常严格的法律，要求全体臣民遵守，如果谁敢违抗……事实上没人有这个胆子。

> 谁敢反抗，就拉出去砍了！

· 整治交通。秦始皇修筑了以国都咸阳为中心、向四面八方延伸的驰道，就像现代的高速公路。这样的交通条件让秦始皇既方便管理全国，又方便给战争前线送粮草，还能让他的出巡畅通无阻。

四通八达的交通

影响世界的他们——大政治家

·大兴土木，修建长城、宫殿和超级奢侈豪华的陵墓。虽然秦始皇在位期间大兴土木，主要是为了国家的安全和建设，但也给当时的百姓带来了繁重的徭役负担。

·国家稳定后，秦始皇又派军队，南征百越、北伐匈奴、西服川黔、东降辽东，缔造了中国历史上空前统一的大帝国。

秦始皇一生并天下、称皇帝、设郡县、逐匈奴、修长城、车同轨、书同文……对于中国的大一统和中华民族的传承，都起到了不可磨灭的关键作用。

千古一帝的人生课堂

1. 苦难培养了坚强和希望

大家好，我就是嬴政，我的爸爸叫异人，他是秦王二十多个儿子中不太受宠的一个。当时国与国之间为了表示友好，会让王族或者贵族出身的人到别国去，名为质子，其实就是人质，于是，爸爸便被派往赵国做质子。

赵国和秦国关系和睦的时候，爸爸的待遇还不错，但赵国和秦国后来经常打仗，爸爸的待遇也越来越差，再后来，他连日常生活都难以为继了。我就出生在这样一个环境中。

> 别看了！穷得揭不开锅了！

幸运的是，爸爸遇上了卫国的大商人吕不韦，他非常看好爸爸，觉得只要爸爸能飞黄腾达，他也能一步登天。于是，他一方面资助爸爸在赵国的日常生活开销，一方面带着钱回到秦国帮爸爸说好话。有了他的帮助，在赵国又一次和秦国起了冲突后，爸爸趁机逃回了秦国。回国后，他被当时的秦王宠妃——华阳夫人收为义子，改名为子楚。

> 爸爸走了，我们怎么办……

爸爸的出逃让赵国人大为恼火，他们抓不到爸爸，就想拿我和妈妈出气。爸爸逃走的时候，我才出生没多久，多亏了好心人的帮助和掩护，我和妈妈才躲过了杀身之祸。那几年，赵国和秦国战争不断，我也在这种环境中慢慢长大了。

2. 努力奋斗才会有实力

爸爸回到秦国后，在华阳夫人和吕不韦的帮助下成了秦国太子。这时秦赵两国已经停战，赵国为了向秦国示好，就把我和妈妈护送回秦国。爸爸很快就成了秦王，可没过几年也去世了。公元前247年，我正式登基继承王位，那一年我13岁。不过我还太小，就让相国吕不韦主持国政，并尊称他为仲父。吕丞相总觉得我还太小，让我大小事都必须先和他商量，这滋味可真不好受。我还是先努力读书吧。

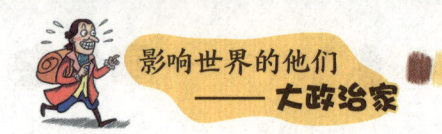

与此同时，宫中一个得到我母亲宠爱的宦官也蠢蠢欲动。就在我21岁举行冠礼，即将亲政的时候，宦官造反了。我派兵镇压了这次动乱，又查出吕不韦和这件事有牵连，我毫不犹豫地撤掉了吕不韦的官职，把他赶走了。

3. 不拘一格降人才

在我管理国家的过程中，我了解到：有很多人才在其他的国家，不少反对我的人也非常有能力。如果想要横扫六国，建立一个大一统的国家，就要把人才们都招揽到我的朝廷里来。

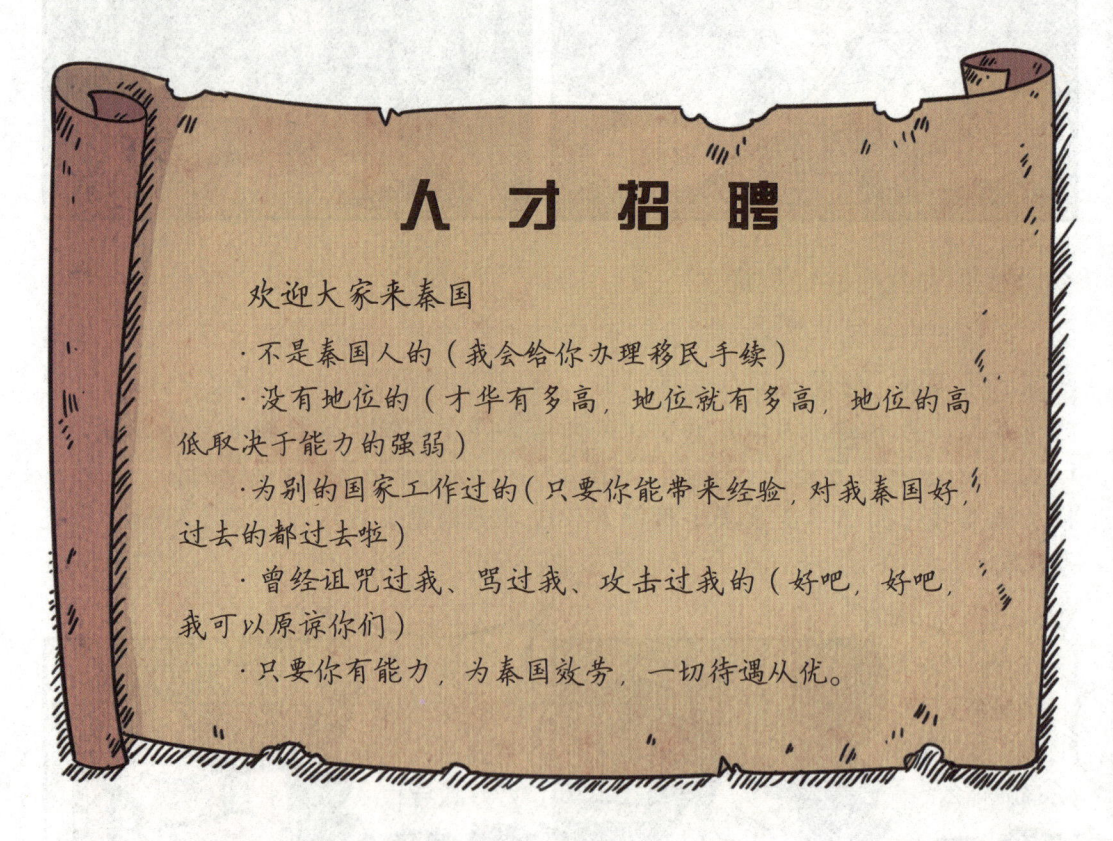

人才招聘

欢迎大家来秦国

- 不是秦国人的（我会给你办理移民手续）
- 没有地位的（才华有多高，地位就有多高，地位的高低取决于能力的强弱）
- 为别的国家工作过的（只要你能带来经验，对我秦国好，过去的都过去啦）
- 曾经诅咒过我、骂过我、攻击过我的（好吧，好吧，我可以原谅你们）
- 只要你有能力，为秦国效劳，一切待遇从优。

于是，我的手下聚集了一批很有才干的文臣武将，文有李斯、尉缭、姚贾和顿弱，武有蒙骜、王翦和王贲。

在这些人的帮助下，我制定了一系列制度，取得了许多关键战役的胜利，最终完成了统一大业。

朕和爱卿们

4. 治理国家需要方法和手段

要管理这么大的国家没有严格的法律可不行。我们秦国王族向来非常喜欢法家的思想，现在我掌握了权力，自然也要求所有人都绝对遵守先辈留下的统一、详细的法律法规。有了详尽的法律条文，有法可依，有法必依，这让整个社会非常稳定。不过由于这些法律更适合残酷的战争年代，大部分惩罚措施太严酷，而执行惩罚的官吏们怕我生气，往往处罚得更严。加上我还在不停地征战，需要征收大量钱粮，这让百姓更加苦不堪言，有些人为了逃避繁重的赋税和徭役甚至躲进了山林里。等到有了焚书坑儒这件事，我这个"暴君"的名声大概就流传开了。

我也要时间来完善、修改法律条文啊！

暴君啊！
暴君！

烧得好！

严酷的法律引起了读书人的不满,各种指责纷纷而来,不同于法家的种种学说不绝于耳,这时我听到了丞相李斯的建议。

> 要管理书籍,统一被征服的原六国民众的思想,才能维护统治。

> 把《秦记》以外的其他六国史书都给朕烧了!

当然,关于医药、农业等生活方面的书籍是不能烧掉的。我也不是完全禁止百姓学习,只不过,想要学习法律的话可以去找官吏当老师。

> 谁敢谈论《诗》《书》一律处死!

我为了统治的稳固制定了不少严酷的政策,不过我在政治、文化、军事、经济方面制定了很多让后世受益匪浅的政策,做出的很多功绩也在后世有了进一步的发展。

> 我修建的万里长城可了不起呢!

千古一帝 **秦始皇**

秦长城是在战国时期秦、赵、燕三国长城的基础上修建的,远远望去,雄伟壮观,是世界八大奇迹之一,也是世界中古七大奇迹之一。

影响世界的他们——大政治家

各兵种混编的军阵

1. 根据已经发掘的秦始皇陵兵马俑坑，可以看出秦军有着严格的兵种编排。

2. 步兵是军队构成中的主体。秦始皇陵出土的绝大部分武士俑都是步兵俑。秦军使用的弩弓有很大的杀伤力，在排兵布阵时，让弩弓手和步兵结合起来排成一定的阵型，可以给对手造成强大的压力；如果秦军阵前有一排弩弓手，当敌人冲到离秦军大约150米的时候，就会迎来一波致命的攻击，如果阵前有多

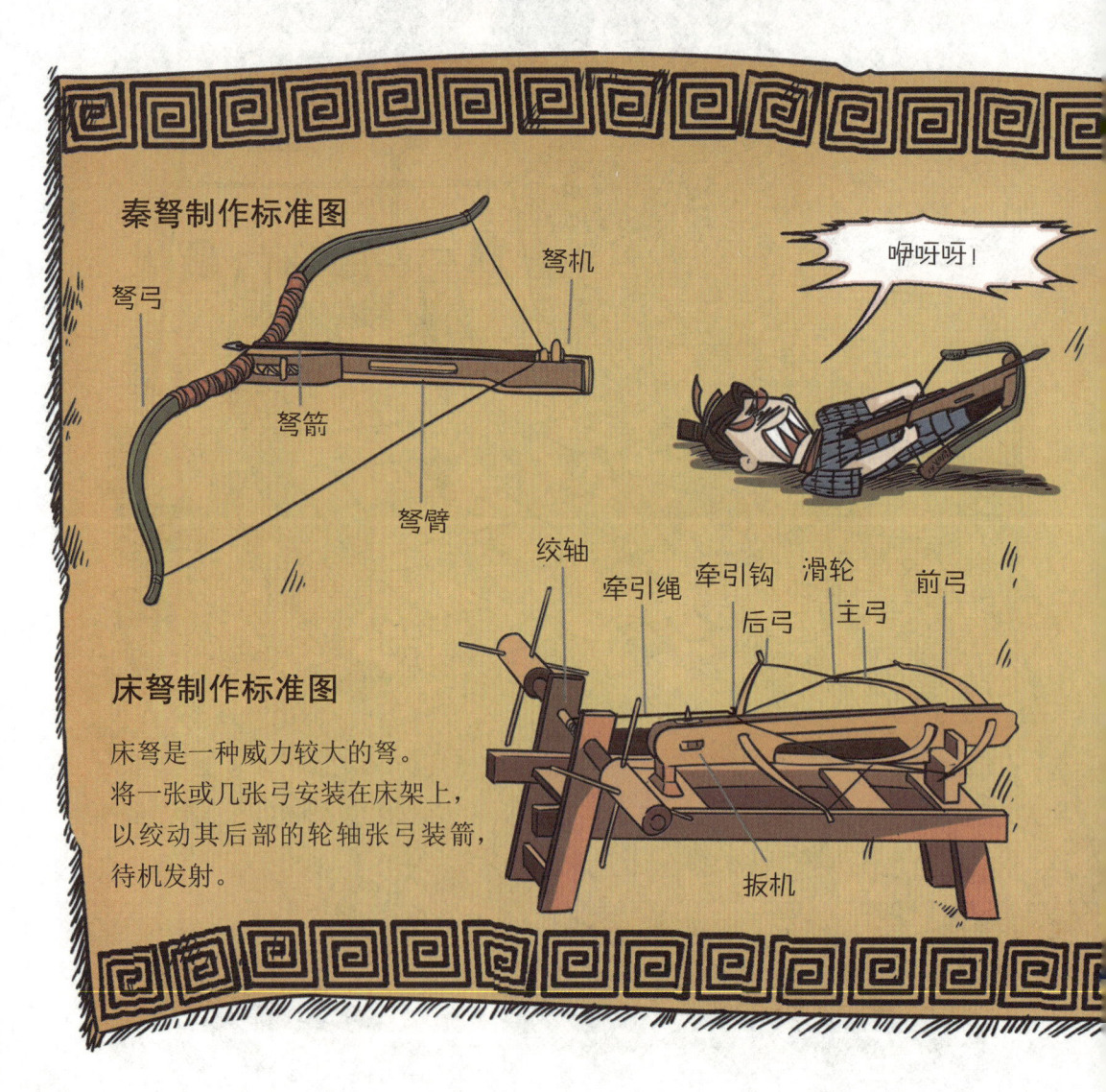

秦弩制作标准图

弩弓　弩机　弩箭　弩臂

咿呀呀！

床弩制作标准图

绞轴　牵引绳　牵引钩　滑轮　前弓　后弓　主弓　扳机

床弩是一种威力较大的弩。将一张或几张弓安装在床架上，以绞动其后部的轮轴张弓装箭，待机发射。

排弩弓手，这种攻击则可以一直持续。

3. 灵活的骑兵和车兵则会直接冲击。车兵主要用于平原地区的作战，进攻时用以冲陷敌阵；防御时用战车布为阵垒，阻止或拖延敌军的冲击。而骑兵一律穿短甲，手持弓箭，还配备有齐全的鞍。

4. 水军也称楼船士，其数量仅次于步兵，远远超过车兵和骑兵。

5. 秦军的训练制度也较为严格。秦律规定，弩弓手发弩不中，驭手不会驾车，骑马课上成绩不好的骑士都要受罚，有关的督训官吏及负责选拔者也要受罚。

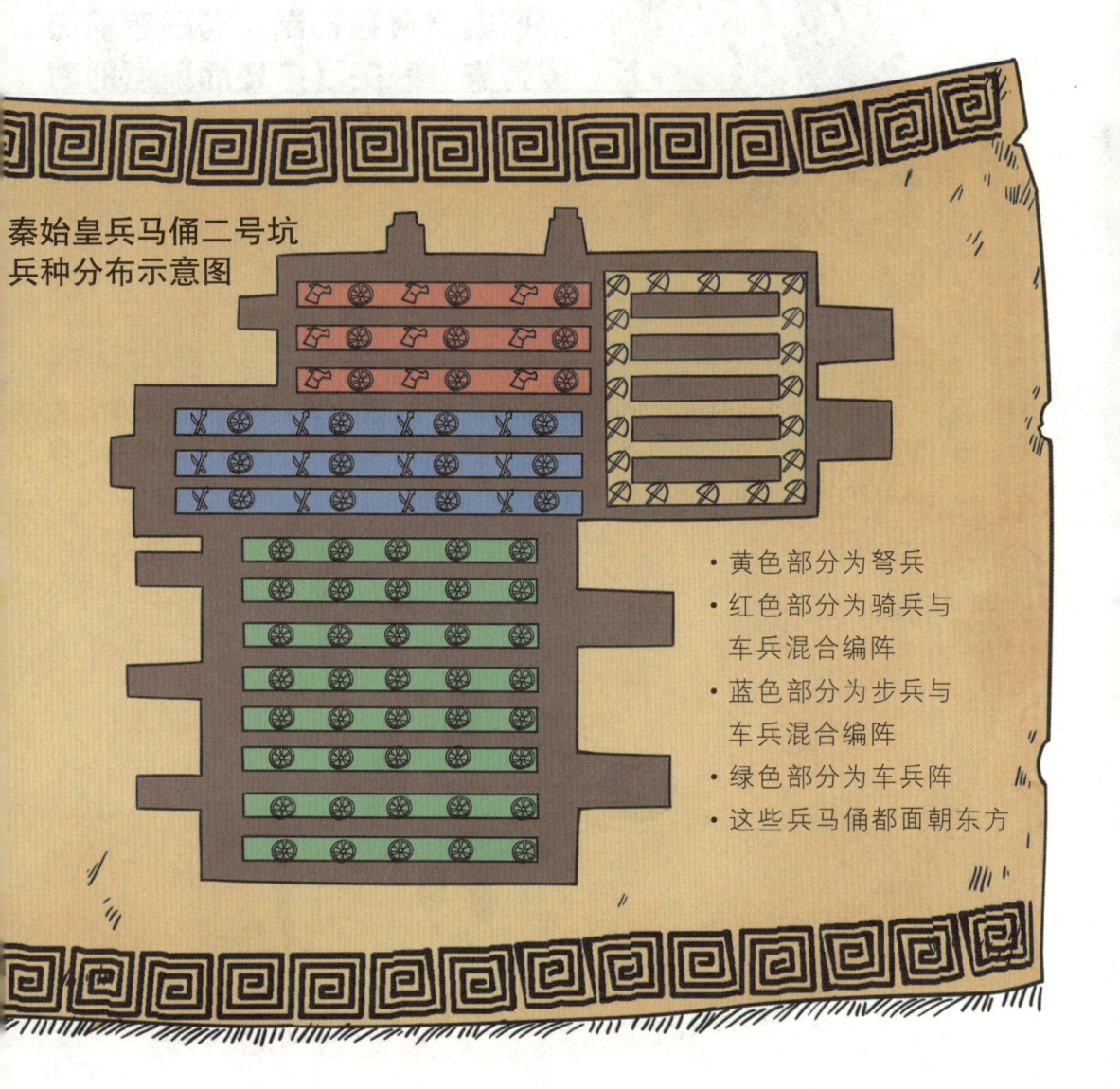

秦始皇兵马俑二号坑兵种分布示意图

- 黄色部分为弩兵
- 红色部分为骑兵与车兵混合编阵
- 蓝色部分为步兵与车兵混合编阵
- 绿色部分为车兵阵
- 这些兵马俑都面朝东方

影响世界的他们——大政治家

秦始皇统一天下后推行的多项政策及典章法制，对日后的中国历史，产生了广泛而深远的影响，一起来看看吧。

· 统一货币

秦统一六国之前，各国钱币的形状不一，如铲币、刀币、环钱等，秦始皇统一六国后，圆形方孔的秦半两钱在全国通行，直到清朝时期，铜钱的外形仍然沿袭了半两钱外圆内方的样子。

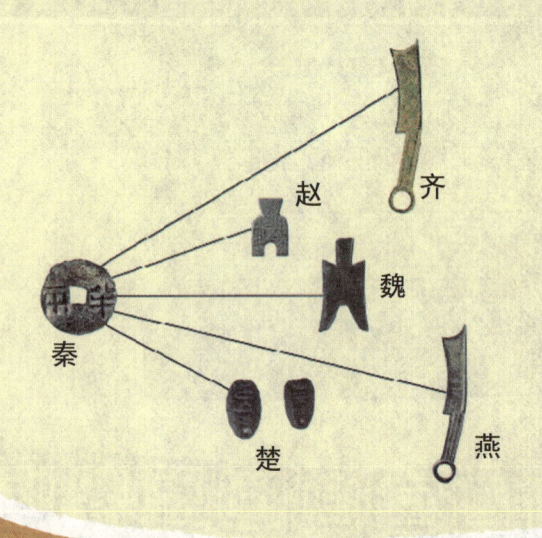

·书同文

秦统一六国之前,各国使用的文字也不同,来往的文书互相都看不明白。秦始皇统一六国后,也统一了文字,对中华文化的发展起了重要作用。

·统一度量衡

秦始皇统一六国后,给全国的度(长度)量(容积)衡(重量)制定了统一的标准,使得经济交流更加便利,促进了全国经济的发展。

度

衡

量

影响世界的他们
——大政治家

西汉盛世皇帝 汉武帝

秦朝末年，天下大乱，各路人马争斗不休，刘邦取得了最后胜利，结束了乱世，建立了西汉王朝。在他和继承者们的治理下，国家渐渐从战争中恢复过来。在汉高祖刘邦的后人中，有一位创造了汉武盛世的皇帝——汉武帝刘彻。

汉武帝档案

姓名：刘彻

生卒年：前156年7月14日—前87年3月29日

主要成就：颁行"推恩令"；对匈奴发动战争，基本解除了西北边境的威胁；派张骞出使西域，首开丝绸之路。

文学作品：《秋风辞》《瓠子歌》《天马歌》《悼李夫人赋》。

> 我讨厌这家伙！

> 脾气不好。

> 我们诸侯王的封地被他削得越来越小！

汉武帝前141年登基后，直到前135年才正式掌权。武帝在位期间制定的诸多政策成为汉朝稳定强盛的基石。

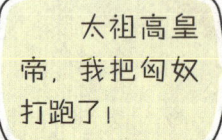

> 太祖高皇帝，我把匈奴打跑了！

> 果然没有给我刘家丢脸！

刘邦

关于这位盛世皇帝

- 汉武帝是中国历史上第一位使用年号的皇帝。
- 汉武帝制定、颁布了《太初历》，历法一改秦历十月为岁首的惯例，确定以正月初一为一年之始，还引入了二十四节气，对农业生产起了重要的指导作用。
- 汉武帝时，第一次由政府下令在全国征集图书，在宫内建立了颇具规模的收藏图书的馆舍——石渠阁。
- 汉武帝以强硬态度积极对付匈奴，先后收复了西汉初年失去的多处领土。

> 匈奴走了，我们再也不用担心东西被抢了。

老百姓

> 我们打不过汉武帝，除了投降，就只能向西迁走！

匈奴人

- 最初，汉武帝为了联合大月氏对抗匈奴，派出张骞出使西域，虽然没有达到目的，但是这次出使让汉朝对西域有了很详细的了解，也促成了"丝绸之路"的开辟。在匈奴的威胁解除后，汉朝与西域各国开始了长久的贸易往来。

影响世界的他们——大政治家

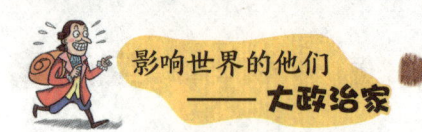

- 汉武帝能写诗歌，而且还写得不错。

秋风辞

秋风起兮白云飞，草木黄落兮雁南归。
兰有秀兮菊有芳，怀佳人兮不能忘。
泛楼船兮济汾河，横中流兮扬素波。
箫鼓鸣兮发棹歌，欢乐极兮哀情多。
少壮几时兮奈老何！

开创汉武盛世

汉武帝前141年登基，面对的是一个内有诸侯不服、外有匈奴侵扰的局面。他一当上皇帝，就想大展拳脚，开始推行新政，可这些新政影响到了贵族们的利益。当时，太皇太后窦氏的权力非常大，她也加入了反对的行列，导致汉武帝的新政被全部废除。

各路诸侯

天高皇帝远，谁也管不着咱们。

匈奴大军

快点把钱拿出来！

西汉盛世皇帝 **汉武帝**

公元前135年，太皇太后去世。汉武帝终于得以掌握大权。他马上进行了改革：

- 颁布推恩令，大大削弱了诸侯王的势力。

> 罢黜百家，独尊儒术！
> 平定外患！
> 财政大权都要一手掌握！
> 诸侯王的势力要消弱！
> 要做的事情太多了！

- 在思想上，汉武帝采纳了董仲舒"罢黜百家，独尊儒术"的建议，建立起以儒家思想为主、其他各流派思想为辅的统治。

> 哦，你果然喜欢儒家！
> 这只是我统治国家的手段而已！

- 汉武帝为了保证国库充盈，不仅加大了税收的力度，还实施了盐铁官营的政策，到了后来，连酒也变成了政府专卖。

圣旨

从现在起，铁、盐、酒都只能从国家开设的专卖店里购买，私自贩卖都是违法！

影响世界的他们
——大政治家

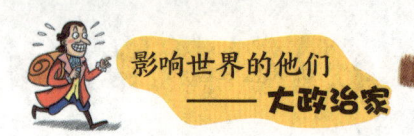

・在对国内政治、经济进行改革的同时,汉武帝也和匈奴进行了多场战争。

在汉高祖刘邦到汉景帝刘启统治的大约60年中,匈奴经常侵扰汉朝边境,为了换得一时的安宁,汉朝统治者采取了和亲的政策。最初还有一定效果,随着匈奴的胃口越来越大,和亲也渐渐失去了作用。

匈奴真是贪得无厌!

看在钱和美人的分上,我暂时不打你们了!

汉武帝为了彻底解决匈奴之患,多次派兵出征,其中有三场战争起到了决定性的作用。

公元前127年,匈奴在上谷和渔阳抢掠,还说要继续向长安方向进发。汉武帝派出车骑将军卫青和将军李息,突袭了匈奴防守薄弱的河套地区南部,一举取得胜利。这一仗,解除了长安的威胁,也成为汉朝和匈奴战争史上的转折点。

汉军太快了……我还没反应过来,就被打败了。

西汉盛世皇帝 **汉武帝**

公元前121年，汉武帝派霍去病两进河西，霍去病如同旋风一般狠狠打击了匈奴。这次大胜为汉朝夺回了中原通往西域的咽喉要道，再也不需要时刻防备匈奴了，这大大减轻了朝廷和百姓的压力。

别看霍去病年轻，他可是有真本事的！

匈奴未灭，何以家为！

霍去病

公元前119年，此时匈奴右部势力虽然被消灭，可是左部单于还拥有相当强大的实力，还在对汉朝进行骚扰。河西之战后，经过近两年的准备，汉武帝决定向他们发动总攻。大将军卫青、骠骑将军霍去病领兵深入漠北，匈奴左右两王的主力几乎被全歼，这一仗之后，匈奴再也无法与汉朝对抗，汉朝北部边界的危险彻底解除。

再敢回来，绝不客气！

43

影响世界的他们——大政治家

・除了和匈奴的战争，汉武帝还发动了一系列对外战争，大大拓展了汉朝的国土面积。不过连年的战争让钱花得像流水一样快，加上汉武帝还大修宫殿，老百姓的生活非常痛苦。

> 我统治的时候，比秦朝版图大一倍！
> —— 汉武帝

> 帝王总希望自己的地盘能大一点。
> —— 秦始皇

伟大皇帝的人生课堂

1. 从一个成语故事开始吧

我叫刘彻，3岁时被封为胶东王。那时，皇太后的女儿，也就是我的姑妈，想把她的女儿许配给我。我答应姑妈：长大后让她的女儿阿娇住在金子造的屋子里，所以人们把这件事叫作"金屋藏娇"。

这之后，姑妈不停地在父皇面前说我的好话，没几年，父皇贬太子刘荣去做临江王，立我当了新太子，我也娶了姑妈的女儿为妃。

> 无论如何，我现在当上太子了！

西汉盛世皇帝 **汉武帝**

我的祖母姓窦，长大后我发现，窦家人在朝廷中的势力可不小。我登基后，祖母成了太皇太后，我实施的新政策触动了权贵们，也包括窦家人的利益，他们马上告诉了太皇太后，这下子，朝堂上下都开始反对我，我只好暂缓实施新政，转而培养忠于自己的势力。太皇太后去世后，我终于能够完全照自己的想法治理国家了。

> 你们没有告状的人了！
>
> 都按我说的办法来！
>
> 只能听他的了。

2. 动脑筋是解决矛盾的最好办法

我当了皇帝后，就开始担心各地诸侯的问题。大汉建国几十年，各地诸侯的势力一天比一天强大，有的诸侯甚至能够掌控十几座城的兵力，他们在地盘上作威作福，甚至对皇帝的话也阳奉阴违。

> 我们的势力比皇帝都大，谁还听他的话！
>
> 让皇帝指挥自己去吧！

大家应该还记得秦朝时取消分封制、设立郡县的事情，为什么到了汉朝又冒出来这么多诸侯王呢？这就不得不讲一桩往事了：

> 秦始皇虽然取消了分封制，但是在秦末的乱世中，有力量的豪强们仍旧选择自立为诸侯王。当时，我的曾祖父刘邦也参与到了秦末的战争中，他为了拉拢各路势力，不得不分封了一些诸侯王，在他称帝后，也将一部分刘姓宗室封王，还给了他们封地，汉朝也就形成了郡县和诸侯国并存的局面。可以说，这些诸侯国成了王权集中的最大障碍。

影响世界的他们——大政治家

我的父亲汉景帝早就想把这些诸侯王的地盘收归朝廷，于是他听从晁错的建议进行"削藩"，结果诸侯王们纠集起来，打着"诛晁错，清君侧"的旗号进行了武装叛乱。父亲杀了晁错，叛军依旧不肯退兵，于是他派出大军进行平叛，取得了全面胜利，沉重打击了诸侯王的势力。

> 别假装是为了皇帝好！其实是自己想做皇帝才叛乱的吧！

虽然现在诸侯王实力减弱，但我不能任由他们重新积蓄起力量。于是我听从主父偃的建议，颁布了"推恩令"。以前，诸侯王的土地和王位只有嫡长子可以继承，实施"推恩令"后，嫡长子可以继承王位，其他的儿子也可以分得一部分土地成为列侯，并且由皇帝制定侯国的名号。这样一来，不用强制削藩，诸侯国的地盘就变得越来越小了。

> 大的归我！

> 好的归我！

> 孩子们为了争地盘吵得死去活来，你们别以为国家好治理！

3. 整治地方豪强

各地诸侯的问题总算得到解决，可是问题一个接一个，除了诸侯，还有豪强。

汉朝建国之后推行休养生息的政策，农业、工商业都得到了极大发展。经济的活跃自然让不少人富了起来，这些人有当地的大族，更有当地的官员，有了钱，有了权，渐渐地，这些豪强形成了一股有别于诸侯的地方势力。

他们剥削平民，聚敛钱财，却不向中央交税，这使得国家的财政收入严重受损。这个问题不解决，注定会给国家带来大麻烦。不过这些人在当地有钱有势，对我的命令也是阳奉阴违。我便采取了一系列措施。

首先，我任用了不少手段强硬的官员，他们甚至会采用以暴制暴的办法。比如河内太守王温舒，他在做广平都尉的时候，那片地区连盗贼都不敢靠近。我提升他去管理河内后，豪强也好，强盗也好，听到他的名字都会瑟瑟发抖。接下来，我颁布命令，规定豪强们都必须搬到首都附近，和自己的宗族分开，在天子脚下，这些人的势力也小了不少。

除了削弱豪强的势力，我还需要弥补战争带来的消耗。于是，我发布了一个不太光明正大的命令，鼓励老百姓告密。按照规定，商人们必须上报自己的收入，然后按收入交税。谁敢隐瞒就没收财产。而如果有人告密，没收的商人财产可以分给他一半。为了保证国家的财政收入，我还制定了一些其他的政策。

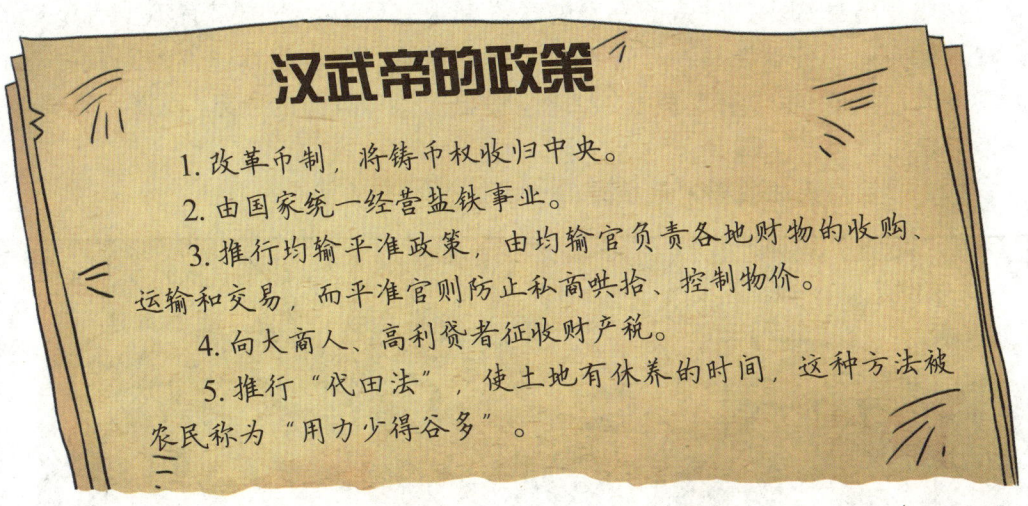

汉武帝的政策

1. 改革币制，将铸币权收归中央。
2. 由国家统一经营盐铁事业。
3. 推行均输平准政策，由均输官负责各地财物的收购、运输和交易，而平准官则防止私商哄抬、控制物价。
4. 向大商人、高利贷者征收财产税。
5. 推行"代田法"，使土地有休养的时间，这种方法被农民称为"用力少得谷多"。

代田法以两年为周期，通过对农田同一处开沟、做垄的交替来达到自然恢复土地肥力的目的，同时还能达到保苗抗旱的效果。

春天防风，夏天防涝！这办法真不错！

4. 唯才是举，不拘一格

为了能够更好、更快速有效地选拔人才，我对察举制进行了改进。制定了很多目标明确的考试科目，如：在家做孝子、出仕做廉吏的"孝廉科"，品德与文才兼备的"贤良文学"科。这些措施能简单有效地对全国人才进行考核。

我招纳人才的手段也不局限于考试，通过大臣的推荐，有些才华横溢的人可以直接得到我的接见，这比考试要快多了。

> 我是主父偃，大将军给皇上推荐过我，我又进行了自荐，终于得到了赏识！

主父偃出身贫寒，对诸子百家的学说都很有研究，对国事有不少有见地的见解。他在周游各地之后，写了奏书，请人送给了我。我看过他的文章后马上召见了他，主父偃也没有辜负我的期望，提出了很多有用的意见，我为了嘉奖他，一年中破格给他升了四次官。

总之，我对人才的要求最重要的一点就是：有才华！

> 这也是特长啊。

> 都不能用来治国……

> 我要的不是演马戏的！

> 是人才！

5. 有错认错

我这一生北击匈奴、联通西域、兴修水利、兴办太学，都大大有利于人民。不过因为连年征战、大兴土木建设，也给人民带来了极其沉重的负担。

> 所有百姓请注意，明天要打仗，请保管好随身物品！

> 唉，这一个接一个的战争，什么时候是个头啊！

多年的战争让国库的钱消耗得很厉害，我还特别喜欢修建宫殿，为了充盈国库，我派出了不少手法强硬的官吏，虽然他们能帮我收钱，可是他们自己的贪婪也给百姓造成了极大危害。在我年纪大了之后，疑心也比较重，"巫蛊之祸"牵连数万人，这些事情都让百姓们对我越来越没信心，不少人甚至公开反对我，想推翻我的统治。在这个时候，我在轮台发布了一篇诏书：

检讨书

前些时候，有关部门要求增加赋税，增加边防费用，还要出兵打仗，这些都不利于百姓。我继位之后，做了不少伤害百姓、浪费财力的事，从今以后再也不做了！

> 让皇帝道歉可不是容易的事情。看在我正确认识自己错误的分上，百姓们还是选择继续相信我。

影响世界的他们——大政治家

张骞出使西域

张骞出使西域虽然开始是军事行为,然而它开通了"丝绸之路"。直接促进了西汉和中亚各国的政治、经济、军事和文化的交流,丰富了汉族和西域各族人民的生活。

图例
- ● 都城
- ○ 重要地点
- → 张骞第一次出使路线
- ━ 丝绸之路

地图标注:黑海、地中海、里海、咸海、波斯湾、阿拉伯海、大秦、安息、大月氏、康居、大夏、塞琉西亚(巴格达)、番兜城(达姆甘)、木鹿、蓝氏城(瓦齐拉巴德)

西汉盛世皇帝 **汉武帝**

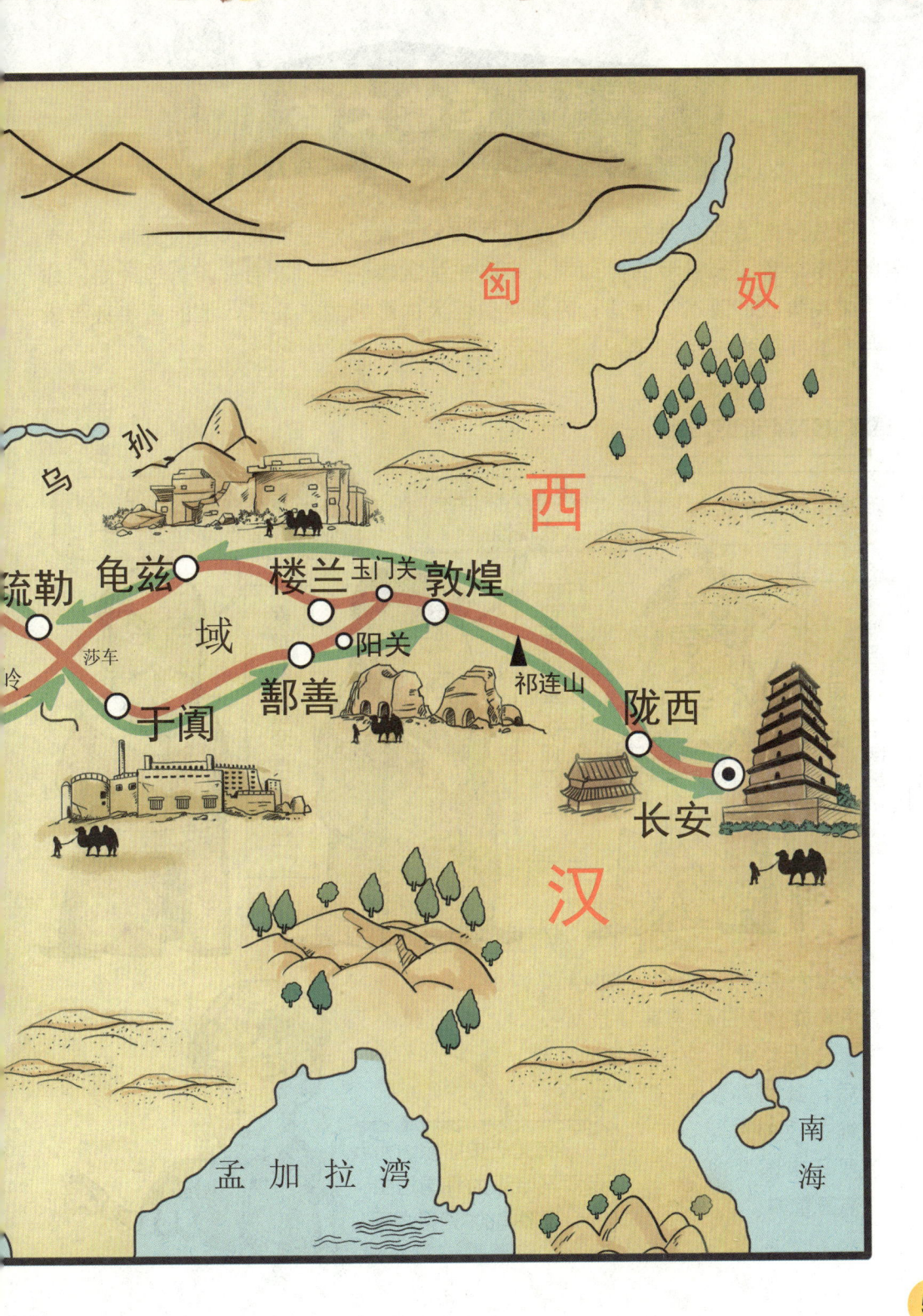

匈奴

西

乌孙

疏勒　龟兹　楼兰　玉门关　敦煌
　　　莎车　　　西域
　　　　　　　阳关
　　于阗　鄯善　　　祁连山　陇西

长安

汉

孟加拉湾

南海

51

影响世界的他们——大政治家

古罗马的无冕之王 恺撒大帝

恺撒大帝的全名是盖乌斯·尤利乌斯·恺撒，他是罗马帝国的奠基者，有恺撒大帝之称。他是罗马共和国末期杰出的军事统帅、政治家，他当政期间加强了中央集权、改革了历法，因为恺撒巨大的影响力，后来，他的名字甚至成了西方世界皇帝的代名词。

"恺撒"成为皇帝代名词后……

> 我是罗马人的恺撒！
> ——神圣罗马帝国皇帝 查理曼大帝

> 我继承拜占庭皇位，我是恺撒！
> ——俄国沙皇 伊凡四世

> 我是罗马人和保加利亚人的皇帝，我也是恺撒！
> ——保加利亚皇帝 西蒙一世

恺撒大帝（前102年—前44年）出身于贵族，历任财务官、祭司长、大法官、执政官、监察官等职。恺撒死后，其甥孙及养子屋大维击败安东尼，开创了罗马帝国并成为第一位帝国皇帝。

> 有些历史学家认为我是罗马帝国的开国君主，说我是罗马的"无冕之王"。

关于这位古罗马的执政官

罗马共和国时期的领袖一直都有着独揽大权的倾向，从打败迦太基统帅汉尼拔的大西庇阿，到征战北非的马略、率领东征军的苏拉等，但他们的权力始终受到元老院的制约。而恺撒的出现，改变了这一切。

- 恺撒做事果断，从不拖泥带水。
- 恺撒与同时代的西塞罗被后世并称为拉丁文学的两大文豪。目前恺撒主要的传世著作是以他亲身经历写成的战争回忆录，文字水平很高。

- 恺撒也同样喜欢体育运动，精通骑马、剑术等，他肌肉发达，体魄非常强健。

影响世界的他们——大政治家

- 据说恺撒是率先使用加密函的古代将领之一，因此这种加密方法被称为恺撒密码。恺撒密码是通过把字母移动一定的位数来实现加密和解密。拿英文字母来说，当偏移量是3的时候，所有的字母A将被替换成D，B变成E，以此类推X将变成A，Y变成B，Z变成C。这个密码的设置方式对于现代人来说也许很简单，但是在完全没有密码概念的古罗马，这种加密方式却是非常先进的。

> 我们只要把字母顺序变一下就可以解开这段密码啦！

> 说得很简单，但是仔细想想也挺难的啊……

> 你听懂了么？

- 制定并实行了《儒略历》，改善了旧罗马历法造成的时间误差。

> 现在大家使用的公历就是在《儒略历》基础上改进与修订而来的。

- 帮助埃及艳后——克里奥佩特拉七世夺取了王位。

地中海八卦报

尤利乌斯·恺撒和埃及艳后克里奥佩特拉一起参观并拜祭了位于埃及首都亚历山大港的亚历山大大帝陵墓。据猜测，<u>两人的亲密关系确保了埃及艳后在埃及的统治</u>，同时也保证恺撒在国内与庞培斗争时，能够得到埃及的支持。

古罗马的无冕之王 **恺撒大帝**

混乱局面的终结者

公元前1世纪的时候，古罗马是由元老院、执政官和部族一起治理的。这些人在一起开会时会对治理国家提出各种各样的意见，彼此有一致的意见，也有争吵的时候。不过大部分时候他们都能讨论出比较理想的治国方法。

你们这些顽固的家伙！

支持！

不同意，绝对不同意！

但随着古罗马的不断扩张，内部的矛盾也越来越多，共和体制已经越来越不能适应国家的发展了，元老院成为改制的强大阻力。就在这种时候，恺撒出现了。

不能任由那些贵族元老们乱来了，帝制更适合罗马！

恺撒花了8年时间征服了高卢全境，前49年，他在元老院否决自己请求延长高卢总督任期的要求后，率军占领罗马，成了终身独裁者。

55

出征高卢的罗马军团

在罗马军团的旁边还有同盟国军队或雇佣军组成的辅助军团，以及骑士。

旗手是轻步兵，他们身着布甲，外披狼皮。

高卢欢迎你！除非你是罗马人

罗马军团普遍装备标枪和短剑。

军团士兵们用盾牌组成密不透风的队伍。

队列通常由三横列组成：青年兵组成的第一横列，壮年兵组成的第二横列，老兵后备队组成的第三横列。

每一个百人队由一名百夫长带领，他们身穿鳞甲，内罩锁子甲，戴有胫甲，胸前挂着象征战功的圆盘。

影响世界的他们——大政治家

回到罗马的恺撒进行了一系列的改革：
- 把罗马的公民权扩大到各个行省、城镇，以及被征服地区的人。
- 请专家制作《儒略历》取代旧历法，使历法不受宗教活动和其他人为影响。
- 修建和平广场。
- 兴建其他大型工程，增加人民的就业机会。

不过，元老院可不支持恺撒，他们害怕恺撒的权力太大，对自己不利。

罗马是我们的，不能让恺撒乱来！

公元前44年3月15日，元老院的贵族们策划了一场阴谋，他们纠集了守旧贵族，并且劝说一部分对恺撒不满的部下，一起将恺撒骗来元老院，随后群起而攻之，刺杀了他。

古罗马的无冕之王 **恺撒大帝**

恺撒大帝的人生课堂

1. 贵族身份加百分百努力

我出生在罗马一个非常显赫的贵族家庭，我们家族的许多人都曾经担任过罗马的高官。给你们看看吧！

> 我的父亲，做过财政大臣和大法官，以及小亚细亚总督。

> 外公曾做过执政官。

> 我的叔父也曾经是执政官。

> 我的姑父马略是元老院民众派领袖，他在罗马战败于日耳曼人的危难之时当选执政官，进行军事改革，实行募兵制，为罗马逐渐走向帝制打下基础。

我在 7 岁之前，都一直受母亲的影响。7 岁时，我进入贵族学校，在学习完字母和数字以及拉丁文的入门知识之后（我还精通希腊文），我师从雄辩术教师，学习演讲辩论。此外，我还学习哲学和法律等基础知识；最后，如同所有贵族子弟一样，我接受了军事技术方面的教育，包括阅读各种历史、攻城术和战术等方面的著作，参加各种各样的军事体育训练等。

影响世界的他们
——大政治家

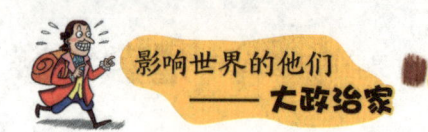

在学校里，我的文学、历史、地理等科目总是得到老师的夸奖。我活泼开朗，脑子灵敏，而且总有问不完的问题，总是要打破砂锅问到底。老师特别喜欢我，说我是个勤学好问的好孩子。

> 哦，对了，他很喜欢历史上的那些大英雄，像西庇阿什么的。地理也不错，尤其熟悉高卢的地形。
>
> ——凯撒的老师

> 这个孩子能说会写，有不错的文学天赋，对于演讲和辩论也很在行，似乎也很了解军事知识。

2. 懂得合作，积累力量

等我长大之后，我担任过财务官、大祭司和大法官等职务，对于我这种家庭出身的人来说，从政是理所当然的事情，何况我还是个渴望开创一番事业的人。

公元前60年，我被选为罗马共和国的执政官，成了共和国的最高长官。但事实上，这个职位没想象的那么大权力。罗马共和国的传统是，执政官必须有两位，元老院担心如果另一位执政官选择同我合作，我就可以无所顾忌为所欲为，所以，为我安排了一个听命于他们的执政官同事——毕布路斯。我俩之间关系可不怎么样。

> 这家伙根本就是来监视我的吧！

元老院的人数虽然不多，但是成员非常固定，他们中有发言权的很多人都来自贵族和平民的大家族。在这种情况下，他们意见的局限性可想而知。而罗马这个时候面临很大的威胁，已经到了不改革不行的时候。不过，毕布路斯有整个元老院的支持，要对付他和身后的元老院，我一个人可不行，必须寻找合作伙伴。

庞培：罗马最有名的统帅，战功卓著。但是和元老院在如何管理、分配土地的问题上矛盾重重。

克拉苏：罗马最富有的人，控制着大量军队，却没有战功。

这两位都和元老院有纠纷，也都想扩张自己的权力，更重要的是，他们一个能打仗，一个有钱。我们秘密组成了一个旨在对抗元老院势力的攻守同盟。历史上称我们三个所组成的这个同盟为——"前三头同盟"。我在元老院帮他们说话，他俩在军事上全力支持我，大家合作得很顺利。

有了这个同盟，在我担任执政官期间，就再也不用担心毕布路斯了。共同执政的日子结束了，在我拥有了两大支持者之后，毕布路斯干脆退出了政治活动，直到任期结束，我都可以独自处理所有的事情。

3. 无路可退的时候，那就前进

执政官的任期结束后，我被授予总督的职位，管理山南高卢（今阿尔卑斯山北部、意大利北部）、外高卢（今阿尔卑斯山北部、法国南部）和伊利里亚（今巴尔干半岛亚得里亚海沿岸地区）5年。公元前58年，我走马上任。不过我可不甘心只管理一个小小的地区。从我上任那年开始，我就率领4个军团发动了高卢战争。

到前49年，我已经夺取了整个高卢地区。

我在这里要说明一下，我原本管理的地方只有山南高卢、外高卢和伊利里亚，但我通过战争，逐渐夺取了整个高卢地区（约相当于今天的法国），并把这个以比利牛斯山、阿尔卑斯山、塞文山、莱茵河和罗纳河为界，周长超过3 000英里（1英里=1 609.344米）的地区，变成了高卢行省。这次战争后，罗马的版图大大扩张，我也获得了巨大的荣誉和名望。就在这时，克拉苏眼见我和庞培都有战功在身，为了和我们抗衡，他贸然向罗马东边最强大的敌人——安息帝国宣战，结果自己被俘身亡。

古罗马的无冕之王 **恺撒大帝**

如此一来，三巨头就只剩下我跟庞培两个人了。为了主宰未来的罗马，我俩必须一决胜负。庞培害怕我的势力越来越大，而元老院为了国内局势的稳定，必须在我和庞培之间二选一。比起庞培，我显然更加让元老院忌惮，于是在我任期结束，表示希望继续担任高卢地区的总督之后，元老院拒绝了我的请求，要求我解散军队并且立刻回国，否则就宣布我为国家的敌人！

> 解散军队后我会有怎样的下场，还需要我明说吗？

> 恺撒太危险！

> 兄弟们，我们没有退路了，只有前进。

经过一番深思熟虑，我决定不管元老院的命令！我选择带着我的军队渡过卢比孔河，向罗马城前进。

这下庞培和元老院的人可吓傻了，他们做梦都没想到我竟然这么快就下了决定。庞培根本来不及准备，只能和支持他的元老院成员一起匆匆忙忙逃走了。

> 这家伙溜得倒是很快。

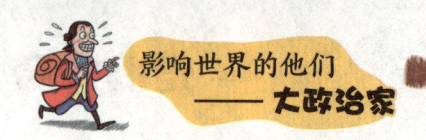

庞培逃走后，企图从希腊组织反攻。我在希腊和他几次交手后，打败了他。庞培又逃到了埃及，不过他失算了。埃及的托勒密十三世更看好我的未来，庞培一到埃及，就被埃及人给杀死了。

> 我在处理完庞培的事情之后，还帮助埃及的克里奥佩特拉七世从她的弟弟兼丈夫手中夺得了埃及王位，这让埃及成了我最忠实的盟友。

> 还是由你担任法老更好。

> 我们真是互相支持的好对象！

> 布鲁图斯是个有理想的年轻人，我觉得我可以信任他。

接下来，我彻底消灭了庞培的支持者和继承人，这场内战，我取得了完全的胜利。我甚至还原谅了庞培的手下，把一些人收归自己麾下，其中最被我信任的就是布鲁图斯。

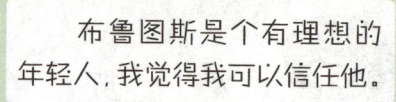

4. 为错误付出的代价

公元前44年，我当上了罗马的终身独裁官。我曾想过自己也许可以成为罗马的皇帝，但罗马人似乎不喜欢由一个皇帝来统治。在节日的游行盛典中，当皇冠被戴到我头上时，人们只是叹息；当我扔掉皇冠时，人们却欢呼起来。这让我明白，我无法称帝了。即使是这样，元老院的人还是不能放心，他们觉得凭我现在的权力，称帝只是迟早的事。在这样的念头影响下，他们制订了一个刺杀我的计划，更可恨的是，我信任的布鲁图斯策划并参与了这次行动。

古罗马的无冕之王 **恺撒大帝**

> 直到死前，我还在惊讶他居然背叛了我。

> 我希望跟随的是执政官，不是大独裁者。

快报

就在今天，庞培剧院的东门廊里发生了一桩凶杀案，伟大的恺撒被刺杀了！六十多个凶手拿着短剑冲向他，他曾经拼命反抗，可是当他看到参与者里还有布鲁图斯时，恺撒绝望了，这可是他信任的人啊！他停止了反抗，最终被杀死。让我们为恺撒致哀！

前44年3月15日

我的死让罗马人感到震惊，这是我为轻信别人付出的代价。那些谋杀我的人也都被判有罪，在随后的三年中，这些凶手相继被我的追随者屋大维、安东尼与雷必达杀死，布鲁图斯也在逃亡东方的途中自杀了。为我报了仇的这三个人被称为"后三头同盟"。

安东尼　屋大维　雷必达

进行辩论的恺撒大帝

传说，古罗马的元老院是由古罗马的建立者——罗慕路斯创立的。元老院成员一般有300人，他们讨论、审议各种政治、经济、法律、外交事务。两位执政官每月轮流做元老院的主席，第一元老则成为会议场的领导人。元老院的存在可以避免独裁的出现。

影响世界的他们——大政治家

开创唐朝第一个治世的皇帝 唐太宗

中国历史上的皇帝很多，但其中有一位得到了后人一致称赞……

> 他文武双全，以前的皇帝都比不上他！
> ——白居易

> 他任用贤能，生活节俭！
> ——苏辙

> 太宗皇帝的言行都能成为后世典范。
> ——司马光

> 多谢！

> 能得到大家这样的评价，我真开心！

唐太宗李世民（598—649年），唐朝的第二任皇帝，出色的政治家、军事家，优秀的书法家、诗人，在唐朝的建立过程中立下了赫赫战功。626年即位后，李世民虚心纳谏，厉行节约，使百姓能够休养生息，出现了国泰民安的局面，开创了中国历史上著名的贞观之治，为后来唐朝100多年的盛世奠定重要基础。

开创唐朝第一个治世的皇帝 **唐太宗**

他以身作则，提倡"戒奢从简"的生活方式，取消、减免了不少赋税，大大减轻了百姓的负担。他还给商人从事商业活动提供了很多便利条件，使得唐朝的农业和商业都蓬勃发展起来。唐太宗实行的民族和外交政策也十分开明。在这种情况下，很多国家和地区都向唐朝派遣了留学生，唐朝的首都长安也成为多民族聚集的地方。

> 唐朝的首都长安是繁华的世界性大都会！

> 虽然我是个外国人，但在唐朝，只要我能够通过考试，也可以做官。

> 我听说在唐朝的首都，珠宝生意非常赚钱！

（许可证 允许出售珠宝首饰。）

> 我希望能去唐朝见识一下，学习他们的文化知识。

> 还想去长安的人抓紧时间了，路程太长我们等不了！

等等啊~

> 我可以去表演吞刀吐火的绝技！

长安城的繁华吸引了来自世界各地的人，他们也为唐朝的繁荣增添了绚烂的色彩。这段国泰民安的时期，因为处于唐太宗贞观年间，所以被称为"贞观之治"。

关于这位开创贞观之治的大唐皇帝

- 李世民是"玄武门之变"的男主角。玄武门是长安城宫城的北门，他在这里和他的哥哥——太子李建成以及弟弟李元吉发生了冲突。最后李建成和李元吉被杀，唐高祖立李世民为太子，并且把国家大事都委托给李世民处理。这件事让李世民最终成为皇帝，也让人们对他议论纷纷。

> 李世民心狠手辣，亲手杀死了自己的兄弟。

> 是他哥哥和弟弟不安好心，先谋害他的。

> 我一个普通士兵，只能听命行事。

> 我们能确定的是：他是个好皇帝，做了很多造福百姓的事。

- 人们常说忠言逆耳，很多皇帝都不喜欢听反对意见。不过，唐太宗一辈子听取和接受的批评和建议几乎数不清。

> 直言进谏才是好大臣！

> 虽然我经常给他挑毛病，但我也是为了他好！

魏征

开创唐朝第一个治世的皇帝 **唐太宗**

商纣王：我们觉得你死一百次都不够！ 隋炀帝

- 在民族关系方面，他灭亡东突厥，被西域各国尊称为"天可汗"。
- 在选拔人才方面，他知人善任，用人唯贤，不问出身。
- 在经济方面，他注重轻徭薄赋，同时崇尚节俭。
- 在文化教育方面，他设立弘文馆，同时重建地方州县学校。

唐朝开国之初，李渊为了抬高门第，认李耳为先祖，令王公以下皆习《老子》。

李世民即帝位后，运用老子《道德经》中"上善若水""其政闷闷，其民淳淳"的无为而治的思想，吸取隋朝灭亡的教训，调整统治政策，轻徭薄赋，重视民生。

- 因为强大的唐王朝给中国人民和世界留下了深刻印象，所以在海外，很多中国人聚集的"中国城"也被称为"唐人街"。

唐人街最初被称为"大唐街"

唐人街

影响世界的他们
——大政治家

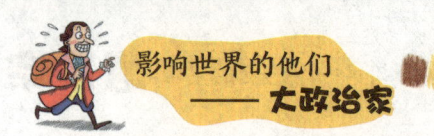

唐太宗李世民的人生课堂

1. 勇气十足是我的优点

我出生在一个贵族家庭里,我的父母一共有五个孩子,大哥李建成,我排行第二,三弟李玄霸十六岁时就去世了,最小的弟弟叫李元吉,我还有一个姐姐,后来被封为平阳昭公主。

我们以后要为国征战!

我的父亲李渊七岁就袭封唐国公,长大后得到了隋炀帝的重用。我的爷爷是个经常能够出奇制胜的常胜将军。生长在这种家庭中,我从小就学到了很多军事、政治等方面的知识,而能够建立一番功业自然也成为我的理想。

我是要做大事的人!

隋朝末年,隋炀帝频繁地发动战争,大修宫殿,生活荒淫奢侈,人民负担沉重,最终激起了民愤,在天下大乱的局面下,我父亲也起兵反隋。

开创唐朝第一个治世的皇帝 **唐太宗**

父亲起兵的时候，我已经十八岁了，便一直跟随父亲东征西讨。

孩子，我如果现在起兵，就要面对隋朝的军队和其他各路想当皇帝的人马，不要轻举妄动啊！

时不我待！父亲！等别人先动手就晚了。

在父亲起兵反隋这件事上，我的劝说还起了不小的作用。

等我们占领长安，建立唐朝后，整个国家还处于四分五裂的状态。我们需要消灭全国的割据势力，于是我多次带兵出征。能够割据一方的人都实力不弱，特别是河南的王世充与河北的窦建德。但是为了统一全国，就算是马蜂窝我也能把它们捅下来！结果证明，我至少消灭了对唐朝有威胁的四个"马蜂窝"。

为了以后的安宁，现在必须除掉危险！

2. 智慧，必不可少

十足的勇气固然重要，但智慧也必不可少。在我继承皇位之前，最能体现智慧的地方大概就是战场了。武德三年（公元620年）七月，父皇命我征讨占据洛阳称郑帝的王世充，王世充慌忙向占据河北、山东一带的夏王窦建德求救。武德四年（公元621年）三月，窦建德率10余万大军一路西进，我立即令手下将领继续围攻洛阳，自己则率兵3 500人至虎牢，与窦建德军队相持月余。同年五月，我率军北渡黄河，抵达广武（今山西境内）南境，在河边留下1 000多匹马引诱窦建德，晚上再率军返回虎牢。窦建德果然中计，派出大军擂鼓迎战。我则按兵不动，只派出少数人马与他们纠缠。等到中午时分，窦建德军队已疲惫不堪，秩序混乱，唐军趁势反击，窦建德受伤被俘。

王世充见窦建德大败,也献城投降。

唐军把我们包围了!快逃啊!

没地方逃了啊!好可怕!

武德九年(626年)八月,东突厥趁唐朝发生玄武门之变政局不稳,伺机入侵。

竟然这时候带兵入侵,简直是对我的挑衅!

可是,光生气是没有用的。我立即派尉迟敬德去泾阳(今陕西咸阳市泾阳县)进行防御,虽然他打了胜仗,但是东突厥首领颉利可汗带来了10多万人,分兵渭水,直逼长安。

此时长安城内的兵马并不多,援军要赶来也需要一些时间,情况十分危急。

皇帝陛下,要不我们死活不开城门,死守吧。

不行,如果敌人长驱直入,援军还没来城就被破了。

于是,我穿上铠甲,骑上战马,只带了六个人就去谈判了!

> 我是来和可汗谈判的!

> 李世民就是拖延时间!他敢只带来六个人来谈判,肯定有阴谋!

我面对敌人侃侃而谈,也答应给可汗一些好处,与此同时,救援部队也及时赶回长安。东突厥首领知道再待下去局势就对他们不利了,于是乖乖退了兵。

> 用智慧面对敌人,可以不费一兵一卒,一举多得!

3. 所有意见都要耐心听取

我们唐朝国土广大,光靠皇帝一个人来管理国家,肯定会出现很多疏忽。所以我不停地招揽有能力的人来帮我治理国家。

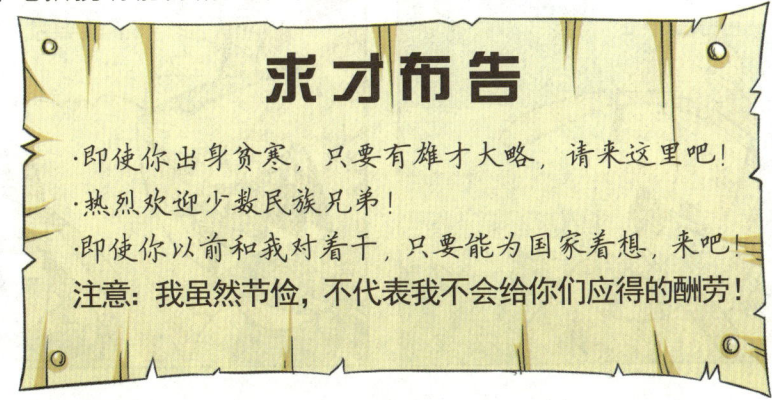

求才布告

- 即使你出身贫寒,只要有雄才大略,请来这里吧!
- 热烈欢迎少数民族兄弟!
- 即使你以前和我对着干,只要能为国家着想,来吧!

注意:我虽然节俭,不代表我不会给你们应得的酬劳!

影响世界的他们——大政治家

这样的布告我发布过很多次,一旦被我聘用,我就会给大臣不小的权力。

皇上,可以用敲头提醒你的错误吗?

如果我真的错了,你可以敲一敲,让我清醒点。

被人当面提意见到底不是件开心的事情,不过大臣们能够耿直地给我提意见,也都是为了国家好,无论如何,我都会控制自己的脾气听完意见,然后客观、认真地进行思考。给我提建议最多的就是魏征,瞧瞧吧:

我看上了一个美女,快让她做我的妃子!

人家已经订婚了!不要仗着是皇上就乱来!

好不容易有个清闲日子,过周末吧!

皇帝休息一天,天下就要乱套了!

开创唐朝第一个治世的皇帝 **唐太宗**

我身边能够直言进谏的大臣有几十位，其中魏征提过的意见更是涉及两百多件事，写的意见书有十多万字。有一次，我要把征兵的年龄降低到16岁，他用"焚林而田，竭泽而渔"的典故来提醒我，让我打消了这个念头。这些敢说真话实话的大臣就像明亮的镜子，时刻提醒着我自己哪些做法不对，让我尽快改正。他们也能帮助我更好地治理国家。

以史为鉴，可以知兴替。

以人为鉴，可以明得失。

对于治理国家，每个人都有不同的见解，只有大家进行交流，才能挑出最好的办法。这也是我招揽大量人才，并且鼓励他们说出自己看法的原因。

4. 依法治国，以德服人

宽容是美德！但是，宽容不代表放纵。我非常注重法治，无论是我的朋友、亲戚还是大臣，都不能违反法律的规定。

天子犯法 与民同罪

无论是谁，只要犯罪，绝不宽容，从皇亲国戚到权贵大臣，都是如此。包括我自己！

——唐太宗李世民

我的叔叔李道宗曾经因为贪污，按照法律被削去爵位，贬为庶民。有前朝官员伪造履历，虽然我一怒之下要杀了他以儆效尤，但是最后还是按照法律饶了他的命。正因为不论是谁都严格依法办事，所以我们在判定罪责的时候会特别谨慎。死刑更是会经过反复审查。

有了严格但不残酷的律法，我统治下的大唐有了良好的社会环境。

影响世界的他们——大政治家

唐朝统计局统计数据：

贞观四年（630）年，死刑 29 人
贞观六年（632）年，死刑 290 人

从统计数据上看，死刑犯人数好像增加了，可是全国的人口也在增加，死刑犯和总人数的比例其实是下降的。有一年，我甚至发出这样一份通知：

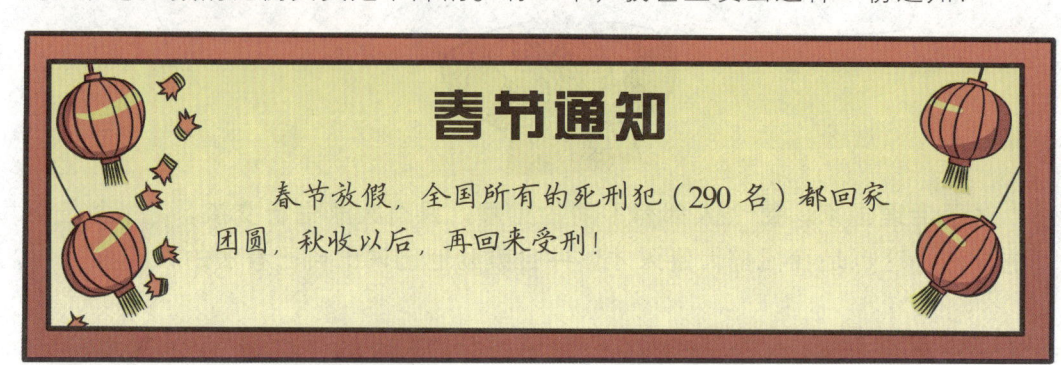

春节通知

春节放假，全国所有的死刑犯（290名）都回家团圆，秋收以后，再回来受刑！

呜呜呜，我的老天爷，这也太让人感动了吧！

回去见最后一面！

你觉得他们会逃跑吗？恐怕他们宁愿一辈子隐姓埋名也不会回来了！

我也这么想，回来之后就要被执行死刑了，谁会回来啊。

开创唐朝第一个治世的皇帝 **唐太宗**

可是，事情的发展出乎他们所有人的意料，在春节过完之后：

皇上，死刑犯全部回来了！他们心甘情愿接受法律的惩罚。

太好啦！

这个结果让我觉得，只要能够严格依法治国，百姓们就能好好生活。如果我能够以德感人，百姓们也会用良好的德行回报我。

太宗皇帝和他的贞观之治

只要能够合理利用人才、虚心接受建议、注重农业发展、减轻老百姓的负担，就可以让百姓过上好日子。而完善科举制度还能让人才有更公平的上升通道，让他们为我所用。但在我统治的初期，国家还是有不少问题的。

唐朝初期，因为隋朝以及各割据政权遗留下来的坏风气，政府机构里冗员充塞，这些人无事可做，就想着怎么剥削百姓。为了革除"民少吏多"的弊端，我把不合适、不做事的人都辞退了，然后将州县合并，加大每位长官的管辖范围和权力。这样一来，虽然官员总人数少了，但是办事的效率提高了。

为什么我的事情一个月都处理不了？！

有权力的都不做事……

官员食堂

不做事的都辞掉！让做事的多管事！

79

影响世界的他们——大政治家

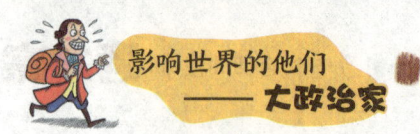

不过，合并州县一定程度上增强了地方官员的势力，唐朝后期安史之乱的爆发，一定程度上就在于地方官员权力太大。

安禄山

史思明

有了权力，野心就膨胀了！

这个……也是出于当时的政治需要啊。

太爷爷为啥给他们这么大的权力？

我亲身经历了隋炀帝横征暴敛、奴役百姓、穷兵黩武导致农民起义的时代，因此深刻了解人民安宁对统治稳定的重要性，所以我主张轻徭薄赋，让百姓休养生息，我自己也提倡生活从简，尽量不给百姓增加负担。

咳咳咳！天气突然变冷了！

皇上，您不能住在这么旧的房子里，赶紧搬家吧！

先住着吧！我已经比老百姓们住得好很多了。

开创唐朝第一个治世的皇帝 **唐太宗**

　　我是一国之主,所以我的行为对大臣们起到了模范作用。大臣们也都节俭自律,不铺张浪费,举国上下都形成了节俭的风气。这不是抠门,而是清廉,对经济的恢复也起到了很重要的作用。

　　在我统治的时期,吏治清明,社会治安良好,达到路不拾遗、夜不闭户的程度,经济快速发展,人民生活富足;我尽力和少数民族和平相处,使各地少数民族团结起来,并且击退了东突厥的侵扰,让边境百姓可以安居乐业;我还对外国人采取了开放的政策,让他们可以自由来唐朝学习、经商、生活,他们也把唐朝的文化传播到了世界各地。

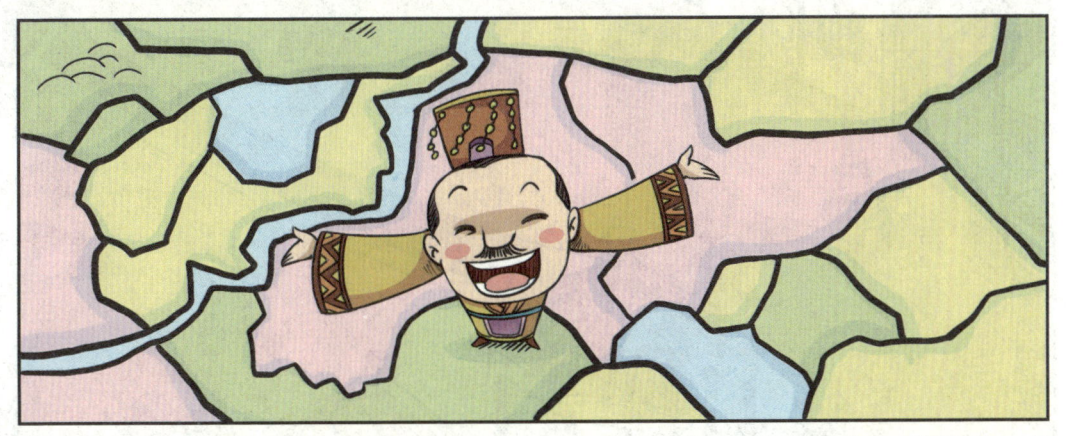

　　就这样,在我和大臣们的努力下,大唐逐渐成为一个繁荣富强的国家,首都长安也成为当时世界上最大、最繁华的城市。

影响世界的他们
——大政治家

长安城的繁荣景象

嗨！

卖橘子啦！
卖橘子啦！

买几个苹果回家吧！

开创唐朝第一个治世的皇帝 **唐太宗**

影响世界的他们——大政治家

开创康乾盛世的伟大皇帝 康熙

中国历史上在位时间最长的皇帝是谁呢？他就是清圣祖康熙皇帝（1654—1722年）。他是清朝定都北京后的第二个皇帝——爱新觉罗·玄烨。

哇！哇！

他出生在北京紫禁城的景仁宫，年幼的时候爸爸妈妈就去世了。他从小就热爱学习，即使在登上皇位后学习也未间断。除了学习文化知识，他也非常热爱锻炼身体，喜欢各种运动，箭术更是超级棒。八岁那年，他登基做了皇帝，十四岁开始亲自处理国家大事。在他六十一年的皇帝生涯中，他始终兢兢业业，称得上是一位伟大的君王。

这一切说起来容易……

可我要操心的人和事多着呢。我一刻也不敢放松啊！

就是个小孩子，大小事还不是都得听我的！

鳌拜

快点给我们土地！不给就打仗！

俄国沙皇

开创康乾盛世的伟大皇帝 康熙

> 我要自己建国！
> 噶尔丹

> 小皇帝懂什么，天下是我的！
> 吴三桂

当时，朝堂上有鳌拜掌权，国内有吴三桂等人独霸一方，后来又有准噶尔部首领噶尔丹勾结沙俄，康熙将这些问题一一解决，才得以开创康乾盛世。

> 别得意！等我一个一个解决你们！

关于这位大名鼎鼎的康熙皇帝

- 玄烨是顺治帝福临的第三子，母亲是孝康章皇后佟佳氏。
- 顺治十八年正月，玄烨即位时只有八岁，次年正月（1662年2月）改元康熙。按顺治遗诏，索尼、苏克萨哈、遏必隆、鳌拜四大臣辅政。

> 好的生活习惯是很重要的！

> 吃饱了才有力气治国。

85

影响世界的他们——大政治家

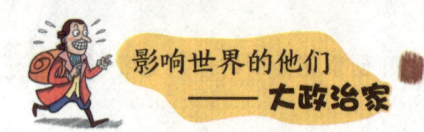

- 当了六十一年（1661年2月5日—1722年12月20日）皇帝，是中国历史在位时间最长的皇帝。
- 他小时候得过天花，所以不会再得这种病，这也是他能当上皇帝的原因之一。

> 我就是死于天花啊！

康熙的叔祖：多铎

> 我也是得了天花，二十四岁就去世了！

康熙的父亲：顺治皇帝

> 我也是得天花去世的啊！

清朝第十位皇帝：同治

> 看来还是我命大……

康熙

- 力气过人，尤其善于骑射。

射箭比赛

> 正中靶心！

> 小意思啦！

开创康乾盛世的伟大皇帝 **康熙**

- 聪明好学，不仅学习中华文化，对西方的天文、地理、医学、数学等自然科学也有浓厚的兴趣，还组织翻译了很多数学书籍。

> 我读了很多书，才有这么好的头脑哦！

- 有着非凡的军事才华和卓越的政治眼光。
- 重视文化教育，编撰图书和字典。他主持纂修了《康熙字典》《古今图书集成》《全唐诗》《历象考成》《数理精蕴》《康熙永年历法》《康熙皇舆全览图》等图书、历法和地图。

> 不要怕书多，每天看一点，总有看完的时候！

- 对内平定三藩之乱、收复台湾、平定准噶尔叛乱，巩固统一；同时兴修水利，治理黄河，缓解了水患；对外在雅克萨之战中击退沙俄侵略，维护了国家主权和领土完整，开创了繁荣稳定、国泰民安的康乾盛世。

影响世界的他们
——大政治家

康熙大帝和他的伟大事迹

康熙不满八岁就因为父亲去世,继承了皇位。没过一年他的母亲也去世了,这对小小年纪的康熙来说是个沉重的打击。不过作为皇帝,他要面对的麻烦还真不少。刚登基时,辅政大臣鳌拜仗着自己资格老、军功高,不把其他三位辅政大臣放在眼里,到后来,他连康熙也不放在眼里了。

最近比较烦,比较烦,每天的日子都过得不太爽快。

康熙知道,要重新树立自己的权威,首先就要除掉鳌拜。但鳌拜党羽已经遍布朝廷内外,行动稍有不慎,就会造成严重后果。于是,康熙不露声色,假装沉迷摔跤,等到时机成熟(1669年),他把鳌拜召入宫中,一举拿下,然后宣布了他的罪状,将他关入牢中。康熙帝由此开始了真正亲政的阶段。

我居然被一个小孩骗了!太小看他了!

念你昔日对大清有功,我不杀你。

PK

鳌拜

几年之后(1673年),康熙的"撤藩"命令惹来以平西王吴三桂为首的三藩之乱。康熙面对乱局,一方面坚决对抗吴三桂,一方面对其他叛变的将领采取招抚政策,导致吴三桂孤立无援。八年之后(1681年),吴三桂病死,清军平定叛乱。

开创康乾盛世的伟大皇帝 **康熙**

1681年，占据台湾多年的郑成功嫡长子——延平郡王郑经去世，其次子郑克塽继承王位。康熙趁机开始为收复台湾做准备。

1682年，康熙派施琅进攻台湾。施琅有丰富的海战经验，投降清朝后一直在研究攻打台湾的策略，一旦得到机会，他很快就组织起一支船坚炮利的海军，很快就成功收复了台湾。1683年，台湾被重新纳入了中央政府的统一管理范围。

影响世界的他们——大政治家

收复台湾后，康熙在台湾设立台湾府，隶属于福建省。同时派出军队驻守，加强了对台湾的管理。他减免当地的赋税，鼓励通过垦荒来开发农田、恢复生产。通过这一系列政策的实施，台湾的经济和文化得到了极大发展。

康熙年间，蒙古的准噶尔部落在噶尔丹统治下势力变大，开始攻击其他已经归附清朝的蒙古部落，康熙及时派兵平定了叛乱；准噶尔后来的统治者还在沙俄的支持下入侵西藏，康熙同藏族人合作，赶走了他们，保护了领土的完整。

从稳固统治和任人唯贤的角度出发，康熙还十分重视汉臣的作用：

康熙皇帝汉臣人才榜

康熙皇帝的老师：陈廷敬

两江总督：于成龙

文渊阁大学士：李光地

父子宰相：父亲张英，儿子张廷玉

福建总督姚启胜、盛京提督周培公、江宁织造曹寅等人也都是深得康熙帝信任的著名汉臣，值得一提的是，曹寅就是《红楼梦》的作者曹雪芹的爷爷。

开创康乾盛世的伟大皇帝 **康熙**

康熙大帝的人生课堂

1. 当皇帝更需要学习知识和文化

我是爸爸的第三个儿子，出生后按照皇室的规定和母亲分开，由乳母抚养。当时天花肆虐，为了躲避天花，我还住到了紫禁城外。这使得我从小就和父母分离，无法在一起生活，这件事成了我永远的遗憾。

我的童年虽然没有父母的照顾，却有一个非常关心我的奶奶。她还亲自选择了最信任的苏麻喇姑来担任我的启蒙老师。

我需要接受多种语言的教育：
- 我是满族人，所以满语是一定要学的。
- 宫人和百姓大部分是汉族人，所以汉语也一定要学。
- 而我奶奶是蒙古族人，蒙古语也是必须学习的。

91

影响世界的他们
——大政治家

当时，满族和蒙古族有着非常密切的政治、军事联系，如果不会说蒙古语就失去了和蒙古族首领直接交流的机会。另一方面，清朝统治的绝大部分臣民都是汉族，如果不会说汉语，别说做皇帝，就算做个县官都没办法和别人交流。

> 语言是交流的第一工具！我会好好学的！

努力学习能让我掌握多种语言，面对父母的先后离世我却丝毫没有办法。爸爸在我不满八岁的时候生病去世，妈妈在我九岁时也去世了，我虽然当上了皇帝，却也非常渴望亲情，还好我还有奶奶——孝庄。她经历过三朝的政局变幻，对我的教育既严格又温情。奶奶虽然是女子，但是她才能出众，手段高明，对我的谋策也颇有指点。

康熙和奶奶合影

在当上皇帝后，我也没有间断我的学习，也正是由于不断地学习和知识积累，我才能更好地运用我的权力对国家进行治理。

2. 坚强忍耐才会成功

我刚当上皇帝的时候只有八岁，所以我的爸爸在去世前安排了四位大臣帮助我。其中鳌拜的势力最大，甚至在我满了十四岁，能够自己处理国家大事后，他也根本不把我这个皇帝放在眼里。

> 你算什么皇帝，你要听我的，听我的！

我必须夺回我的皇权。可是，四位辅政大臣中，索尼虽然一心辅佐我，但是年事已高，不久就去世了；还有一位遏必隆则事事附和鳌拜；剩下的苏克萨哈倒是和鳌拜不合，但是鳌拜给他罗织了一大堆罪名，竟然将他处死了。

> 练习摔跤，就是为了把鳌拜摔倒，永远爬不起来。

我知道，直接动手除去鳌拜肯定会带来大麻烦。于是，我一边暗中培养我的亲信，一边等待机会。我挑选了一大批和我年纪差不多的贵族子弟，天天在一起练习摔跤。鳌拜听说之后，以为我就是个贪玩的皇帝，也放松了对我的警惕。

> 总有一天我会证明：我不是在和你闹着玩！

影响世界的他们
—— 大政治家

等到时机成熟，我先将鳌拜的亲信调离京城，然后通知鳌拜入宫觐见。鳌拜以为这就是一次普通的觐见，就像往常一样来到宫中。而就在他来到我面前的时候，早就埋伏好的、和我一起摔跤的"伙伴"们冲出来把鳌拜团团围住，将他摔倒在地。接着我召来大臣对鳌拜进行审讯，列出了他的30条罪状。

什么情况？

鳌拜虽然不把我放在眼里，但是他为清朝立过很多功劳，对我爸爸也忠心耿耿，所以我没有对他处以死刑。除掉鳌拜之后，我才真正成了"一国之君"。

终于可以亲自处理朝政了！

我相信我可以凭自己的智慧好好治理国家！

3. 勤政爱民，谨慎自律

我是个皇帝，需要管理一个庞大的国家，懒惰是不允许的。自从亲自处理政务开始，我每天清早都要听取大臣们的意见，即使刮风下雨也绝不间断。毕竟大臣可以退休，皇帝可没有这个说法，我一日在位，就要对全国的百姓负责一日。而且对我来说：如果每天的事情留一两件不做，那么明天就多了一两件事，要是第二天再偷懒，这么积累下来，没解决的事情只会越来越多。

4. 治国最需要的是决心

清朝建立初期，给三个当初投降清朝的将领分封土地，他们渐渐成为割据一方的藩镇势力。他们就是吴三桂、尚可喜和耿精忠。

当三藩的势力越来越大时，他们和清朝政府的矛盾也到了你死我活的地步。1673年（康熙十二年）三月，当时的三大藩镇中，平南王尚可喜想回老家，请我让他的儿子尚之信接班。我便想趁机撤藩，准他回家，却不准他儿子接班。我的这个行为触怒了平西王吴三桂和靖南王耿精忠，他们也来假惺惺地申请从自己的领地撤走他们的兵马。我顺势答应了他们的要求，这下吴三桂可不干了。他纠集其他人打着反清复明的旗号，造反了。

> 我得赶紧开动脑筋想办法！让我安静地想一想！

我一方面调集大军攻打实力最强的吴三桂，一方面对尚可喜进行封赏，稳住了他。而耿精忠又和郑经发生了冲突，我派遣的部队四处征战，对抗八年之后，叛军的力量越来越弱。1678年，吴三桂病死。叛军们失去了首领，很快就变成了一盘散沙，被我一一击破。平定叛乱后，国家秩序再次恢复了正常。

像我这样年少经历种种伤痛的皇帝并不多，不过这些苦难磨炼了我的意志；登基后经历的种种内忧外患也让我不敢粗心大意，时刻提醒自己不能莽撞行事，只有有勇有谋，才能创造太平盛世！

> 遇上事情一定要多动脑筋，一定要冷静！

雄伟壮丽的紫禁城

　　紫禁城位于北京中轴线的中心，是明清两代二十四位皇帝的皇宫，它占地面积达72万平方米，有大小宫殿七十多座，房屋九千余间，以太和、中和、保和三大殿为中心。宫殿建筑均是木结构、黄琉璃瓦顶、青白石底座，是世界上现存规模最大、保存最为完整的木质结构古建筑之一，被誉为世界五大宫之首，现为故宫博物院的所在地。

97

影响世界的他们——大政治家

俄国最了不起的皇帝 彼得大帝

目前世界上吨位最大的非航空母舰战斗舰艇在俄罗斯海军服役,看看见识过它的索马里海盗的评价吧:

> 我亲眼看到几个兄弟被拖走!

> 看到那一幕,我也不敢反抗!我不想被打成烂泥!

这艘强大的战斗舰艇,就是以俄国最了不起的皇帝命名的——"彼得大帝"号!

> 没有强大的海军,就没有强大的俄罗斯帝国!

> 我是不是很有远见呢?

彼得大帝是后世对彼得一世的尊称。他是罗曼诺夫王朝的第四代沙皇(1682—1725年)。彼得大帝一般被认为是俄国最杰出的皇帝,他制定的西方化政策是使俄国变成强国的一个主要因素。他还在一系列的对外战争中取胜,奠定了俄国的国际地位,是伟大的政治家、军事家、改革家。

俄国最了不起的皇帝 彼得大帝

关于这位俄国最了不起的皇帝

- 大高个，身高 2.05 米！风度翩翩，仪表堂堂，潇洒豪放。

 "帅哥"这个词……

 简直就是为我而生的啊！

- 时常发脾气，饮酒过度时就大发雷霆。

 大帝喝醉了，恕不见客！

 多谢你的提醒！

- 1695 年，彼得为了谋求在黑海的出海口而向克里米亚汗国开战。为了对抗克里米亚的宗主国奥斯曼帝国，他从 1697 年起隐姓埋名游历西欧各地，并寻求西方各国的支持。虽然最终没能结成反奥斯曼同盟，但他目睹了欧洲各国文艺复兴的盛况，由此下定了改革的决心。

 在俄罗斯待着多好，干吗要出去呢？

 我是去学习！

影响世界的他们——大政治家

- 彼得大帝曾隐姓埋名到荷兰学习造船技术。

> 我只是个平民，你不用在意！

> 一看就知道是土包子。

- 彼得大帝的爱好很多，会的也很多。瞧，这些是他的技工证书：

木工证　铁匠师资格证　印刷就业资格证　牙科助理　天文研究员　解剖研究员

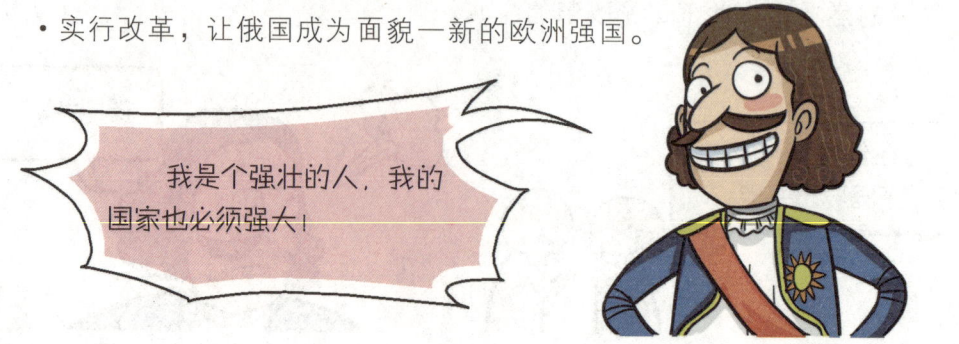

- 积极兴办工厂，发展贸易。
- 实行改革，让俄国成为面貌一新的欧洲强国。

> 我是个强壮的人，我的国家也必须强大！

俄国最了不起的皇帝 **彼得大帝**

了不起的彼得大帝改革

17世纪的俄国，还是一个相当落后的国家。他所见到的人大多是这样的：

科学又不能当饭吃！

睡觉才是人生！

那个时候，苹果不但已经砸到了牛顿的脑袋，他那本伟大的《自然哲学的数学原理》也已经出版了。

对不起，那位先生买走了最后一本！

自然哲学的数学原理

已售完

所以，无论是经济、文化还是科技，西欧都超过了俄国好几个档次，而位于欧洲东部的俄国，仿佛还停留在只知道挖土豆的时代。

活着就是为了吃！

……

影响世界的他们
——大政治家

但是，彼得一世掌握实权后，这种差距意识越来越强烈，他觉得自己应该为这个国家做点什么。于是，他出国留学考察，去了英国、荷兰、比利时、法国等先进国家，学习他们的科学文化，包括治理国家的方法。后来，彼得一世回到了俄国，立刻进行了大规模的改革。

> 大帝的新命令：全国人必须剪胡子。
>
> 没有大胡子还能叫俄国人吗？
>
> 女人也要刮胡子吗？
>
> 救命啊！

- 穿西式服装。

> 我不喜欢这衣服，穿起来太老土了！

- 鼓励抽烟、喝咖啡。

这项指令一下，某些人可要偷着乐了。

> 哇哈哇哈哈！生意突然变好了！

咖啡和香烟店主

俄国最了不起的皇帝 **彼得大帝**

当然，这些改革措施颁布后，遭到了强烈反对。不过，彼得一世已经大权在握，他的这些政策最后都被顺利执行。因为所有的人都知道，他可不是好惹的，脾气差得让人只能躲着走。不过，前面的改革只能是"小儿科"，下面这些措施才是他的大手笔，包括：

- 确定所有权力属于自己，沙皇是最大的，教皇只能靠边站。

- 彼得一世颁布的职级表：

  每个阶级的所有官员分一到十四个等级。
  平民百姓如果拥有高超的技艺或工作努力，也能进入技术官僚的体系。
  贵族必须好好学习，凭成绩继承爵位。

- 引进新式武器和军事技术，实行义务兵役制，创立俄国海军。
- 喜欢亲率部队作战，经常以自己的最高军衔——海军中将而非沙皇自居。
- 亲自监工设计今天的圣彼得堡。
- 他引进西方历法，简化俄文字母。

影响世界的他们——大政治家

> 我还在俄国建立了第一座图书馆、医院、剧院、博物馆和印刷所……厉害吧！

其实，改变是没那么简单的，彼得大帝的改革也碰到了各式各样的困难，也受到了很多的质疑和反对，但是，关于改革的积极影响，这份报纸说得非常好。

《新闻报》 热门焦点

万能的彼得大帝改革：

让不算发达的俄国变得超级强大，有了国际地位；让城市变得更美好，更积极开放，人们更时髦。

经过彼得大帝一系列的大规模改革，毫无疑问，俄国已经成为一个非常强大的国家。

改革后的城市焕然一新

> 其实这家报纸也是我办的，俄国第一份报纸啊，宣传影响力可想而知了！

彼得大帝的改革之路

1. 权位争夺战

我的爸爸是沙皇阿列克谢·米哈伊洛维奇·罗曼诺夫，他在我还不到四岁的时候就去世了。我的兄弟姐妹很多，两个手的指头加在一起也数不完，所以，

俄国最了不起的皇帝**彼得大帝**

我们必须要为谁是继承人的问题争得你死我活,这注定是一个家庭悲剧。

斗争到最后,我和我同父异母的哥哥伊凡成为共同沙皇。但是,真正掌权的是我的异母姐姐索菲娅。

伊凡有严重的身体和精神上的问题,不用管他。

今晚吃什么?

炼金术!

不过彼得这家伙聪明好学,将来肯定非同小可,我得提防着他才行。

7年之后,当我长成一个高大英武、才能出众的青年时,索菲娅更感到自己的权力面临威胁。1689年我结了婚,按照皇室传统,沙皇结了婚就应该亲政,姐姐作为摄政必须交权。但她毫无让位之意,甚至用"公主殿下"或"大公"的尊号签署官方文件,俨然要做女沙皇。我们的关系已完全破裂,冲突一触即发。

索菲娅密谋发动政变,但她的射击军大多在我居住的莫斯科郊外,这次密谋很快被我知晓,我也武装了两个军团和一支雇佣军队。我立即派人给在莫斯科的所有军官发出命令,要他们不得擅自行动,否则一律处死。射击军不愿冒险同我的军队发生武装冲突,他们开始违抗索菲娅的命令,索菲娅最终被推翻。

105

影响世界的他们
——大政治家

> 索菲娅殿下,您该退位了!

> 你说什么?

> 这帮没用的家伙!

1694年,我的母亲娜塔莉病死,我也真正掌握了实权。1696年,伊凡哥哥也去世了,我最终成为唯一的沙皇。

> 现在,我的时代来临了!

2. 旅行使我增加见识,开阔眼界

当时的俄国太落后了,这让我伤透了脑筋。我开始和外国商人打交道,希望从他们那里多了解外面的世界。其中一位荷兰商人带我登上了一艘没人要的英国大船。

> 别人都不要了,可是我咋觉得那么先进呢?

我决定成立一个两百多人的考察团,带着船队长途旅行,到处看看,让大家也都长长见识,开阔眼界。

我们先到了荷兰,荷兰无论是建筑、水利交通还是造船技术,都非常先进。

俄国最了不起的皇帝 彼得大帝

我乔装成一个普通人，化名为彼得·米哈依洛夫，到一家造船厂应聘学徒。我应聘成功了，把所有的技术都学到了手，真是太棒了！

小彼得领悟力真高！

我一个月学会的东西，他三天就搞定了。

我还去了德国、意大利、奥地利、丹麦和英国……总之，哪里有值得学习的东西，我就去哪儿。我一路参观工厂、学校、图书馆、博物馆、军火库、访问著名的学者、科学家，聘请他们去俄国工作。这些大大开阔了我的眼界，每到一个地方，我都发出了这样的惊叹：

高科技啊高科技！

除了这些，我还到英国议会去访问，我跑到大厦的屋顶上，隔着天窗观看议会开会的情景。另外，英国的国王还邀请我参观了格林尼治皇家天文台。

可以看到这么远？骗人！

别太激动了！

3. 坚持改革，是成功的关键

1698年夏天，我回到了我的国家，出国学习的经历时刻激励着我。我的许多手下包括亲贵大臣看到我回来了，都很高兴地向我问这问那，可是，我觉得说不如做，但我的改革指令一下，这帮亲贵大臣就都乱套了：

在不久后的一次聚会上，我禁止所有人穿长袍，要求他们把那些碍事的袖子统统剪掉。

俄国最了不起的皇帝 **彼得大帝**

看到人们改变了生活方式,我的心也就放下了——这样才方便我好好地干大事!接下来,更深刻的改革都会一步一步实现。

> 反对无效。

不得不说的是,我在国外出访时,曾见过勃兰登堡选帝侯的王妃和岳母。她们觉得我这人不错,就是不太卫生。因为……

> 殿下,您没用餐巾!

> 那是什么?有必要吗?

> 我还没见过一个连餐巾都不会用的皇帝。

这实在是丢脸。所以,在我后来的改革中,关于人们如何进行交际、如何开展娱乐,也都有着非常明确的说法。

我的改革对俄国的影响是全方位的,包括制度、经济、文化、军事各个领域,而且将俄国带入一个全新的发展阶段。

> 养成良好的生活习惯,别人才可能欣赏你。

109

4. 城市的建立让我的意志更加坚定

当时，我控制的面向西方的重要海港为阿尔汉格尔斯克，由于位于白海，每年有好几个月封冻停港。为了争夺面向西欧的不冻港，1700年开始我发动对瑞典的北方战争。1703年5月12日，我从瑞典夺取英格尔曼兰，同月27日，在距离海湾约5公里的入海口处，一个叫做兔子岛的小岛上，兴建彼得保罗要塞，这也成了新城市的第一块砖石。我动用了十万工匠做事，他们大多是从全国各地征召的农民兵，并让我的好朋友亚历山大·达尼洛维奇缅什科夫主理工程。

很快，城市已经有了许多建筑。1713—1714年，我决定把首都从莫斯科搬到这里，这里以后就是俄罗斯帝国的政治、经济和文化的中心。我还命令所有皇亲贵族、政府机构和大臣都要跟着过来。

起初，大家抱怨不断，但是在我的坚决推行下，这座城市最终发展成为俄罗斯面向西方的窗口。

5. 为了国家强大，我须更加努力

我非常喜爱这座城市，这里被我称为"天堂"。我当然不是指目前这个由木头房子和土坯屋组成的城市，而是指它的远景——一座设施完备的首都。

- 豪华的宫殿和公园，笔直的石砌大街。
- 到彼得大帝逝世时，圣彼得堡已经变成拥有4万人口的大城市了。
- 是俄罗斯与西欧各国进行经济和文化交往的捷径。
- 是最重要的军事港口之一，象征着俄国海上霸主的地位。

为修建彼得保罗要塞，我建造了一座圆木小屋，就是今天的彼得大帝小屋博物馆。

听说俄国有免费的博物馆？

呃……大帝没说外宾是否也免门票。

以圣彼得堡为首，俄国的文化科学事业有了很大的发展，我知道，自己努力的结果将造福于后世子孙。

也有人批评我，说我脾气不好，劳民伤财，但大家一致认为，是我的努力才使俄罗斯帝国变得强大。

强大的俄罗斯海军

1696年俄罗斯帝国与奥斯曼帝国的亚速海战中,彼得大帝下令创立正规海军。1696年10月20日,通过了建设海军的法案,这一天被认为是俄罗斯帝国海军的诞生日。

113

影响世界的他们——大政治家

美国国父和美国独立战争的领袖 华盛顿

大家好,我叫乔治·华盛顿,我的头像被印在了1美元纸币的正面。想知道我的故事吗?

乔治·华盛顿(1732年2月22日—1799年12月14日),美国首任总统,美国独立战争时期大陆军总司令。1787年主持了制宪会议,会议制定了现在实施的美国宪法。华盛顿由于扮演了美国独立战争和建国中最重要的角色,故被尊称为"美国国父",又称"合众国之父"。学者们将他和亚伯拉罕·林肯、伍德罗·威尔逊、富兰克林·罗斯福并列为美国历史上最伟大的总统。

跨越时空的"合照":华盛顿和林肯

美国国父和美国独立战争的领袖 **华盛顿**

现在，我们就把重点放到这位主角身上来，看看这位美国人民心目中了不起的大人物吧！

关于这位了不起的大人物

- 华盛顿出身于弗吉尼亚州的一个大农场主家庭，他幼年的大部分时间是在弗雷德里克斯堡对面的拉帕诺克河畔的费里农庄度过的。

> 你家的农庄真有"古老"气息……

> 我也没办法，家太大了，有时我也害怕。

- 后来，他在一位名叫威廉斯的老师那里上学，他的一些作业本至今仍保留着：

- 美国的首都华盛顿哥伦比亚特区就是以乔治·华盛顿来命名的。华盛顿纪念碑也是为纪念乔治·华盛顿而建造的，是华盛顿哥伦比亚特区最著名的地标之一。

> 在拉什莫尔山国家纪念公园中，也有我的头像哦！

115

影响世界的他们——大政治家

- 是个英勇无比的人，这点可以看看他在战场上的表现。

> 长官，你都流血啦！
>
> 轻伤不下火线！

- 他是美国的第一任总统，在接连两次选举中都获得了选举团无异议支持，一直担任总统到1797年。在两届任期结束后，他不再谋求续任。
- 1799年，美国即将再次举行总统选举，联邦党人声望日下，希望华盛顿再次出来竞选，但是华盛顿在致乔纳森·特朗布尔州长的信中拒绝了。

> 亲爱的州长先生：
>
> 　　一旦我这样做将是可耻的，因为尽管这是我国同胞的愿望，而且在大家的信任下我可能当选并任职，但另一个比我更有才能的人却会因此去职……如果我参加竞选，不但会被加上摇摆不定的罪名，而且还会被诬为怀有野心，一遇时机便爆发出来。总之，我将被指责为昏聩无知的老糊涂。
>
> 　　　　　　　　　　　　　　　乔治·华盛顿

> 敬爱的总统先生真是个品德高尚的人。

美国国父和美国独立战争的领袖 **华盛顿**

- 自从1797年3月4日退休后，华盛顿带着轻松的心情回到弗农山，过起了普通人的生活，成为或许是当时最大的威士忌蒸馏酒制造商。

> 听说华盛顿住在这里啊!

> 出一趟门真不容易……

- 1799年，华盛顿染上了感冒，不幸的是，感冒引起了严重的发烧和喉咙痛，恶化为喉头炎和肺炎。最终他在12月14日去世。
- 华盛顿去世后，他昔日的革命战争伙伴——哈利·李称赞他说：他是一个公民，他是战争中的第一人，也是和平时代的第一人，也是他的同胞心目中的第一人。

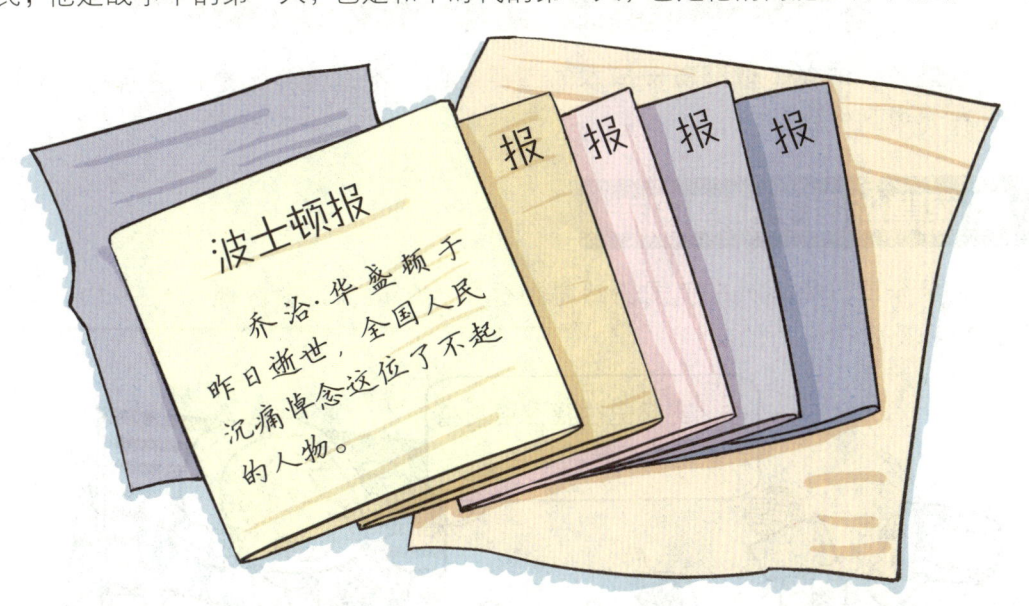

波士顿报

乔治·华盛顿于昨日逝世，全国人民沉痛悼念这位了不起的人物。

- 在麦克·哈特所著的《影响人类历史进程的100名人排行榜》一书中，华盛顿名列第27位，是该榜排位最靠前的美国人。

影响世界的他们——大政治家

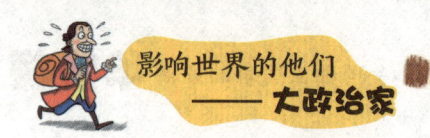

- 华盛顿说过许多名言，让我们来看看其中的一部分：

> 在每个国家，知识都是公共幸福最可靠的基础。
>
> 自己不能胜任的事情，切莫轻易答应别人，一旦答应了别人，就必须实践自己的诺言。
>
> 国家之前进在于人人勤奋、奋发、向上，正如国家之衰落由于人人懒惰、自私、堕落。
>
> 自由一旦生根，便是株迅猛生长的植物。
>
> 主持正义是政府最坚定的支柱。
>
> 要努力让你心中的那朵被称为良心的火花永不熄灭。

华盛顿说的很多话都属于基本的道德准则，不过他并不是说说而已，而是一直在"说到做到"。

不愿意做国王的建国者

时至今日，华盛顿在美国仍然得到很多人的敬仰，敬佩他作为一个领导者的远见和不贪恋权力的高尚。

> 比起记住我，更希望大家记住平等和自由。

美国国父和美国独立战争的领袖 **华盛顿**

作为美国独立战争的领袖,华盛顿克服了巨大的困难赢得了最后的胜利。来瞧瞧当时北美十三个殖民地的军队和英国的军队吧:

当时的英国拥有世界一流的海军,军队装备精良、训练有素,而作为殖民地的北美正规军刚刚建立,很多军人都是民兵和志愿军。就是这样一支队伍,在华盛顿担任大陆军总司令的情况下,最终取得了胜利。

战争胜利后,华盛顿辞去了总司令的职位,开创了由平民选举的官员,而不是由军人来组织政府的先例,这对于新生国家是相当重要的,避免了军国主义政权的出现。华盛顿坚信唯有人民拥有对国家的主权。

> 总统要和大家商量,一个人容易做错事。

> 讨论起来太没效率了,一个人大权在握才好办事!

> 两方面的意见都有道理!

在一个大部分国家还是由世袭制下的国王、酋长统治的世界里,华盛顿作出放弃权力、将选择权交给人民的决定,是一次真正的"民主"的表现。

影响世界的他们
——大政治家

1797年，华盛顿任期届满，发表了极富影响力的离职演说：

> 我秉持正直的热忱，献身为国家服务已经四十五年，希望因为我能力薄弱而犯的错，会随着我不久以后长眠地下而湮没无闻。
>
> 我在这方面和在其他方面一样，均需仰赖祖国的仁慈。我热爱祖国，并受到爱国之情的激励。这种感情，对于一个视祖国为自己及历代祖先故土的人来说，是很自然的。因此，我以欢欣的期待心情，指望在我切盼实现的退休之后，与我的同胞们愉快地分享自由政府治下完善的法律的温暖——这是我一直衷心向往的目标，并且我相信，这也是我们相互关怀、共同努力和赴汤蹈火的优厚报酬。

美国国父华盛顿的人生课堂

1. 家庭的影响非常大

我的故乡是弗吉尼亚州，爸爸是个庄园主。有一个关于我和樱桃树的故事广为流传。这个故事说，在我小时候，父亲送给我一把小斧头。

> 咦，我的斧头怎么在这？

> 哇！一下砍倒了！好厉害！

等我父亲回到庄园的时候，发现他最喜欢的樱桃树被砍了，生气极了。他四处找人询问是谁干的。

美国国父和美国独立战争的领袖 **华盛顿**

谁把我的樱桃树砍了?

我,是我。

好孩子,你的诚实比整个庄园的樱桃树都要珍贵。

父亲没有惩罚我,因为比起撒谎逃避惩罚,我选择了坦白自己的错误。

诚实是人最重要的品质,只有诚实才能赢得信任。

撒谎就是明知自己的错误,还要去掩盖,也不利于解决问题。

这个故事表现了我诚实的好品质。不过可惜的是,这个故事不一定是真的。我希望大家能够从故事中受到优良品德的感染,至于故事的真实性,还是留给历史学者们去判断吧。

我有两个同父异母的哥哥,他们都在英格兰接受过教育。

别讲了,哥哥也很忙啊。一大家子要照顾呢。

忙完了继续给我讲你在英格兰的见闻吧!

影响世界的他们
——大政治家

我的父亲在我11岁时去世了,于是我的哥哥劳伦斯担负起了抚养我的责任。在他的帮助下,我得到了一个测量师的工作。这份工作锻炼了我的耐力、磨炼了我的意志,也强壮了我的体魄。不过我可不会因此去欺负别人,我只会用自己的能力去维护公平和正义。

> 谁叫你欺负弱小的!

我的妈妈对我影响也很大。对我来说,我的母亲是我见过的最漂亮的女人。我所有的成就都归功于我的母亲,归功于我从她那儿得到的德、智、体的教育。爸爸去世后,妈妈更加细心地对我进行教育,妈妈身上自立、向上的精神深深影响了我。

2. 坚强而果断的决策

年轻的时候,我所在的北美地区是英国的殖民地。

1748年,英国和法国为争夺在北美的利益发生了摩擦,双方立刻进入了战

美国国父和美国独立战争的领袖 **华盛顿**

争状态，我也参加了战争。战争结束后，我回到老家继续做庄园主。不过，作为英国的殖民地，英国对北美的压榨越来越严重，超高的税收让我们喘不过气来，大家的忍耐也接近极限了。

这日子什么时候是个头啊！

英国在政治和军事上对我们的控制与镇压终于让我们无法承受了。1774年，整个北美大部分殖民地的代表举行了第一届大陆会议，讨论向英国争取北美殖民地的权利。然而我们并没有得到想要的结果，第二年5月，在第二届大陆会议中，我有了一个新的身份——"大陆军总司令"。

1776年7月4日，会议通过了《独立宣言》。该宣言宣称"人生而平等"，肯定人民追求自由和幸福的权利，并宣布美利坚合众国从此脱离英国独立。

3. 最无私的决定，英雄的壮举

虽然我们力量比较弱小，但我们凭借对地形的熟悉和毅力与英军进行周旋，在广阔的国土上和他们进行运动战。坚持就是胜利！在长时间的战略相持之后，英军终于快要无法继续进行战争了！

我们马上就能胜利了！

把他们赶走的时刻终于要到了！

123

影响世界的他们
——大政治家

一次又一次的战斗之后,我们越来越有信心。而其他一些国家也看出了这一点,它们开始帮助我们抵抗英国,最终我们取得了胜利,迫使英国承认了美国是一个独立的国家。

我作为军队总司令,很多人觉得我理所当然应该担任新国家的领袖,不过我觉得美国应该是一个民主的新国家,而不需要一个把一切权力都集中在自己手中的国王。就这样,我放弃了做国王的机会,并辞去了在军队的职位,回到了妻子身边。

再看看当日的报纸头条吧:

乔治·华盛顿辞职!

华盛顿,我们伟大的英雄,你是我们的"国父"!请不要离开我们!

> 大家已经习惯了过去英国殖民地时期有女王的生活,一下子难以改变。

我的决定对很多人来说很不可思议,事实上,只要能够真正为国家着想,不在乎个人的权力,作出这个决定是很容易的。更何况,一个人的能力是有限的,一个国家必须得到各方面的意见和建议,大家的能力合在一起才有无限可能。

4. 廉洁,是我的光荣

在我辞职的时候,工作人员对我进行了财务审查,结果当然是没有任何问题。从我担任大陆军总司令的时候起,我就说过:除了必要的开支,我不需要任何报酬。

我接着返回弗农山的庄园，在1783年圣诞节前一天的傍晚抵达家门。自从1775年因战争离开后，我一直没有机会回家。在门口欢迎我的是我之前曾向其许诺过会在8年内返家的妻子，以及4个已经能够走路的孙子女。

1789年，经过选举团投票，我无异议地（获得了全部选举人的选票）当选总统，这真是人们对我最大的信任和褒奖。

当选了美国总统后，我的妻子也来到总统府，她现在是美国的"第一夫人"了，可是习惯了庄园生活的妻子似乎并不为此高兴。

不过她还是承担起了第一夫人的职责，开放客厅并负责安排每周和达官显贵的晚宴，使晚宴能配得上总统的身份。

影响世界的他们
—— 大政治家

美国国父和美国独立战争的领袖 **华盛顿**

美国独立战争始于1775年4月的莱克星顿，1776年7月4日大陆会议通过了由托马斯·杰斐逊执笔起草的《独立宣言》，宣告了美国的诞生。经过北美人民的艰苦抗争，1783年9月3日英美签订《巴黎和约》，英国承认美国独立。美国独立战争结束了英国的殖民统治，实现了国家的独立，确立了比较民主的资产阶级政治体制，有利于美国资本主义的发展，对以后欧洲和拉丁美洲的革命起到了推动作用。

127

影响世界的他们——大政治家

群星闪耀 更多大政治家

1. 法兰西第一帝国的缔造者——拿破仑

拿破仑出生于科西嘉岛，是19世纪法国伟大的军事家、政治家与法学家。

- 父亲给他取名"拿破仑"，意大利语的意思是"荒野雄狮"。
- 拿破仑特别推崇在战场上集中使用火炮，让骑兵发挥最大的机动作用。
- 《拿破仑法典》是资产阶级国家的第一部民法典，这部法典的系统性和完整性对后来资本主义国家的立法都产生了巨大影响。
- 拿破仑时代是法国历史上科学成就最丰富的时代之一。

拿破仑·波拿巴
（1769.8.15—1821.5.5）

让驴子和学者走在队伍中间

30岁的时候，拿破仑率领远征军开始对埃及大举进攻。远征军中有一支专门研究埃及文明的学者队伍，由于远征军经常受到袭击，所以拿破仑发出命令：让学者骑驴走中间。这让士兵们很不理解，为什么要让毫无战斗力的家伙跟着军队。原来，对拿破仑来说：征服一个国家也许可以靠野蛮和杀戮，但是想要让这个国家臣服，只有文明才是最好的武器。而这些学者，也因此被他称为"不拿枪的远征军"。

群星闪耀 **更多大政治家**

建立人人平等精神的小个子

拿破仑·波拿巴出生于科西嘉岛的阿雅克肖城。他的家庭是意大利的贵族，1768年科西嘉岛被热诺瓦卖给法国后，法国国王便承认拿破仑的父亲为法国贵族。1777年6月，他在父亲的安排下进入了法国布里埃纳军校，军校中大多数都是来自法国本土的学员，他们非常瞧不起这个外来的小个子。不过拿破仑用自己的坚韧和毅力，取得了让人惊叹的好成绩，也赢得了许多本土学员的尊重。后来，他进入巴黎军官学校学习，他在此受训成为炮兵军官。1795年巴黎督政官起用拿破仑为巴黎校尉，成功平定保皇党叛乱。拿破仑一夜之间荣升为陆军中将兼巴黎卫戍司令，在军队和政界崭露头角。1799年11月9日，他发动了雾月政变并获得成功，成为法国第一执政，并在军事、教育、司法、行政、经济等各方面都进行了重大的改革。

在他下令起草、制定《拿破仑法典》之前，法国并没有统一的民法，而这部法典中规定的法律面前公民平等，废除封建特权，摆脱教会控制，以及私有财产神圣不可侵犯等基本原则，可以说是对封建社会规则的巨大冲击。这部法典直到现在还在使用。虽然拿破仑在后期称帝，不过他在政治、经济、文化各方面的举措都帮助法国达到了辉煌，并影响了整个欧洲的制度。

2. 德意志铁血宰相——俾斯麦

俾斯麦是19世纪德国最卓越的政治家，德意志帝国首任宰相，人称"铁血宰相"。

- 他被称为"德国的建筑师"及"德国的领航员"，奉行"铁血政策"（"铁"指武器，"血"指战争）。

- 通过立法，建立了世界上最早的工人养老金、健康和医疗保险制度以及社会保险。

- 俾斯麦发动了普奥战争、普法战争，并且都取得了胜利，最终完成德意志统一。

- 但他在1871年德意志统一后，对外收敛锋芒，强调自己不过是"诚实经纪人"。

奥托·冯·俾斯麦
（1815.4.1—1898.7.30）

靠威胁智救好友

有一次，俾斯麦与朋友到森林里打猎。两个人为了不惊扰猎物，于是分头行动。可是他的朋友不小心一下子陷进了沼泽里。他虽然离岸边很近，可是这时候恐惧已经压倒了他，他连自救都忘了。等俾斯麦听到求救声跑来，只好说："我要是过去救你，一定连我也陷进去一起死，不过我不会看你受折磨的，为了免除你的痛苦，我只好下狠心一枪干掉你。"朋友听了这话，开始拼命朝岸边挣扎，俾斯麦借机拉住他，这才帮他死里逃生。

国家利益至上的思想

俾斯麦6岁时,被送往柏林小学读书。由于同学大多生长在资产阶级的家庭,因此都排挤他这个容克(大地主)之子,令他的童年承受了极大的痛苦与压力。他在12岁时进入中学,仍然受到同学排挤,但他并不灰心,反而勤奋向上,学会了英语、法语、俄语、波兰语、意大利语,成为一个精通多语言的天才,并为其日后的外交官生涯打下基础。

1862年,在经历了很多波折后,俾斯麦成为普鲁士的宰相。他马上就发表了著名的"铁与血"的演讲:"当代的重大问题并非通过演说和多数派决议就能解决的,而是要用铁和血来解决。"虽然的他的言论非常激烈,但是他统一德国的心愿和国王威廉一世一拍即合。丹麦作为德意志的北邻,经常插手德意志的事务,于是俾斯麦第一个便要解决丹麦。不久他又请法国与英国保持中立,将奥地利赶出了德意志邦联。到了这一步,剩下的就只有暗中控制南德意志地区的法国了。在1870年9月1日的色当会战中,普鲁士军队大败法军,拿破仑三世投降。最后,普鲁士国王威廉一世在法国凡尔赛宫的镜厅登基,宣布德意志帝国成立。

对俾斯麦来说,他虽然发动了几次战争,但是他并不是一个战争狂。只有在为使他的祖国得到最大利益的时候,他才会使用战争的手段,别的时间他都是非常克制的。

影响世界的他们——大政治家

3. 得过诺贝尔文学奖的政治家——丘吉尔

丘吉尔被认为是20世纪最重要的政治领袖之一，对英国乃至于世界都影响深远。

- 1940年至1945年和1951年至1955年两度出任英国首相，被认为是20世纪最重要的政治领袖之一。
- 丘吉尔的文学素养很高，是历史上掌握英语单词数量最多的人之一（12万多），被美国《人物》杂志列为近百年来世界最有说服力的演说家之一，曾于1953年获诺贝尔文学奖。
- 1960年剑桥大学设立丘吉尔学院，以纪念丘吉尔。

温斯顿·伦纳德·斯宾塞·丘吉尔
（1874.11.30—1965.1.24）

从口吃小子到演说家

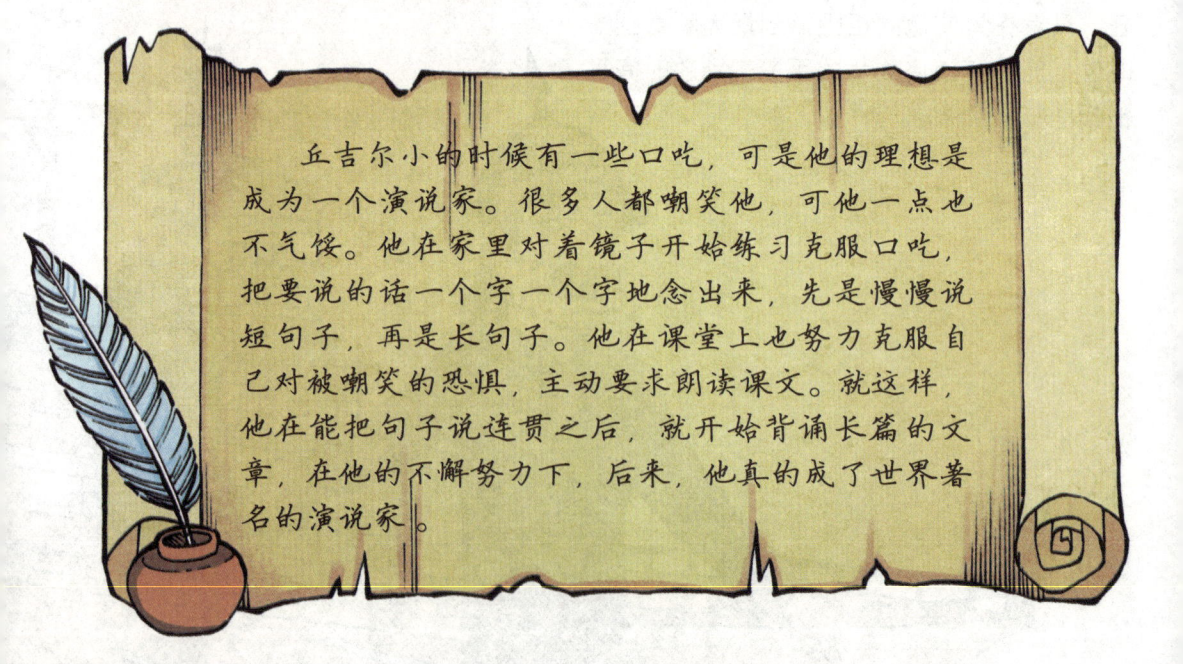

丘吉尔小的时候有一些口吃，可是他的理想是成为一个演说家。很多人都嘲笑他，可他一点也不气馁。他在家里对着镜子开始练习克服口吃，把要说的话一个字一个字地念出来，先是慢慢说短句子，再是长句子。他在课堂上也努力克服自己对被嘲笑的恐惧，主动要求朗读课文。就这样，他在能把句子说连贯之后，就开始背诵长篇的文章，在他的不懈努力下，后来，他真的成了世界著名的演说家。

伟大的演说家

温斯顿·伦纳德·斯宾塞·丘吉尔出身于英国贵族家庭，父亲伦道夫勋爵曾任英国财政大臣。温斯顿·伦纳德·斯宾塞·丘吉尔1874年生于英格兰牛津郡伍德斯托克。曾于1940年至1945年出任英国首相，任期内领导英国在第二次世界大战中联合美国等国家对抗德国，取得了最终胜利，并于1951年至1955年再度出任英国首相。丘吉尔被认为是20世纪最重要的政治领袖之一，是雅尔塔会议"三巨头"之一，战后发表"铁幕演说"，揭开了"冷战"的序幕。他写的《不需要的战争》1953年获诺贝尔文学奖，著有《第二次世界大战回忆录》16卷、《英语民族史》24卷等。

1940年6月，丘吉尔在下院通报了敦刻尔克撤退成功，但是也提醒"战争不是靠撤退打赢的"。随后，丘吉尔发表了他在"二战"中最鼓舞人心的一段演说：

"我们将战斗到底。我们将在法国作战，我们将以越来越大的信心和越来越强的力量在空中作战，我们将不惜一切代价保卫本土；我们将在海滩作战，我们将在敌人的登陆点作战，我们将在田野和街头作战，我们将在山区作战，我们绝不投降；即使我们这个岛屿的大部分被征服并陷于饥饿之中——我们从来不相信会发生这种情况——我们在海外的帝国臣民，在英国舰队的武装和保护下也会继续战斗，直到新世界在上帝认为适当的时候，拿出它所有一切的力量来拯救和解放这个旧世界。"

4. 美国现代自由主义的典范——罗斯福

富兰克林·德拉诺·罗斯福是美国20世纪二三十年代经济危机和第二次世界大战的中心人物之一，在确立战后世界秩序中发挥了关键作用。

- 39岁的时候他患上了脊髓灰质炎，下肢瘫痪，从此再也不能站立。
- 他是美国历史上唯一连任超过两届的总统，也是迄今为止在任时间最长的总统。
- "美国在线"曾于2005年举办"最伟大的美国人"票选活动，富兰克林·德拉诺·罗斯福被选为美国最伟大的人物中的第十位。

富兰克林·德拉诺·罗斯福
（1882.1.30—1945.4.12）

决不放弃的精神

就在罗斯福准备在政坛一展身手的时候，他在一次度假中遭到了人生最大的打击。在帮助扑灭山林大火后，他去湖里游了一会儿泳，可在这之后，他染上了脊髓灰质炎，没多久，他的双腿就完全没有了知觉。不过这一切并没有让他绝望，他从此开始了坚持不懈的锻炼，最终，他利用一副钢与皮革制成的双腿支架，可以在别人的搀扶下站立和行走。而在这个过程中，他也更能体会弱者的心情，从政的心理准备也越来越成熟。

群星闪耀 **更多大政治家**

缓解了大萧条的罗斯福新政

富兰克林·罗斯福是美国历史上的第 32 任总统，因为他的堂叔西奥多·罗斯福曾经担任过第 26 任美国总统，因此富兰克林常被称为"小罗斯福"总统，而称西奥多·罗斯福为"老罗斯福"总统。

从 1896 年被送入以培养政界人物为目标的格罗顿学校起，他就努力学习各种知识，开拓自己的眼界。在那里，他成长为一个文质彬彬的体育健儿，他见多识广，擅长网球、高尔夫、骑马和划船。之后他进入了哈佛大学，学习政治学、历史学和新闻学。这为他踏上政坛打下了坚实的基础。1929 年，他成功地当选为纽约州州长，并对农民实行减税的政策，得到了很多人的支持。

发生于 1929 年至 1933 年的经济危机让整个美国经济陷入了可怕的低谷：工人失业、商店关门、企业破产、银行倒闭……在这种情况下，富兰克林取代了当时的总统胡佛，于 1933 年 3 月就任美国总统。他仔细分析了当时的情况，顺应民众的意志，大刀阔斧地实施了一系列旨在克服危机的政策措施，历史上被称为"罗斯福新政"。这些新政可以概括为：救济（Relief）、复兴（Recovery）和改革（Reform）。在英语中这三个词都是以 R 开头的，因此这些政策也被称为"三 R 新政"，新政增加了政府对经济直接或间接的干预，缓解了大萧条带来的经济危机与社会矛盾。

罗斯福也是第二次世界大战期间同盟国阵营的重要领导人之一。"二战"后期同盟国逐渐扭转形势后，罗斯福对确立战后世界秩序发挥了关键作用，其影响力在雅尔塔会议及联合国的成立中尤其明显。

图书在版编目(CIP)数据

影响世界的他们：手绘名人故事：函套共8册 / 亚亚文；夏阳绘. — 北京：北京理工大学出版社，2019.9（2022.7重印）

ISBN 978-7-5682-7559-0

Ⅰ. ①影… Ⅱ. ①亚… ②夏… Ⅲ. ①名人－生平事迹－世界－青少年读物 Ⅳ. ①K811-49

中国版本图书馆CIP数据核字(2019)第190778号

出版发行 / 北京理工大学出版社有限责任公司
社　　址 / 北京市海淀区中关村南大街5号
邮　　编 / 100081
电　　话 / (010)68913389(编辑部)
网　　址 / http://www.bitpress.com.cn
经　　销 / 全国各地新华书店
印　　刷 / 湖北意康包装印务有限公司
开　　本 / 710毫米×1000毫米　1/16
印　　张 / 68
字　　数 / 1360千字
版　　次 / 2019年9月第1版　2022年7月第6次印刷
定　　价 / 200.00元(全8册)

责任编辑 / 张　萌
文案编辑 / 张　萌
责任校对 / 周瑞红
责任印制 / 边心超
责任制作 / 格林图书

图书出现印装质量问题，请拨打售后服务热线，本社负责调换

给孩子一部有温度的梦想之书

手绘名人故事

影响世界的他们

体育明星

亚亚/文　夏阳/绘

北京理工大学出版社
BEIJING INSTITUTE OF TECHNOLOGY PRESS

给孩子梦想起飞的翅膀

世界上每一只小鸟都要翱翔于蓝天，世界上每一个孩子都有属于自己的梦想。

每一个孩子都是与众不同的，每个孩子都是梦想家。在他们成长的过程中，梦想可能会折翼、会被误导，所以孩子们萌发的梦想更需要被细心呵护，需要被温柔地鼓励和引导。因此，一套好的成长之书，在孩子们的成长道路上扮演着重要的角色，发挥着潜移默化的作用。《影响世界的他们——手绘名人故事》丛书正是这样一套送给孩子的梦想之书。

这是一套给孩子带来正能量的、守候孩子梦想的书。在这里，孩子们会看到古今中外各个领域的名人故事，他们身上的坚强、勇敢、奋进的意志品格，是孩子们得以学习的榜样力量；他们身上的由于时代带来的局限，也是孩子们得以

不断深入思考的问题。

　　这是一套给孩子的有温度的、引人思考的梦想之书。理想不是冷冰冰的灌输和说教，在这里，孩子们能看到的不仅仅是名人们各种令人羡慕的成就，更有他们在成就的道路上遇到的挫折、打击以及他们做出的努力、他们得到的和失去的……

　　这是一套给孩子的轻松的、风趣的"朋友"之书。在这里，没有板起脸来的长篇大论，在这个名人们的"展览馆"里，他们如同一些经历丰富的"大朋友"，用他们的故事陪伴和启发着孩子们在追寻梦想的道路上前进。

　　心怀梦想的孩子更强大。守候孩子的梦想，就是守候我们的未来。愿这套书带给孩子们梦想起飞的翅膀，陪伴他们不断翱翔、快乐成长、实现梦想……

著名诗人、儿童文学作家　徐鲁

目录

8 中国女排的"铁榔头" 郎平

郎平（1960.12.10—），前中国女排队员，曾任中国女排总教练。无论在球员时代还是教练时代，这位中国女排的灵魂人物都带领女排队伍拿下了众多赛事的冠军头衔，还使中国女排成了历史上第一个获得"五连冠"的队伍。

20 "篮球之神" 乔丹

迈克尔·乔丹（1963.2.17—），前美国篮球运动员，被称为"篮球之神"，是全世界最伟大的篮球运动员之一。他是NBA历史上首位职业球员出身的球队大股东，也是NBA现在唯一一名黑人大老板。

34 从体操王子到商界精英 李宁

李宁（1963.3.10—），前中国体操运动员，拥有三枚奥运会金牌，被人们称为"体操王子"。国际体操联合会以他的名字命名了四个技术动作。退役后，李宁还创立了让中国人骄傲的民族运动品牌——"李宁"。

48 滑冰场上的"冰雪女王" 杨扬

杨扬（1975.8.24—），前中国短道速滑运动员，中国首位冬奥会金牌获得者。一共获得了59个世界冠军，是中国夺得世界冠军最多的运动员。曾任北京冬奥会和冬残奥会运动员委员会主席。

64 懂球的"胖子" 刘国梁

刘国梁（1976.1.10—），前中国乒乓球男队运动员，前中国乒乓球队总教练。球员时期曾夺得世乒赛、奥运会等多项世界冠军，是中国男子乒乓球历史上第一位"大满贯"得主。担任教练期间，率领中国队夺得多项大赛冠军。

78 勤奋成就天才 菲尔普斯

迈克尔·菲尔普斯（1985.6.30—），美国游泳运动员，多项游泳世界纪录保持者。他是单届奥运会获得金牌最多的运动员，同时以23金3银2铜的成绩成为到目前为止奥运会历史上累计获得奖牌及金牌数最多的运动员。

94 人类速度的极限 博尔特

尤塞恩·博尔特（1986.8.21—），牙买加人，世界著名短跑运动员，奥运会100米、200米短跑3连冠。他创造的男子100米、200米世界纪录，至今无人超越。现在他正在为成为一名优秀的足球运动员而努力。

108 绿茵场上的低调王者 梅西

里奥·梅西（1987.6.24—），阿根廷足球运动员，司职前锋，曾效力于西班牙巴塞罗那足球俱乐部。夺得过7届FIFA金球奖，6届欧洲金靴奖，是史上最优秀的足球运动员之一。

124 群星闪耀 更多体育明星

134 现代奥运会之父 顾拜旦

你，准备好了吗？

影响世界的他们
——体育明星

中国女排的"铁榔头" 郎平

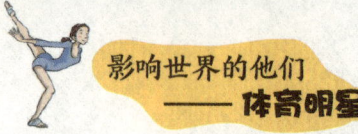

1981年11月16日，她的一次标志性扣球让电视机前的观众沸腾了！中国女排成为中国三大球类运动（足球、篮球、排球）比赛队伍中第一支夺得世界冠军的队伍。

> 郎平，我的女神。赢了！中国队是冠军！

中国女排夺得第三届女排世界杯赛冠军。

2016年8月21日，已经成为教练的她带领中国女排夺得里约热内卢奥运会女子排球冠军。

> 爷爷怎么哭了？

> 爷爷是因为太激动了。当年爸爸像你这么大的时候也陪着爷爷看郎平打比赛呢。

> 不愧是我的女神啊，当起教练来也这么靠谱！

这个当了三十多年"女神"的人，就是今天故事的主角。

郎平，前中国女排队员，曾任中国女排总教练。无论在球员时代还是教练时代，这位中国女排的灵魂人物都带领女排队伍拿下了众多赛事的冠军头衔。

中国女排的"铁榔头" 郎平

关于郎平

- 她在20世纪80年代成为全民偶像。1981年中国女排在世界杯比赛中夺冠后,收到的各种信件和纪念品有30000件,其中有3000件都是给郎平一个人的。人民日报设置"郎平专栏",每天对她进行报道,鼓励了各行各业的人们。

下班了!

我们要学习女排精神,加个班,争取超额完成任务!

郎平的画像,还出现在了邮票上。

郎平的邮票我收啦!

好羡慕!

- 郎平在球员时代被称为"铁榔头"。这个绰号是著名解说员宋世雄取的。郎平一开始并不喜欢这个绰号,担心因此找不到男朋友。

- 日本漫画改编的偶像剧《排球女将》是最令郎平苦恼的电视剧。那时,球迷们纷纷写信要求她学习剧中女主角的必杀技。

又有人让我学小鹿纯子的绝招"幻影旋风"!空中转体720度再接一个前空翻后扣球,那只是电视剧演出来的!

9

影响世界的他们
——体育明星

- 里约热内卢奥运会期间,郎平因为太忙没时间吃饭,只能每天晚上吃泡面。

> 心情紧张时就想吃点面。别让队员们知道了啊,我是不准她们吃的。

> 教练又在偷吃泡面,大家都闻到了,她还以为是秘密呢。

- 2015年,她当选"感动中国十大人物"。

> 临危不乱,一锤定音,那是荡气回肠的一战!拦击困难、挫折和病痛,把拼搏精神如钉子般砸进人生。一回回倒地,一次次跃起,一记记扣杀,点染几代青春,唤醒大国梦想。因排球而生,为荣誉而战。一把铁榔头,一个大传奇!

- "女排精神不是赢得冠军,而是有时候知道不会赢,也会竭尽全力。"郎平曾说,"其实女排精神一直都在。不要因为胜利就谈女排精神,也要看到我们努力的过程。单靠精神不能赢球,还必须技术过硬。"

球员郎平

- 郎平曾被称为世界女排第一主攻手,单场比赛最多扣杀96次,常能达到其他人的两倍。郎平扣球不仅多,力量也大,郎平训练时可以负重180公斤的杠铃进行深蹲,和男子散打运动员的力量相当。

中国女排的"铁榔头" 郎平

　　在 1981 年女排世界杯的 7 场比赛中，中国队全队扣球 1116 次，郎平一个人就扣球 407 次，得到 79 分，扣球的命中率几乎达到 50%！

　　说到这里，我们需要讲一下排球得分规则的变化。

　　1998 年以前，排球采用的是发球得分制。也就是说，比赛双方只有在自己拥有发球权并取得胜利时才能得分，否则只能获得发球权。这导致排球比赛的时间通常非常长，有时候一场比赛甚至会持续三四个小时。

　　从 1998 年 10 月 28 日起，排球比赛开始实行每球得分制。也就是说，不管发球权在哪队手里，取得了这一球的胜利，就可以得分。

　　郎平当球员时，排球比赛采用的是发球得分制。比赛时间长，回合多，所以扣球的次数也就相应地比现在的球员要多了。这也从另一个侧面体现了郎平的体能有多强。

影响世界的他们——体育明星

郎平球员时期荣誉簿

· 1981年和1985年两届女排世界杯冠军

· 1982年世界女排锦标赛冠军

· 1984年洛杉矶奥运会女排冠军

教练郎平

教练时代的郎平有自己的一套办法。

1. 注重细节。运动员出身的郎平能注意到队员训练时动作不到位的细节。通过抠每个细节，使队员的能力在一点一点的积累中得到明显提高。

2. 融入了个人魅力的专业指导。郎平在指导队员训练时，总能说到点子上，让队员很快就能理解，马上就能付诸实施。

3. 不凭空想象，也不照搬别人的经验。根据队员的特点，制定最合适的战术。

4. 突出进攻，力争攻守平衡。

郎平教练时期荣誉簿

· 执教过2支意大利女排队，3次获得意大利女排联赛冠军，3次获得意大利国内杯赛冠军，1次获得欧洲女排联赛冠军。

· 执教美国女排取得北京奥运会银牌。

· 执教广东恒大女排取得3次全国女排联赛冠军，1次亚洲俱乐部杯冠军。

· 执教中国女排取得亚特兰大奥运会银牌，里约热内卢奥运会金牌，1次女排世界杯冠军，2次亚洲锦标赛冠军。

中国女排的"铁榔头" 郎平

从"铁榔头"到"金教头",郎平的成长之路

1. 从小刻苦训练为我打下坚实基础

小时候的我,有一股不同于一般女孩儿的顽皮劲。就连和同龄的男孩子比赛爬树,我都从来不落下风。随着渐渐长大,我的个头越来越高,在同龄孩子当中"鹤立鸡群"。

我的女儿如此与众不同,可以好好培养!

我的父亲是一个体育迷,经常带我观看各种比赛。可能是命中注定,我对排球产生了兴趣。因为身体素质好,个子长得也很快,13岁那年,我就被体校老师选中。通过了严格的测试之后,我开始接受排球训练。

不用我说你们也可以想象,专业的排球训练是非常辛苦的。但是,在我心中一直有一个不服输的声音在督促着我。就算每天练得筋疲力尽、全身酸痛,我也不会叫苦。每一个动作,我每天都要练成百上千次。因为训练得太勤奋,我几乎每个月都会穿坏一双运动鞋。

郎平,你的鞋底掉了!

等我扣完这一球!

影响世界的他们
——体育明星

在这样日复一日的艰苦训练下，我的球技越来越强，高位拦网技术和力大无比的扣球成了我的强项。

2. 背负十亿人的期许

1978年，我被选入中国女排国家队，拥有了代表国家争夺荣誉的机会，并逐渐成了中国女排的核心人物。极佳的身体素质让我高质量地完成技术动作，我擅长的网前扣杀让我赢得了"铁榔头"的称号。甚至有人说，我的扣球力量可以跟男运动员相媲美。

世界女排三大主攻手

中国 郎平 身高1.84米

美国 海曼 身高1.96米

古巴 路易斯 身高1.74米

1981年，是我梦想起飞的开始，我和中国女排一起夺得了排球世界杯冠军。从那之后，中国女排连续夺得了5次世界大赛的冠军，包括1984年洛杉矶奥运会的女排金牌，成了历史上第一个获得"五连冠"的队伍。其中前4次夺冠，我都是队中的主力球员，第五次则是作为球队的助理教练参赛。

五星红旗一次次升起、国歌一次次奏响的场景让中华儿女热血沸腾。我和队友们展现出的顽强奋斗的"女排精神"，更是让中国女排成了全民偶像，数不清的贺电、贺信和纪念品飞到我们手中，我们的海报贴满了大街小巷。

中国女排的"铁榔头" 郎平

十亿人的期许既是压力,也是动力。我们有过落后,有过输球,但永不言败的精神让我们一路向前,创造了中国女排的辉煌时代。

> 我也是想逛街买件衣服的普通人啊!

> 郎平!郎平!我的偶像!

> 赶紧走吧,电影看不成了。

> 郎平!郎平!郎平来看电影了。

3. 从零开始,退役后的学习之路

26岁时,我选择了退役。因为扣球多、扣球狠、起跳多的比赛风格,我的膝盖已经不堪重负。

退役后,我为自己规划了一条不同于常规运动员的道路。"世界冠军"只是我的过去,一旦退出女排的队伍,我就要把自己当作普通人。我要重新学习本领,从"一无所有"开始重新生活。

我为自己计划的第一步是到大学学习英语,为出国深造打下语言基础。

> volleyball, volleyball.

> 跟我读,volleyball,排球。

> 那个体育生上课太认真了。

> 她可不是一般的体育生,她是郎平啊!

之后，我自费前往美国留学。那段时间，我穷得每天只能吃自己做的三明治。

> 快快拿开，年轻时吃太多了，现在看到三明治我就反胃！

后来我为了保证经济来源，就一边学习，一边和意大利的俱乐部签约打球。这段经历使我拿到了美国的工作签证。更让我高兴的是，我考上了新墨西哥大学体育管理专业的研究生。

4. 辗转执教欧美，不断磨炼自己

1995年，当中国女排陷入低谷时，我选择了回国接手中国女排主教练的职位。在1995—1998年的这段时间里，中国女排两次闯入了国际大赛决赛，但都败给了当时处于巅峰期的古巴队。

高强度的工作和一身的病痛，让我难以胜任女排主帅这个职位。医生说，我膝盖的磨损程度已经和70岁的老人差不多了。仅仅在膝盖这个部位，我就进行过7次手术。1996年亚特兰大奥运会期间，我一度昏倒在奥运村的食堂里。加上女儿需要我的陪伴，于是我辞去了女排教练的职务。

我并没有因此远离排球，在意大利的摩德纳，这座热爱排球的小城市里虽然有100多支大大小小的排球队，可是他们却从来没有获得过联赛冠军。我在这里拿起了教鞭，通过我和队员们的努力，这个城市的人们在第二年就体会到了拿下联赛冠军的喜悦。

> 这就是我的英文名。

摩德纳英雄Jenny

从这座小城出发，我开始了从意大利到美

国的排球执教生涯。2008年，我带领美国国家女子排球队在北京奥运会上击败了中国队，最终获得了亚军。尽管如此，我始终坚信，我是属于中国的。无论走到哪里，我时时刻刻记得，我是一名中国人。

5. 学成归来，重掌教鞭再创辉煌

2013年，我再次回到中国，重新执教中国女排。

有了在国外长期学习的经验，我执教时非常讲究科学的方法，既看重球员个人能力的提升，也要求团队成员间的密切配合。作为一名曾经的运动员，我特别能理解伤病对运动员的影响，对此也尤其重视。

当时的中国体育界，非常看重拼搏精神，教练总是要求队员们"轻伤不下火线"，即使有伤也要咬牙坚持。我却坚决反对这样的做法，我认为这样既会影响球员的健康，也会影响发挥，使比赛效果不理想。因此，只要球员受伤，我都要求她们必须休息，只有经过康复训练彻底恢复后，才能重新上场比赛。

> 教练，这点伤不算什么，我还能坚持训练！

> 少逞强，快给我下场治疗，没恢复好不准回来训练。

2015年，我率领中国国家女子排球队夺得了女排世界杯的冠军，这是我执教生涯中获得的第一个大赛冠军。2016年的里约热内卢奥运会上，我终于和队员们一起夺得了梦寐以求的奥运金牌。

2017年，在进行了两场手术后，逐渐恢复健康的我仍然担任着中国女排主教练的职务。新的挑战不断到来，我们的故事还没有结束，未来如何展开，我充满期待。

排球网

女子排球网高 2.24 米

男子排球网高 2.43 米

排球场上的小知识

球员位置

排球场上，一支球队的 6 名球员，通常可以担任三种角色：

攻手（包括主攻手和副攻手）；

二传手；

自由人。

自由人

球场上，穿着与同队队员明显不一样球衣的球员叫作"自由人"。这个角色是 1996 年设置的。排球比赛规则规定，"自由人"不得参与扣球、拦网和发球，主要负责球队后排的防守。因为要求更加灵活敏捷，"自由人"的身高通常比其他队员矮。一支球队可以没有自由人，最多可以登记 2 名自由人球员，比赛时只能有 1 名"自由人"出现在场上，"自由人"的替换次数不计入普通球员的替换次数。

击球部位

在人们的印象中，排球是用手击球的，但其实规则里规定，球员可以用身体的任何部位触球，只是不能让球在身体上停留，出现持球的情况。比如用手接住或者投掷。在紧急情况下，甚至可以看到球员用脚救球的场面。

击球次数

在每一回合里，每一方最多只能触球 3 次，且不允许同一个人连续两次触球。同时，不允许身体超出中线的范围，更不能在球尚未过网时击球。

影响世界的他们
——体育明星

"篮球之神" 乔丹

上午9点，尚未开始营业的商业街，一家店面外竟然有两百人在排队。

> 篮球鞋有什么好抢的？

> 我是想自己穿啊，还有很多人准备转手卖出去，价格可以翻五倍呢！

> 你们在这儿排队干吗？有什么好事？

> 还能干吗？当然是等着限量版的乔丹篮球鞋发售啦！

这群人彻夜排队争相购买的篮球鞋，就是用我们今天这位主角的名字命名的。

迈克尔·乔丹被誉为"篮球之神"。1984年他开始成为职业选手，2003年宣布退役，是全世界最伟大最著名的篮球运动员之一。

让我们看看名人们是怎样评价这位"篮球之神"的吧。

> 他证明了人类可以飞。

> 我从没见过一个运动员能将头脑、身体和精神结合得像他那样完美。我要帮孩子要到他的签名！

> 我想买下公牛队，但芝加哥政府不允许。我想让乔丹在退休后出任我们公司的美国总代理，如果他喜欢，我还想送他几口油井。

> 我如果能和乔丹一起打球，也能拿6个总冠军戒指！

关于这位篮球天才

- 小时候因为耳朵大，经常被同学嘲笑，导致他十分自卑。
- 每场比赛都要穿蓝色短裤，穿着它让乔丹感到自在，信心十足。
- 乔丹打球时爱吐舌头，这个习惯动作来自他的父亲和爷爷。

- 体育历史上最奇怪的"转行"之一：1994年乔丹离开篮球场，转战棒球界，结果首次击球就被三振出局。
- 乔丹很注意自己的饮食。

吃这么普通？

赛前食谱：1个烤马铃薯；1份蔬菜沙拉；1瓶水或者1瓶姜汁汽水。

- 他选择23号球衣是因为哥哥的球衣是45号，45的一半四舍五入是23。
- 乔丹曾在电影《空中大灌篮》中饰演自己，带领兔八哥、三只小猪等华纳公司的动画人物在篮球场上大战来自外星的"怪物奇兵"。

影响世界的他们
——体育明星

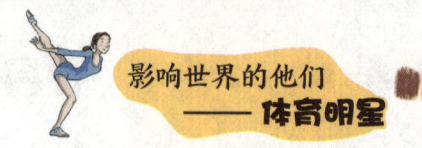

下面这些，是让球迷们津津乐道的乔丹篮球绝技。

空中平移飞行扣篮： 乔丹年轻时常用的招数，滞空时间长达0.92秒，仿佛在空中漫步。

空中拉杆连续晃动三次上篮： 乔丹在三人的防守中起跳，在空中手部连续晃动三次做假动作，之后投篮命中。这个动作至今无人能做到。

后仰跳投： 复出后的乔丹用这一招人人都会的动作回击质疑者。他的撤步和滞空时间，让防守队员难以封堵。

老婆快看，神仙在打球！

"篮球之神" 乔丹

乔丹的恩师和队友

教练 菲尔·杰克逊

我倡导的"三角进攻"战术让乔丹不再是单打独斗，而是更好地和队友融合在一起。

我是乔丹的黄金搭档。当他进攻时，我是他身后坚强的后盾。

乔丹的队友 皮蓬

乔丹的荣誉簿

- 6届NBA（美国职业篮球联赛）总冠军；
- 6次NBA总决赛MVP（最有价值球员）；
- 1984年洛杉矶奥运会男子篮球金牌；
- 1992年巴塞罗那奥运会男子篮球金牌；
- 职业生涯场均得分31.5分（复出前），是NBA历史上最高。

影响世界的他们——体育明星

乔丹不仅在篮球场上是神一般的存在，在福布斯体育明星财富排行榜上也傲视群雄。

福布斯体坛财富榜

1. 迈克尔·乔丹（篮球）　　　　18.5亿美元
2. 泰格·伍兹（高尔夫球）　　　17亿美元
3. 阿诺德·帕尔默（高尔夫球）　13.5亿美元
……
9. 大卫·贝克汉姆（足球）　　　7.3亿美元
……
15. 罗杰·费德勒（网球）　　　　6亿美元

哥们儿，一起加油吧！

费德勒

贝克汉姆

乔丹的生财之道

1. 职业生涯15年，赚下10亿美元的工资

乔丹母校北卡罗来纳大学课堂上

地理教授：我们专业的毕业生第一年的平均年薪是25万美元啊！选我们专业，你一定不会后悔！

那是因为乔丹是从这个专业毕业的，他在NBA第一年的年薪是55万美元。一个人拉高了平均值啊！

2. 将名字授权给耐克的 Air Jordan 系列，每年获利上亿美元

出资250万美元购买NBA一位新秀5年的穿鞋权。

机会来了！我要把你打造成"空中飞人"！

3. 成为球队老板

2010年，乔丹成为夏洛特山猫队的大股东，他是NBA历史上首位职业球员出身的球队大股东以及NBA第二位黑人大老板，也是NBA现在唯一的黑人大老板。 2014年，山猫队更名为夏洛特黄蜂队，现在，球队价值已经达到了10.5亿美元。

飞人是怎样炼成的

1. 从小我就争强好胜，行动力十足

1963年2月17日，我出生在美国纽约布鲁克林区。我承认，小时候我是个不能让大人省心的孩子。

我曾经对汽车的电路感到好奇……

摸不得啊！

在调皮捣蛋之外，我很快就迷上了各种各样的体育活动，特别是篮球。我每天都要在自家院子里练球，哥哥拉瑞是我的第一个对手。

当时，拉瑞和他的朋友们都比我强壮、高大，和他们打球，我一开始总是输。于是我每天反复练习篮球技术，希望能跟他们一决高下。

在日复一日的练习下,我的球技越来越棒。12岁那年,我和我的小伙伴们一起夺得了北卡罗来纳州少年篮球赛冠军。

2. 高中到大学的逆袭之路

15岁的时候,我上了高中。虽然我的篮球技术不错,但个头有点小。

我开始加倍努力地练球,并且通过一些方法让自己长高。每天除了和球队一起训练四个小时外,我还要自己加练,直到筋疲力尽。

影响世界的他们——体育明星

经过一年的苦练，我的球技突飞猛进，个头也长高了不少。终于，我进入了一队，我给自己挑选的球衣号码是23号。

高中毕业后，我进入了北卡罗来纳大学，进入校篮球队后的第一年，我就和队友们打进了全美大学生篮球联赛的总决赛。这是一场令人难忘的比赛。比赛还剩最后15秒，我们队落后对方1分。教练让我进行最后一投，而我没有浪费这个机会，将球准确地投进了篮筐。就这样，我们夺得了比赛的冠军。

> 怎么样？还好球队有我吧！

> 是！是！是！你绝杀了，你说什么都对！

3. 天赋异禀，在职业赛场大放光彩

1984年，我加入了NBA芝加哥公牛队。在我的第一个赛季里，我就得到了年度最佳新秀的荣誉。之后的每一年我都在进步，但始终没能得到总冠军。

1990—1991赛季，我和队友们在NBA的东部决赛中淘汰了去年打败我们的底特律活塞队，闯入总决赛。这时，我迎来了和魔术师约翰逊的正面交锋。

> 请问你觉得谁才是现在NBA最好的后卫？

> 乔丹！他既能得分，也能防守，还能在天上飞！没有人比他更好。

> 还有魔术师约翰逊，他可是获得过5次总冠军呢。乔丹1次都没有！

乔丹
NBA的新宠，票房保证，场均37.1分，7次入选全明星，最佳新秀，2次MVP，5次得分王，0枚总冠军戒指。

约翰逊
带领湖人队统治整个80年代，11次入选全明星，3次MVP，5枚总冠军戒指。

"篮球之神"乔丹

好胜的我在内心默默认定，属于我的时代马上就要到来了。

终于，我和队友们如愿以偿，夺得了总冠军。我也拿到了职业生涯的第一个总决赛MVP。

在接下来的两年里，我们再接再厉，又夺下两次NBA冠军，完成了三连冠的壮举。在1992年的巴塞罗那奥运会上，我作为美国队的头号球星，夺得了奥运会男子篮球金牌，而我们的队伍也有了一个外号——梦之队。

乔丹参加完奥运会回来了！

4. 用一年的职业棒球生涯，纪念我敬爱的父亲

就在我的运动生涯步入巅峰时，一件不幸的事情发生了。我的父亲遭遇拦路抢劫被枪杀……这件事情让我十分悲痛，甚至对篮球心灰意冷。我常常问自己："你不是无所不能吗？为什么连自己的父亲都保护不了？"

1994年，我宣布离开篮球场，开始为成为一名棒球运动员而努力。因为棒球是我父亲热爱的运动，我希望用这种方式来纪念他。虽然我是大名鼎鼎的篮球明星，但确实不擅长棒球。就算我用十二分的努力去训练，还是没办法不拖球队的后腿。在棒球场上，我的经历并不成功。

《体育画报》甚至发表了《乔丹，棒球场上的耻辱》的文章。我开始意识到，只有篮球才是我的强项。但是，对于这段职业棒球的经历，我不后悔。

5. 复出、离开、再复出，篮球始终是我的最爱

"篮球之神" 乔丹

　　1995年，我重新回到了芝加哥公牛队，继续我的篮球生涯。1996年，我率领球队再次拿下了NBA总冠军。

　　虽然这时候，我已经不像当初那么年轻有冲劲，但我的技艺却越发炉火纯青。之后的两年里，我帮助球队夺得了两次冠军，完成了职业生涯里的第二次三连冠。

1997—1998赛季总决赛第6场

听说这是NBA历史上最经典的画面，也是乔丹的封神之作。

　　1999年，因为一场球员与NBA联盟的劳资纠纷，已经36岁的我再次选择退役。但因为割舍不下对篮球的热爱，我在2001年又一次复出，加盟了华盛顿奇才队。

乔丹又退役了！

乔丹又复出了！

　　这时的我，依然宝刀不老。虽然球队成绩一般，但我还是靠着自己的出色表现入选了2002—2003赛季的全明星阵容，这也是我最后一次参加全明星大赛。2003年，我决定急流勇退，结束了自己的球员生涯。

　　这就是我的故事。希望大家看过之后，会爱上篮球，并且投身于这项运动。

乔丹的篮球课堂

罚球线
三分线

球员人数： 每队上场 5 名球员，最多有 7 名候补球员。（某些比赛可以增加人数）

比赛时间：

FIBA 比赛： 第一节比赛 10 分钟 → 休息 2 分钟 → 第二节比赛 10 分钟 → 中场休息 15 分钟 → 第三节比赛 10 分钟 → 休息 2 分钟 → 第四节比赛 10 分钟

NBA 比赛： 第一节比赛 12 分钟 → 休息 130 秒 → 第二节比赛 12 分钟 → 中场休息 15 分钟 → 第三节比赛 12 分钟 → 休息 130 秒 → 第四节比赛 12 分钟

→ 休息 100 秒 → 加时赛 5 分钟，若加时赛无法分出胜负，则再加时 5 分钟，直到分出胜负为止。

进攻时间：

每次进攻不能超过 24 秒。

得分：

比赛过程中，球投进篮筐经裁判认可后算得分。三分线外侧投篮进球得 3 分，三分线内侧投篮进球得 2 分，罚球投进得 1 分。

犯规：

根据 FIBA 制定的规则，每名球员每场比赛可以有 4 次犯规的机会。

第 5 次犯规就会被罚退场。

但在 NBA 的比赛中，第 6 次犯规才会被罚下场。被罚下的球员，这场比赛不能再出场。

罚球：

一方队伍的球员犯规，另一方获得罚球机会。罚球时，其他队员不能上前阻挡。罚球队员站在罚球线后，从裁判手中接过球后需在 5 秒内投篮。

球员分类：

按位置和作用可分为控球后卫、得分后卫、小前锋、大前锋和中锋。

影响世界的他们
——体育明星

从体操王子到商界精英 李宁

今天故事的主角，在当运动员时，有着"王子"的美名。

> 我们那时的王子，其实是这样的。

他就是李宁（1963年3月10日—），中国体操运动员，拥有3枚奥运会金牌，被人们称为"体操王子"。退役后，李宁还创立了让中国人骄傲的民族运动品牌——"李宁"。2008年北京奥运会开幕式上，李宁作为火炬传递的最后一棒，点燃了奥运主火炬。

关于这位不做王子好多年的传奇人物

· 1982年世界杯体操比赛中，李宁夺得男子全部7个项目的6个冠军，创造神话。

· 1984年奥运会他夺得3枚金牌，是中国代表团总金牌数的1/5。

· 到目前为止，国际体操联合会以中国运动员名字命名的技术动作中，李宁是

> 我的动作可以命名为"二娃劈叉"！

> 二娃你又在干什么？要撕坏几条裤子才罢休啊？

> 独创的体操动作才能被命名，劈叉是你独创的吗？

最多的，一共有四个，分别是鞍马项目的"李宁交叉"，吊环项目的"李宁摆上"和"李宁正吊"，以及双杠项目的"李宁大回环"。

- 2009年，"李宁"品牌在中国的销量超越阿迪达斯，仅次于耐克。2010年营业额高达97.78亿，在全中国有8000家店面。
- 点燃北京奥运主火炬的3分30秒空中飞人表演非常消耗体力，每练习一次，李宁都要休息1个小时才能再练。

体操知识小课堂

我们常说的奥运会体操项目，一般指的是"竞技体操"。这项运动需要运动员在规定的器械上，完成复杂、协调的动作。裁判员根据运动员动作的分值或难度、编排以及完成情况来打分，从而决定运动员的成绩和排名。

男子和女子竞技体操的项目并不完全相同。男子竞技体操包括六个项目：自由体操、鞍马、吊环、跳马、双杠和单杠。女子竞技体操包括四个项目：跳马、高低杠、平衡木和自由体操。

奥运会竞技体操之外的两个体操项目：艺术体操和蹦床

1. 自由体操

自由体操是男女运动员共有的一个体操项目。场地为12米×12米的正方形，地板下装有弹簧或橡胶，运动员需要在规定的时间内，在这个场地中完成成套的动作。其中男运动员比赛时间为50~70秒，没有音乐伴奏；女运动员比赛时间为70~90秒，需要无伴唱的音乐伴奏。

影响世界的他们
——体育明星

2. 跳马

跳马也是男女运动员共有的项目，起源于罗马帝国末期。最开始是跳真马，后来改为和真马外形相似并配有马鞍的木马。

这群人好烦啊，又在我背上跳来跳去了！

等一会儿，他们一过来我们就跑开怎么样？嘿嘿。

最新的男女跳马马箱在外形上几乎是一样的，只是在高度上不同。男运动员用的跳马高1.35米，女运动员用的跳马高1.25米。一套完整的跳马动作由助跑、起跳、第一腾空、推手、第二腾空和落地这六个部分组成。

从体操王子到商界精英 李宁

3. 鞍马

鞍马运动，最开始是罗马人对骑手的一项训练。现代比赛用的鞍马器械长160厘米、宽35厘米，马背中央有两个半圆环。运动员比赛时，可以在器械上的所有部位，用不同的支撑方式完成各种全旋和摆越动作。因为对运动员力量、平衡、柔韧、动作优美性的要求很高，鞍马被认为是所有体操项目中难度最高的。

4. 吊环

吊环运动是受杂技表演启发而创立的运动项目。吊环离地高2.55米，比赛中的一套动作由一系列摆动和力量静止动作组成，是所有体操项目中对力量要求最高的。

5. 双杠

双杠比赛器械由四根立柱支撑两根平行横杠制成。成套动作应有摆动、摆越、屈伸、弧形摆动、回环、空翻和静止用力等，以摆动和腾空动作为主。一套动作结束前，运动员不能接触地面，除手臂外，身体不能碰触双杠。

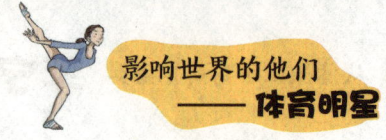

6. 单杠

单杠运动的起源可以一直追溯到原始人在丛林中生存的运动技能。现代单杠比赛器械是一根两端用钢索固定在两根支柱上的横杠，横杠距离地面2.55米。比赛中，单杠的成套动作全部由摆动动作组成，中途几乎不能停顿。

7. 高低杠

最开始，女运动员也和男运动员一样使用双杠，但这使得女运动员上肢负担太重。于是，为了适应她们的身体特点，规则修改为升高双杠中的一根，形成高低杠，在1952年奥运会上首次使用。

8. 平衡木

平衡木运动起源于罗马时期。运动员需要在一根离地面1.2米、长5米、宽10厘米的横木上完成一连串的舞蹈和翻腾动作。时长为75~90秒，超过或达不到规定时间，大幅度摇摆、中途落地和停顿，都会被扣分。

从体操王子到商界精英 李宁

李宁的人生故事

1. 音乐世家出了个体操小子

我的童年是在乡下的奶奶家度过的。那时候，我每天都跟小伙伴们无忧无虑地在山野中玩耍，抓蚂蚱、翻跟头……这些活动不仅养成了我活泼好动的性格，也让我的身体在不知不觉中变得敏捷灵活起来。

我觉得，这小子一定是属猴的！

上小学后，我很快发现了一样让我着迷的事情。

有一天，我无意中发现学校体操队的同学们，在教练的带领下翻着跟头，我立刻就对这项运动产生了兴趣。回到家后，我便有样学样，把床上的被子铺在地上，照着他们的样子练了起来。

孩子他爸，你快看，儿子这是怎么了？

是不是零花钱不够用，想练功夫赚零花钱啊？

我的爸爸是一位小学音乐老师，从小就带着我听音乐，还教我唱歌，一心想把我培养成歌唱家，但我对音乐却没多大兴趣。得知我想练体操后，爸爸一开始觉得有些失望。

但是，他最终还是尊重我的想法，带我去学校的体操队报了名。

进入体操队之后，我每天都和小伙伴们一同训练。虽然我的个头不大，却非常灵活，每一个动作都做得干脆利落。很快，我就被广西壮族自治区体操队的教练梁文杰选中，把我招进队里参加集训。

2. 成长路上的两位"伯乐"

梁文杰教练可以称得上我体操路上的启蒙者。当年我虽然吃了不少"苦头"，但后来想起来，正是他的严格要求，让我在一开始就打下了坚实的基础，练就了一身过硬的基本功。

在梁教练的带领下，我夺得了全国少年体操锦标赛的冠军。发现我身上的潜力后，他对我的要求更加严格了。

从体操王子到商界精英 **李宁**

在这样的"魔鬼训练"下，我的成长也越来越快。

> 轻松！再来几个也不怕！

1980年全国体操锦标赛后，我遇到了体操道路上的另一个"伯乐"——当时的中国体操国家队教练张健。他看中了我身上扎实的基本功和勤学苦练的精神，在他的邀请下，我进入了梦寐以求的中国体操国家队。

在当时的国家队里，我见到了很多优秀的前辈，每天和他们一起训练，让我受益匪浅。每当看到他们的优美动作，我都会暗暗记在心里，一遍遍地反复练习。让教练惊喜的是，我每当看到一个新动作，总能比别人更快地掌握，并熟练地展示出来。

> 这不是昨天才让他看的动作吗？今天就可以完成了？这小子真不简单。

不过，体操毕竟是一项有较高危险性的运动，在日复一日的训练里，我也遇到过意外。

影响世界的他们——体育明星

有一次在练习单杠时,我不小心脱手,从高高的杠上摔了下来。就在这千钧一发的时刻,教练救了我,他的手臂受伤了。

> 保护你,是我应该做的。

> 教练,太感谢您了!

还有一次,我在练习吊环的时候同样出现了失误,头朝下栽了下来。这一回,还是靠着张教练反应及时,一把将我托住。结果他的手臂再次受伤了,他休息了几个月才重新回到训练场。每当想到这些事情,都加深了我对他的感激之情。

> 小心一点,再摔下来我可没手接了!

> 好的,教练!

3. 体操王子名扬世界

长期的艰苦训练终于得到回报。在1982年的世界杯体操赛上,全世界的观众都知道了我的名字。在全部7个男子项目中,我拿到了自由体操、单杠、跳马、鞍马、吊环和全能6项冠军,另外还有1枚双杠铜牌。直到现在,也没有人能够取得这样的成绩。

体操王子李宁勇夺6金

这时的我，不仅拥有了扎实的基本功，还创造了不少"独门绝技"。在和教练的共同研究下，我把鞍马上的"托马斯全旋"动作运用到了自由体操中。在练鞍马时，我又把"托马斯全旋"加以改进，变成"托马斯平移"。我的四个独创动作被国际体操联合会命名为"吊环李宁摆上""吊环李宁正吊""鞍马李宁交叉""双杠李宁大回环"。

1984年，我第一次代表中国队登上了奥运赛场。在我的强项自由体操上，我完成了当时世界上少有的"720度旋"，接着就是潇洒自如的"托马斯全旋"，最后空翻两周，像钉子一样纹丝不动地"扎"在地上。在场的四名裁判，不约而同地给我打出了10分的满分。

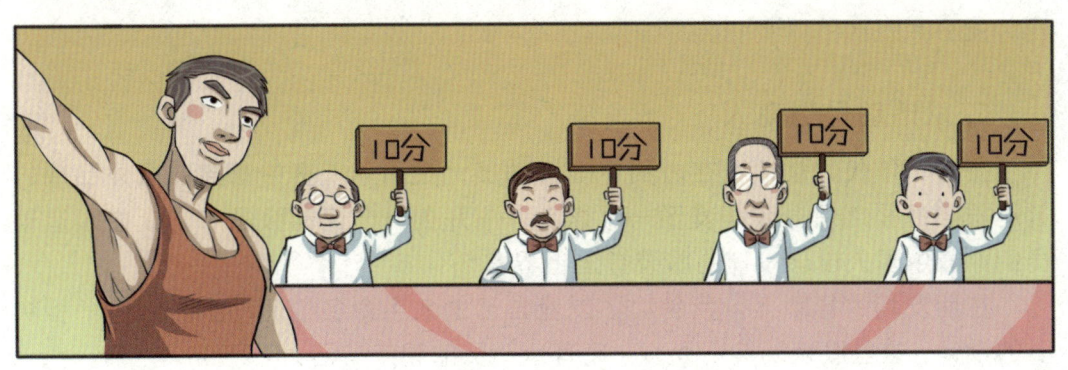

在那届奥运会上，我最终取得了3金2银1铜的成绩。我的名字很快就传遍了祖国大地。后来，我被世界权威的体育新闻组织——国际体育记者协会评为"20世纪世界最佳运动员"，成为获得这项荣誉的唯一一名中国运动员。同时入选的，还有拳王阿里、球王贝利、"飞人"乔丹等25名体坛巨星。

4. 离开体操赛场

虽然获得了无数荣誉，但体操毕竟属于"青春饭"。长年累月的训练和比赛给我带来了一身的伤病，慢慢地，我已经不能像年轻时那样矫健灵活了。

影响世界的他们
——体育明星

1988年的汉城奥运会上，再次为国出征的我出现了重大失误。在吊环比赛中，我的脚不慎挂到了环上。在跳马比赛中，我又意外摔倒在地。

这场比赛引起国内外一片哗然，也给我带来了前所未有的压力和痛苦。但是我告诉自己，虽然失败是痛苦的，但是必须去面对。加上年龄不饶人，我最终选择结束运动员生涯，离开了热爱的体操赛场。

5. 从运动员到商人

在那个年代，包括我在内的中国运动员，在国际大赛中都穿着国外品牌的运动服。退役之后，我萌发了一个念头——开创一个运动服品牌，让中国运动员们穿着中国人自己设计的服装登上世界赛场！

在朋友们的帮助下，我创立了以我自己的名字命名的运动服。经过一番精心的设计，这些服装既美观大方，又有运动员的朝气与活力。1990年亚运会上，中国代表队的运动员们都穿上了李宁牌的运动服。从那之后，李宁牌的名声开始打响，而我也从当年的运动员，成了一个成功的商人。

虽然"李宁"品牌曾经因为转型失误而陷入低谷，但我没有放弃，也没有气馁，始终在寻找能够引领时代的发展道路。李宁牌不仅成了国产运动服饰的代表，同时也越来越时尚化。李宁牌还参加了纽约时装周，掀起了一股新的潮流。不少追求时尚的年轻人，都纷纷抢购李宁牌的产品。

6. "腾云驾雾"点燃圣火

2008年,第29届夏季奥运会在北京举办,这是世人瞩目的体育盛事。众所周知,每一届奥运会开幕式都是一场重头戏,而点燃圣火的一幕则是高潮部分。这项光荣而艰巨的任务将由谁来承担,又将以什么方式完成?这是奥运开始前最大的悬念。

按照当时的设计,最后一位火炬手将被钢丝悬吊到半空,在空中绕场一周后点燃主火炬。选中我既是因为我有优秀运动员的资历,也是考虑到我作为当年的"体操王子"有着足够的体能和灵活性。为了确保最终的效果完美无缺,在开幕式之前,我经历了严格而艰苦的训练。

> 辛苦你了,练完了我请你吃早点去。

> 导演,人都走得差不多了吧,我的专属练习时间到了!

虽然有体操的基本功,但是在被吊到半空的同时保持优美和稳定的姿势,对当时45岁的我来说,绝不是容易的事情。每次训练后,很长时间我都会全身酸痛。为了减轻体重,我在那段时间里不敢多吃东西,只靠喝粥充饥。

> 我那个节目会相当精彩,现在不能透露,你们到时候一定要注意看啊!

> 这次奥运会开幕式难道你要当模特吗?还得保持身材?

终于,在2008年8月8日举行的北京奥运会开幕式上,作为奥运火炬传递的最后一位火炬手,我在全世界的注视下,手持火炬在空中环绕赛场后点燃了奥运圣火。这一场面,成了那届奥运会和中国体育历史上最经典的画面之一。

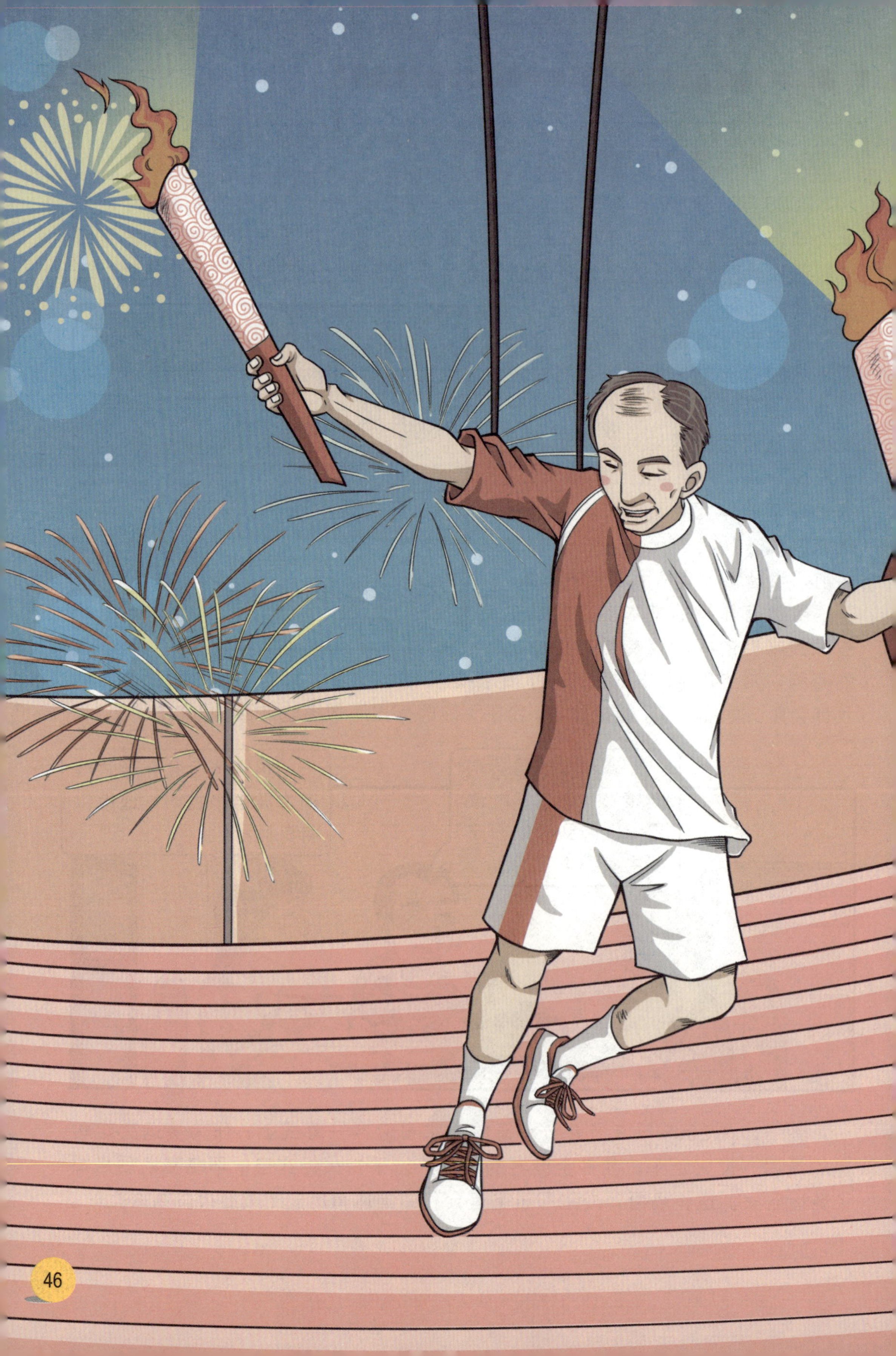

李宁点燃圣火

2008年北京奥运会开幕式，点燃主火炬台的时刻终于到来了。奥运圣火在经过许海峰、高敏、李小双、占旭刚、张军、陈中、孙晋芳的传递后，终于来到了最后一位火炬传递者——45岁的李宁手中。

李宁高举着燃烧的火炬，由钢丝缓缓吊起升到"鸟巢"的边缘，并做出跑步的姿势，在体育场上空的"空中跑道"上奔跑。伴随着李宁前进的步伐，"祥云"卷轴徐徐展开，画卷上呈现出奥运圣火在世界各地传递的影像。当画卷完全展开时，李宁完成了最后的点火动作。

影响世界的他们——体育明星

滑冰场上的"冰雪女王" 杨扬

> 妈妈,这个世界上真的有冰雪女王吗?

> 妈妈刚好知道一位哦。不过她最拿手的不是在冰上跳舞,而是冰上速滑。

那么,让我们欢迎这位"冰雪女王"华丽登场吧!

杨扬(1975年8月24日—),前中国短道速滑运动员,中国首位冬奥会金牌获得者,2006年退役,担任2022年北京冬奥会和冬残奥会运动员委员会主席。

关于"冰雪女王"杨扬

- 2002年,杨扬夺得美国盐湖城冬奥会女子短道速滑500米比赛和1000米比赛的金牌,是中国第一位冬奥会冠军。
- 杨扬整个运动生涯一共获得了59个世界冠军。

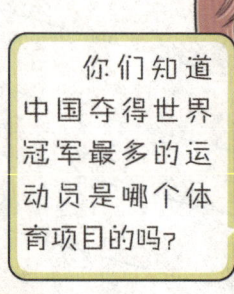

> 你们知道中国夺得世界冠军最多的运动员是哪个体育项目的吗?

> 不是国球乒乓球,就是跳水吧。

> 我知道,既不是乒乓球,也不是跳水,而是短道速滑。

滑冰场上的"冰雪女王" 杨扬

- 杨扬在世界短道速滑锦标赛上，从1997年到2002年，实现了女子个人全能项目的六连冠，是历史上获此佳绩的第一人。同时，在这六届比赛中，杨扬每届都拿下了1000米比赛的冠军，1500米也连续四年世界排名第一。
- 1999年，杨扬当选为国际滑联运动员委员会委员。
- 2006年，杨扬在北京退役，成为国际奥委会妇女与体育工作委员会委员。2010年，杨扬当选为国际奥委会委员。
- 在2022年北京冬奥会和冬残奥会上，杨扬担任运动员委员会主席。

短道速滑小知识

- 短道速滑的全称是短跑道速度滑冰，属于冬季奥林匹克运动会的项目。

> 你昨天为什么没有做作业？
>
> 我在看里约热内卢奥运会的短道速滑比赛，忘了写作业了，老师你就原谅我吧！
>
> 撒谎！短道速滑是冬季奥运会的项目，现在进行的是夏季奥运会！

- 起源：这个项目起源于加拿大。早在19世纪80年代，在加拿大的一些室内冰球场中，就有一些热衷于速度滑冰的人趁冰球球员休息时借场地练习。

> 快抓紧时间滑！等得我心里都痒痒了。
>
> 那几个蹭场地的家伙又来了。真不知道在冰上快速滑行有什么意思。

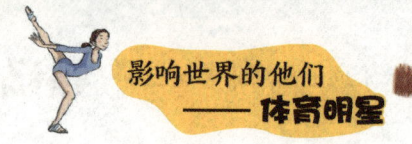

- 场地：短道速滑的比赛场地大小为 30 米 × 60 米，每一圈跑道的长度是 111.12 米，其中直线跑道的宽度不能小于 7 米。

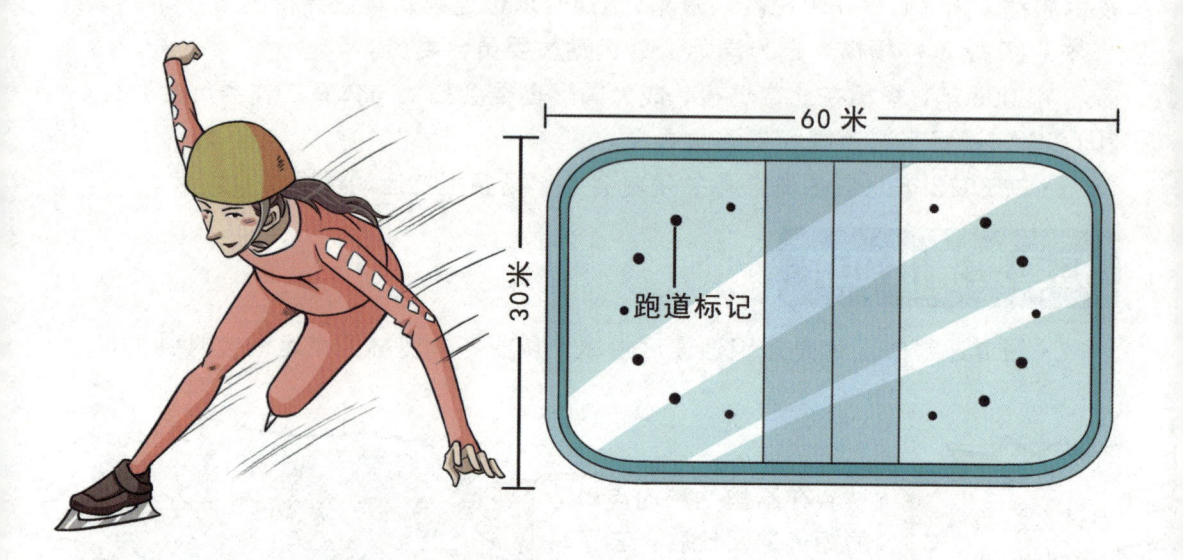

- 站位：既然跑道有 7 米宽，跑内道的选手肯定占有优势，那么选手们起跑时的站位是怎样决定的呢？

预赛时，选手们的站位一般通过抽签来决定。之后的次赛、半决赛和决赛，按照上一轮的比赛成绩决定选手的站位，成绩好的选手起跑时可以站在内道。比赛开始后，在不犯规的情况下，外道的选手可以来到内道，选手之间也可以随时互相超越。

- 项目：冬季奥运会的短道速滑男子项目包括 500 米、1000 米、1500 米和 5000 米接力，女子项目包括 500 米、1000 米、1500 米和 3000 米接力。

- 犯规：短道速滑比赛的赛道短，比赛选手多，选手们的速度快，所以允许一定程度上的身体接触。但是，在比赛过程中，阻挡、恶意推拉、冲撞对手、脱离跑道、降低速度都是犯规行为，犯规的选手将无法进入下一轮比赛或被取消比赛成绩。

- 短道速滑目前是中国在冬奥会上取得金牌最多的项目，其中杨扬 2 枚金牌、王濛 4 枚金牌（其中 1 枚为接力金牌）、周洋 3 枚金牌（其中 1 枚为接力金牌）、武大靖 2 枚金牌（其中 1 枚为接力金牌）、李坚柔 1 枚金牌、任子威 1 枚金牌。

2018 年，武大靖在平昌冬奥会上取得的金牌是中国短道速滑男队在冬奥会赛场上夺得的首枚金牌。

冬奥会其他主要项目

　　冬季奥林匹克运动会每四年举办一届，是世界上规模最大的冬季综合性运动会。最初，冬季奥运会与夏季奥运会于同一年在同一个国家举行，从1928年开始，冬季奥运会和夏季奥运会的举办地点改为不同的国家。1994年起，冬季奥运会和夏季奥运会以两年为间隔交叉举行。

　　冬季奥林匹克运动会比赛项目的普及程度不如夏季奥运会那么高，所以受到的关注也比较少。目前，冬奥会上共有15个比赛大项。下面，我们就来说说冬奥会除短道速滑之外的几个比较有特色的项目吧。

1. 花样滑冰

　　花样滑冰起源于18世纪的英国，之后在德国、美国、加拿大等欧美国家迅速流行起来。早在1872年，奥地利就首次举办了花样滑冰比赛。花样滑冰在1924年被列为首届冬奥会的比赛项目。

　　花样滑冰比赛中，选手们脚穿带有冰刀的冰鞋，身着美丽的比赛服，伴着音乐进行表演。花样滑冰的动作是力与美的结合，具有很高的观赏性。比赛结果由裁判根据选手动作的技术难度以及完成情况等打分决定。

　　我国的申雪、赵宏博，韩国的金妍儿，俄罗斯的普鲁申科，以及日本的羽生结弦等选手，都是花样滑冰项目的世界名将。

影响世界的他们
——体育明星

2. 跳台滑雪

1860年，挪威的两位农民在奥斯陆举办的首届全国滑雪比赛中，表演了具有创意的飞跃动作。之后，逐渐发展成为一个独立的运动项目，并广泛开展起来。19世纪末，跳台滑雪传入瑞典、瑞士、美国、法国等地，是1924年首届冬季奥运会的比赛项目。

快看，我们的动作帅不帅？

我要飞得更高！飞得更高！

比赛利用自然山形成的跳台进行，运动员脚踩专用的滑雪板，在不借助外力的情况下从出发台起步，在助滑道上加速，然后在起跳点飞出，经过空中飞行后，在着陆坡着陆，最后在停止区停下。五名裁判员根据选手的飞行姿态打分，飞行姿态得分与距离得分相加，得分高的选手获胜。

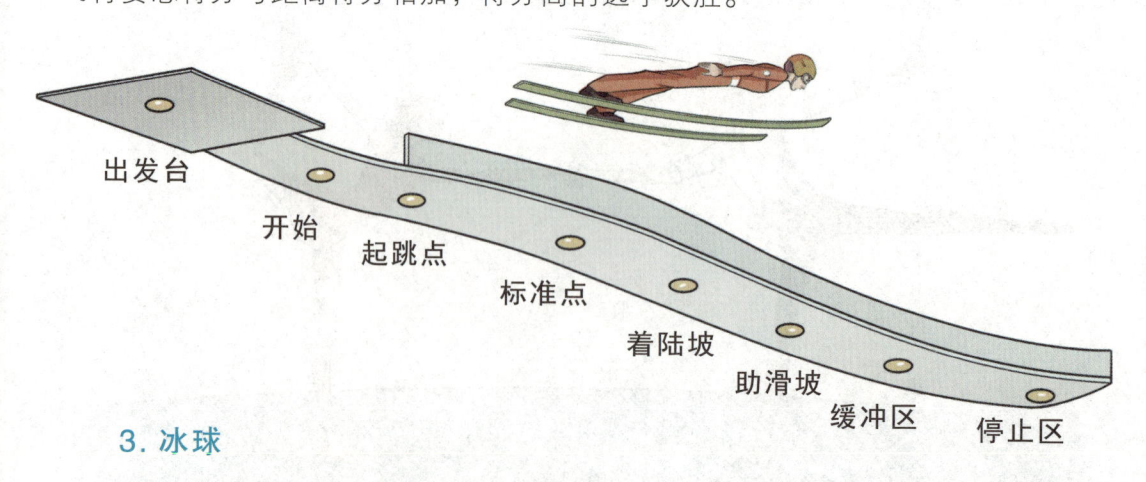

出发台　开始　起跳点　标准点　着陆坡　助滑坡　缓冲区　停止区

3. 冰球

冰球也被称为"冰上曲棍球"，需要运动员将多变的滑冰技艺与敏捷娴熟的曲棍球技艺相结合，并且具有较强的对抗性。这项运动起源于19世纪的加拿大。早在17世纪荷兰的出版物上，就可以看到人们穿着绑有骨制刀刃的冰鞋，在冰面上用圆饼进行比赛。男子冰球是1924年首届冬奥会的比赛项目，女子冰球项目则直到1998年长野冬奥会才被列入比赛项目。

比赛时，每队上场6人，前锋3人，后卫2人，守门员1人。双方用冰杆将球攻入对方球门，进球多的队伍获胜。

4. 冰壶

冰壶运动直到1998年才正式成为冬奥会的比赛项目，但早在14世纪，苏格兰就流行在冰上进行这种类似地滚球的游戏。但也有人认为，冰壶运动起源于欧洲大陆，而不是苏格兰。冰壶运动也被称为冰上溜石。

影响世界的他们——体育明星

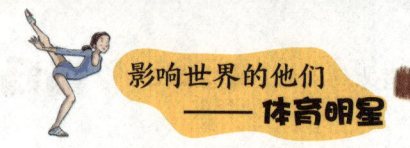

每场冰壶比赛有两支球队，每支球队有四名选手，两队轮流掷冰壶。比赛中，选手们不仅需要让自己队的冰壶准确到达营垒的中心，同时还要让对手的冰壶尽量远离圆心。最终，冰壶距离营垒圆心近的队伍获胜。

冰壶比赛中最有趣的是当一名队员掷冰壶时，会有另外两名本方队员手持毛刷在冰壶滑行的前方快速擦刷冰面。你知道为什么要这么做吗？

> 不能等比赛完了再擦吗？
> 那是不可缺少的技术哦。

答案揭晓！选手们在冰壶比赛时擦冰，是为了减少摩擦，控制冰壶前进时线路的弯曲程度，让冰壶能够沿着更直的线路滑行更远的距离。

杨扬的冰雪生涯

1. 来自北方小镇的"冰上精灵"

我出生在中国北方的黑龙江省汤源县。我的父亲是一名警察，母亲开了一家小照相馆。虽然并不富裕，但我们一家人过得和和美美。小时候的我非常安静，不太喜欢说话。不过，我可不是一个胆小懦弱、轻易服输的孩子。

> 姐姐，姐姐，他打我！
> 哼，小心我连你一起打！
> 我警告你一次，以后再打我妹妹有你好看！
> 姐姐，上次那个哥哥又打我了。
> 警告过你不要再打我妹妹，以为女生好欺负吗？

滑冰场上的"冰雪女王" 杨扬

和很多北方孩子一样,我从记事起就开始玩雪和滑冰,不过,我没把这当成体育运动,我只是喜欢在冰面上飞快滑过的感觉,觉得这是个好玩的游戏。

为什么杨扬能滑那么快啊?

哎呀,屁股快摔掉了!

滑冰真是太好玩了,我感觉要飞起来了!

虽然没有接受过正规训练,我对滑冰却有种"无师自通"的灵感和天赋。只要上了冰面,我的动作甚至比在平地上还要敏捷和迅速。在儿时无忧无虑的玩耍中,我与冰面结下了不解之缘。

一个偶然的机会,我被当地业余体校的教练发现,开始正式接受专业训练,专攻短道速滑。不过,和队友们相比,我接受训练的时间比较晚,基本功也不扎实,所以,我在队里的成绩并不算突出,有时候甚至排在倒数。要知道,如果成绩一直得不到提升,我就不能留在队里了。

这回遇到厉害的对手了,我一定要加油,滑得和她们一样快!

55

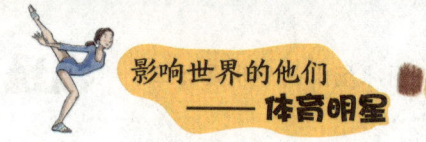

不过，凭着我骨子里不肯服输的劲头，每天的常规训练结束后，我还会给自己加量训练。教练看中了我身上的潜力，对我要求也很严格。就这样，我的水平开始追上并慢慢超过队友，在队里也站稳了脚跟。

2. 化悲痛为力量

经过几年的苦练，15岁的我在1991年拿到了第一个全国冠军。1992年，我代表家乡参加了全国短道速滑锦标赛。在这项比赛中，我拿下了1500米和3000米两个比赛项目的金牌。

就在我的成绩一天天好起来时，我最敬爱的父亲因为一场车祸不幸去世。就在出事前，因为下雪降温，他特地带了几件过冬的衣服想送来给我，却在半路上遭遇了意外。这件事就像晴天霹雳，给我带来了沉重的打击，我每天晚上都难以入睡。因为缺乏休息造成体质下降，训练的效果也大打折扣。在这种情况下，即便我竭尽全力，也难以取得理想中的成绩。在后来举行的冬奥会选拔赛上，我发挥得很差，非常遗憾地未能获得参加冬奥会的机会。

父亲的离开让原本并不富裕的家庭雪上加霜，为了养育年幼的妹妹，还要保证我的训练不受影响，妈妈只有比过去更加努力地工作。她在菜场卖过菜，开过长途汽车，还在餐厅刷过盘子，虽然很辛苦，但她每个月都会按时把生活费寄给我。而只要遇上队里放假，我也会回到她身边帮忙。

滑冰场上的"冰雪女王" 杨扬

看着母亲辛勤劳动的身影，一个念头在我心里越来越坚定：我一定要加倍刻苦训练，只有作出一番成绩，才能报答母亲的养育之恩，才能告慰父亲的在天之灵。于是，我整理好思绪，将对父亲的思念、内心的痛苦都化作训练的动力，状态开始一天天恢复。

1995 年，我从低谷中走出来，进入了国家队。1996 年冬季亚运会，是我代表国家队参加的第一次大赛。让我尤其激动的是，比赛的地点正好在我的家乡黑龙江。在家乡父老面前为国出战，这让我的动力更足了。

当年，在短道速滑这个项目上，韩国是中国最大的对手。在很多人看来，名将如云的韩国队，实力比我们高出很多。

不过，比赛的结果让很多人大吃一惊。在韩国队的传统强项 1500 米短道速滑中，我作为"新人"击败了 4 名韩国队顶尖选手，其中还包括奥运会和世锦赛的冠军，以及世界纪录的保持者。

影响世界的他们
——体育明星

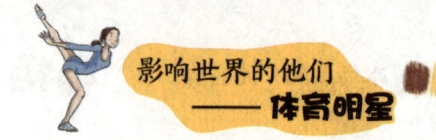

当我登上领奖台时，我在内心告诉自己：亚洲冠军并不是我努力的终点，我的目标是在世界赛场上为国家争夺更高的荣誉！

亚运会闭幕式晚宴

我以后会做得更好！

您在赛场上的表现为您的国家赢得了巨大的荣誉！

3. 惊心动魄的夺冠历程

1997 年，我来到日本参加世界短道速滑锦标赛。在这届比赛中，我的状态很不错，轻松拿下了 500 米的冠军。但我并没有太激动，更没有心思来庆祝胜利，因为我的目光早已瞄向了本届比赛中分量最重的金牌——有"王冠上的明珠"之称的个人全能冠军。

全能冠军是指在三个以上单项夺得第一，或者所有项目中积分最高的选手。经过两天的比赛，我在全能积分上排名第二。如果我能在最后一场 1000 米比赛中获胜，就有希望成为第一个夺得个人全能世界冠军头衔的中国选手。而我最大的对手，则是两届锦标赛全能冠军——韩国名将权利卿。

进入 1000 米决赛的选手除了我和权利卿之外，还有她的一名韩国队友。我很清楚，在比赛中她们一定会充分利用人数上的优势，采取配合战术来压制我的速度。想要战胜她们，既要靠体能和速度，也要靠战术和意志力，斗智斗勇才有取胜的机会。比赛一开始，我和两位韩国选手就交替领先，互不相让，争夺有利位置。我们心里都知道，这样的你追我赶，一直会持续到比赛的最后一刻，那时才是决出胜负的关键时刻。

滑冰场上的"冰雪女王" 杨扬

不出我所料,到了最后两圈,两名领滑的韩国选手牢牢地封死了我的超越路线。我几次试图超越,都被她们挡在了身后。我只能紧紧跟随,在确保不被甩开的情况下寻找机会。

上次这个丫头第一次参赛就夺得冠军,这次一定不能大意!

你们一定会露出破绽的。

眼看只剩下最后一个弯道,胜败在此一举!就在这时,我注意到权利卿在过弯时内侧留出一点小小的空档。说时迟那时快,我立刻加速,在靠近权利卿的瞬间突然改变了前进路线,出其不意地从她的内侧完成超越。等她们反应过来,我已经开始全力冲刺了,并以几厘米的微弱优势率先冲过了终点线。

不好,被她超过了!

不好意思,这个冠军我拿下了!

59

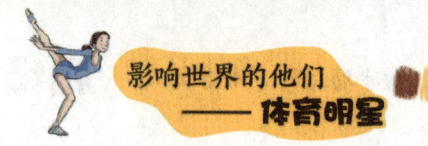

凭借这场比赛，我不仅夺得1000米冠军，还与权利卿并列获得全能比赛的冠军，成为我国短道速滑历史上第一个全能世界冠军。

4. 冬奥赛场上"零的突破"

在拿下世界锦标赛的冠军后，一个更宏伟的目标摆在了我的面前：在冬季奥林匹克运动会上，为中国队实现"零的突破"。1998年的长野冬奥会，是我的第一次机会。

不过，这一届奥运会中我的状态并不好。在500米比赛中，我先是起跑不利，又在最后冲刺时被判阻挡犯规。而在1000米比赛中，尽管我在1/4决赛中发挥良好，还打破了世界纪录，但在最后决赛赛场上却再次被判犯规，与金牌失之交臂。而其他项目的队友们虽然非常努力，却都无功而返。要实现为国夺金的梦想，只能等到4年后。

在接下来的时间里，我更加刻苦地训练，还完成了世锦赛的全能四连冠。这时的我，早已进入世界顶尖选手的行列。要想成为短道速滑赛场上真正的霸主，就必须在冬奥会上有所作为。

2002年，我再次站到了冬奥会的赛场上。这一次，对于不再年轻的我来说，很可能就是最后的机会。正是抱着已无退路的决心，我走上了赛道。

在500米短道速滑比赛中，我连续三轮都以第一名的成绩晋级。在决赛中，我不负众望，率先冲过终点线。比赛结束后，我披上国旗，绕场滑行，尽情庆祝这来之不易的胜利。这一刻，全国的冰雪运动爱好者们欢欣鼓舞，中国队终于告别了多年的等待，实现了冬奥会金牌"零的突破"。

有了这次突破，我的比赛状态渐入佳境。在接下来的 1000 米比赛中，我再接再厉，又夺 1 枚金牌，和队友一起站上领奖台。在为国家赢得荣誉的同时，我也登上了个人职业生涯的巅峰。

2006 年，一度淡出国家队的我，响应号召重返国家队，并以老将的身份，最后一次参加了冬奥会。在这届冬奥会上，年轻的队友们已经逐渐挑起了大梁，延续了中国队在短道速滑项目上的辉煌。我则以 1 枚铜牌，结束了自己的运动员生涯。

5. 未完待续的冰雪人生

退役之后，我放不下热爱的赛场，一直在从事冰雪项目的推广和宣传工作。我曾做过短道速滑比赛直播的解说工作，观众们都说我解说起来充满激情，令人印象深刻。之所以解说起来那么投入，是因为看到中国短道速滑队伍能继续保持高水准，这让我非常欣慰。

> 周洋注意节奏！坚持，冲刺，周洋太棒了！
>
> 2010 年温哥华冬奥会，短道速滑 1500 米决赛
>
> 周洋创造了奇迹！

2010 年，我成为中国第一个以运动员身份当选的国际奥委会委员。2022 年的冬奥会和冬残奥会我会以运动员委员会主席的身份，为祖国冰雪运动的发展继续贡献力量。

2018年平昌冬奥会闭幕式 奥运五环旗交接仪式

国家速滑馆

张家口赛区

2022 年北京冬奥会

2022 年北京冬季奥运会，是中国历史上首次举办的冬奥会，由北京市和张家口市联合举办。其中，所有冰上项目在北京市区的奥林匹克中心区举行，北京市西北部的延庆区和河北省的张家口市则承办所有的雪上项目。北京成为第一个既举办过夏季奥运会又举办过冬季奥运会的城市。

国家游泳中心

影响世界的他们——体育明星

懂球的"胖子" 刘国梁

2016年里约热内卢奥运会男子乒乓球单打1/4决赛,张继科以4:0的比分战胜中华台北队选手陈建安。

这个"不懂球的胖子"到底是谁?他在乒坛曾取得过什么样的成绩?我们下面就来认识一下他。

刘国梁(1976年1月10日—),前中国国家乒乓球队队员,前中国国家乒乓球队总教练。球员时期曾夺得世乒赛、奥运会、乒乓球世界杯等多项世界冠军,是男子乒坛的"大满贯"选手。担任教练期间,率领中国队夺得多项大赛冠军。

关于这个"胖子"

· 在1996年乒乓球世界杯、1996年奥运会和1999年世乒赛这三项重要赛事上,刘国梁先后获得男子单打冠军,是中国男子乒乓球历史上第一位"大满贯"得主。

· 他也是第一位在正式比赛中采用直拍横打技术并取得成功的乒乓球运动员。

直拍横打是乒乓球运动的一种打法,指的是用直拍握法的运动员使用球拍的反面覆盖物击球,是比直拍反手正面攻球更为合理的技术。

懂球的"胖子" 刘国梁

> 1992年，16岁的刘国梁凭借直拍横打技惊四座。多年来，他凭借这门绝技击败了很多乒乓球高手。

- 2003年至2017年，刘国梁先后出任中国国家乒乓球队男队主教练和国家乒乓球队总教练，带领球队夺得了30多项重要国际赛事的冠军。
- 2014年他获得上海交通大学硕士研究生学位。
- 哥哥刘国栋是现任中国香港男子乒乓球队主教练，之前在陕西银河国梁乒乓球俱乐部任教练时带出了郝帅和马龙两位新秀。

中国的"国球"乒乓球

大家都知道，中国的国球是乒乓球，那么国球到底是什么意思呢？国球指的是一个国家由法律或者事实上被选择为全民体育运动的项目。

那么，为什么中国的国球是乒乓球，而不是足球、篮球或者其他运动项目呢？

影响世界的他们
——体育明星

• 中国有众多世界顶尖的乒乓球选手，中国乒乓球选手在外国选手和球迷的眼中，就像是"大魔王"一般的存在。

容国团：1959年，在第25届世界乒乓球锦标赛上，夺得男单冠军，为中国夺得了世界体育比赛中的第一个世界冠军。

邓亚萍：1992年巴塞罗那奥运会和1996年亚特兰大奥运会乒乓球女单和女双金牌获得者，是中国奥运历史上第一个夺得4枚金牌的人。她在乒坛连续8年保持世界排名第一，是乒乓球运动史上保持"世界第一"时间最长的运动员。

张怡宁：2004年雅典奥运会乒乓球女单和女双冠军，2008年北京奥运会乒乓球女单和女子团体冠军。她在乒乓球世界杯、世乒赛和奥运会一共获得19个世界冠军，超越了邓亚萍的18个世界冠军。

> 宝贝你看，下面那些人都被妈妈打败过。
> 我妈太霸气了。

中国的乒乓球顶尖高手还有很多，如孔令辉、王皓、王励勤、王楠、张继科……他们的存在，让中国在世界乒坛保持着压倒性的优势。

• "乒乓外交"。1971年，中国和美国通过乒乓球队之间的友好往来，结束了20多年来两国人员交往隔绝的局面，推动了中美关系正常化的进程，加快了新中国走向世界的步伐。

1971年，第31届世界乒乓球锦标赛，大家准备去体育场时……

> 这位朋友，你上错车了。这是中国队的车。
> 这车上的人我怎么一个也不认识啊？

中国运动员 庄则栋　　美国运动员 格伦·科恩

懂球的"胖子"刘国梁

> 美国人民是中国人民的朋友，这幅织锦送给你当礼物吧！

> 我包里只有一把梳子了，总不能送这个当回礼吧？

第二天，科恩特地准备了一件回礼，送给了中国运动员，并且由此拉开了中美两国"小球推动大球"的交往序幕。

第二天，科恩特地准备了一件回礼，在中国乒乓球队的必经之路上等待。

1971年4月10日至17日，美国乒乓球协会的运动员和官员来到北京访问，游览了长城。1972年4月11日，中国乒乓球队回访美国，队员参观了底特律工业园，还游览了迪士尼乐园。

- 乒乓球运动在中国普及度高。

乒乓球运动在室内和室外都可以进行，即便是生手也可以很快上手，这使得乒乓球运动参与性强，非常有利于普及。

影响世界的他们——体育明星

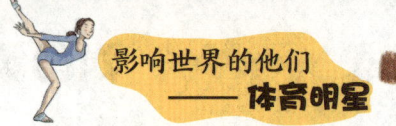

乒乓球小知识

• 乒乓球起源于英国。乒乓球的英语是"table tennis","tennis"是网球的意思。你可能会想,乒乓球的起源是不是和网球有什么关系?恭喜你,猜对了。19世纪末,网球运动在欧洲非常流行。由于英国经常下雨,于是,有几名英国大学生把网球运动转移到了室内,用餐桌作球台,书作球网。1890年,几位英国海军军官改进了这种室内网球运动,他们把网球改为了塑料空心球,网球拍改成了木板。这项运动传开后越来越流行,之后就脱离网球,成为一项单独的运动。

再后来,一位美国乒乓球器材制造商根据球撞击发出的声音,创造了这个好记又有趣的名字"ping-pong"。当它传到中国后,就被叫作"乒乓球"了。

懂球的"胖子" **刘国梁**

- 乒乓球的握拍方法分为直拍和横拍两种。

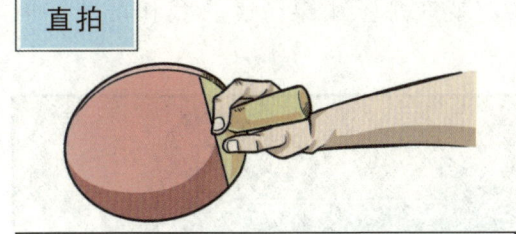

直拍

横拍

使用直拍的名将：刘国梁、马琳、柳承敏

使用横拍的名将：瓦尔德内尔、邓亚萍、张怡宁、波尔

- 乒乓球比赛规则简介

发球：选手在每两次发球后交换发球权，直到这一局比赛结束。当双方在一局比赛里都得到10分后，则每发1球，就需要交换发球权。当发球擦到球网时，发球方需要重新发球。

局数：采用五局三胜制或七局四胜制，每局11分。

获胜：一局比赛中，先得到11分的一方获胜。比分出现10平后，先多得2分的一方获胜。

刘国梁的故事

1. 从小立志"要当世界冠军"

我的父亲是一位乒乓球教练，非常热爱乒乓球运动。从我记事起，我和哥哥就在他的教导下学习打乒乓球。父亲经常给我们讲中国乒乓运动员为国争光、勇夺冠军的事迹，让我很是向往。

> 我给你们分别取名为"国栋""国梁"，就是希望你们长大后为国争光，成为国家栋梁。

69

影响世界的他们
——体育明星

6岁那年，我进入当地的业余体校，跟随爸爸正式开始了训练。因为我个子太小，爸爸特地定做了小号的乒乓球桌。就在那张小桌子上，我和哥哥一招一式地练起了基本功。

> 在特制的乒乓球桌上练习，孩子们的动作就不会因为够不着球台而变形了。

虽然我们很喜欢打乒乓球，但是训练时间长了难免会感到枯燥乏味。为了让我和哥哥提起兴趣，爸爸想了很多办法，比如用各种玩具，还有我们最爱吃的香肠，作为努力训练的"奖品"。

有一次，为了奖励我和哥哥，爸爸给我们每人做了一只弹弓。这只弹弓是用不锈钢材料做的，比小伙伴们的木头弹弓神气多了，我们都爱不释手。结果在一次玩闹中，我们把别人家的窗户玻璃打碎了。爸爸没收了我们的弹弓，后来再也没给过我们这种"杀伤力很大"的奖励了。

有一次，爸爸带我们去一位名叫张立的阿姨家做客。这个阿姨可厉害了，是当年的世界乒乓球冠军。在她家的柜子里，放满了各种金牌和奖杯。看到这些，我暗暗地告诉自己："将来我也要拿这么多奖牌。"我从小就立下了要赢得世界冠军的志向。

> 真漂亮啊！我以后也要拿块金牌！

> 好啊，我的乖儿子，等你当上世界冠军就有金牌了。

2. 是天才球员，也是顽皮少年

在爸爸的严格训练下，我和哥哥的球技突飞猛进。10岁之前，我们就包揽了好几次全省少儿乒乓球比赛的冠亚军。为了让我们有机会和更高水平的选手较量，爸爸带着我们去了一趟北京，和那里的体校选手们切磋。

北京市什刹海青少年业余体校现改名为北京市什刹海运动学校，这里是众多世界冠军的诞生地。

"横扫"了什刹海之后，我们又去了先农坛体校和有"小国家队"之称的八一队。八一队的教练看中了我，并让我去队里接受训练。不过，我在八一队待的时间并不长。很快，国家青年队就把我选进了队里参加集训。和我一起进队的，都是当时同龄中最厉害的选手。在他们当中，有一个人和我的水平难分高下，我们后来师从同一个教练，关系也非常好。他的名字叫孔令辉。

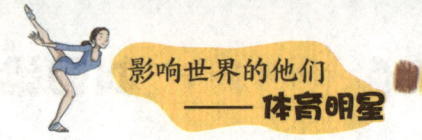

1989年，我们代表中国参加了亚洲少年乒乓球赛，结果输得一塌糊涂。我所擅长的直拍打法被对手摸透了，占不到半点便宜。从那之后，我便开始学习新的打法——"直拍横打"。

3. 初生牛犊不怕虎

1992年，我和队友们在蔡振华教练的带领下，参加了中国乒乓球公开赛。在那届比赛中，16岁的我一鸣惊人，打败了很多乒坛名将。特别是在和瑞典"常青树"瓦尔德内尔的比赛中，我潜心修炼的"直拍横打"技术发挥得淋漓尽致，他对这种打法很不适应，被我横扫出局。

> 这个年轻人是谁，心态这么好，球路还这么诡异？

> 我叫不紧张，输了很正常，如果赢了那就是赚了！

这一次成功来得太快，我开始骄傲自满，训练也没有过去踏实了。

> 看！那就是赢了老瓦的刘国梁。

> 怎么世乒赛还不开始，我马上就要拿到冠军啦！

当我期待已久的世乒赛终于开始后，因为太轻敌，我第一场球就输了。最终，中国队没能战胜老对手瑞典队，只得到了亚军。

懂球的"胖子"刘国梁

比赛结束后,教练让我减少比赛次数,在家里磨炼基本功。这一年对于我来说极其关键,既让我摆正了心态,也扎扎实实地修炼了"内功"。

1994年,我代表中国队参加了在法国举行的乒乓球世界杯。在那届比赛中,我轻装上阵,发挥得非常出色,连续战胜了瑞典名将卡尔松和佩尔森,最终击败了瑞典队,夺得了冠军。

4. 横扫乒坛完成"大满贯"

随着我们这一代运动员的成长,中国在世界乒坛的优势越来越明显。很多比赛中,中国运动员往往能够会师决赛,提前锁定冠亚军。

虽然是同胞,又是朝夕相处的队友,但到了球场上,大家都会发挥全力。我当时最不愿意遇到的对手,就是队友孔令辉和王涛。我们对对方的打法特点实在是太熟悉了,比赛起来非常费劲。

> 怎么这场球还没结束啊?

> 他俩太熟了,从小就在一起训练。这不,打了几个小时了还没分出胜负。

1995年世乒赛,我和队友们夺得了男子团体比赛的冠军。而在男子单打比赛中,我一路过关斩将打进了决赛。决赛的对手,恰好就是孔令辉。最终,经过一番苦战,我遗憾地败在他的手下。

1996年奥运会,我又获得了证明自己的机会。在乒乓球男双比赛中,我和孔令辉搭档打进决赛,最终击败了队友王涛和吕林,夺得了冠军。

双打之后就是单打。经过一番较量,我再次打进了决赛。这次决赛的对手也是我的一名队友——王涛。这一次,我的心态非常放松,把胜负已经抛到脑后,只想着怎么打好每一个球。最终,我战胜了王涛,夺得了1枚沉甸甸的奥运会金牌。

影响世界的他们
——体育明星

1999年的世乒赛，我在决赛中竟然又遇上了队友——马琳。前四局，我们打成了2比2平。在决胜局中，我们的比分也咬得非常紧——20平、21平……最终，我把握机会，赢得了决出胜负的一分。比赛结束的瞬间，我如释重负地躺倒在赛场上。这一刻，我已经拿到了重大比赛中所有的世界冠军，完成了"大满贯"的壮举。

> 我把该拿的冠军都拿到了。

然而，从2000年开始，国际乒联开始实行大球、无遮挡发球等新规则。

> 中国球员太厉害了，必须改变规则限制一下他们。

这些新规则让技术已经定型的我非常不适应，加上我的年纪也不小了，在和新一代选手的较量中显得越来越力不从心，于是，我在2002年选择了退役。

5. 从"王牌选手"到"金牌教练"

虽然结束了运动员生涯，但我并没有远离乒乓球运动。经过学习，我决定走上教练的岗位。有了在运动员时期积累下的丰富经验，我在这个新角色上成长得很快。2003年，我成了中国男子乒乓球队的主教练。

中国乒乓球队有王励勤、王皓、张继科、马龙等年轻人，他们每一个人都非常优秀，不过"响鼓还须用重锤"，对他们的训练一点都不能放松。

和球员时代一样，我非常善于研究新战术、新打法，平时的训练内容也都从实战出发。这群小伙子在我的指导下进步很快。看到他们一天天地成长，我仿佛看到了年轻时的自己。

我的第一项重要任务，就是带队出征2003年的世乒赛。最终，球员们不负众望，夺得了男子团体比赛的冠军。虽然在2004年奥运会上，中国队丢掉

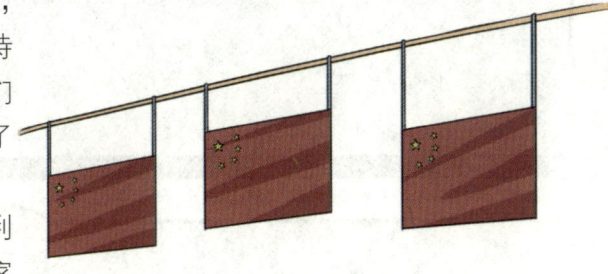

懂球的"胖子"刘国梁

了男单冠军，但在之后的几届大赛中，我的队员们取得了压倒性的优势。特别是在2008年北京奥运会上，我们不仅夺得了男子团体冠军，还包揽了男子单打的前三名。

从那之后，中国乒乓球队让胜利和冠军成了一种习惯。在我担任国家乒乓球男队和国家乒乓球队总教练期间，我们一共拿到了27个男子冠军和10个女子冠军。在很多颁奖仪式上，领奖台上全都是我的弟子，五星红旗一次又一次在全世界的赛场上升起。

2016年里约热内卢奥运会乒乓球男单1/4决赛，张继科第一局输给日本选手。

快醒醒啊！别懵，这是奥运会赛场！

"睡醒了"的张继科连赢4局顺利晋级。

我的女儿"赢赢"虽然不会打乒乓球，但她在"世界之星"青少年高尔夫锦标赛上夺得了冠军。和亲爱的女儿一样，乒乓球就像我的另一个孩子。

我的爸爸一直是我的榜样，他在1996年拿到了奥运金牌。我的梦想是超越他，你们看，我才7岁就赢得了世界冠军。

我希望通过自己的努力，将中国乒乓球"梦之队"的辉煌成绩延续下去。谁叫我是个"只懂乒乓球的胖子"呢？

1999年

　　国际乒联将世乒赛参赛人数上限减少为每个国家参赛队参加男单、女单的人数各不能超过7人，混双不能超过7对。这样中国队就不可能在这些项目上包揽八强。男双和女双的人数限制则为各三对。这种规则使得中国队再也无法包揽四强。

2001年

　　国际乒联将比赛的每局21分制改为每局11分制，从每5球换发一次改为每2球换发一次，增大了比赛的偶然性。

中国队太厉害了

随便怎么变，奖牌照拿！

　　这些举措都没能动摇中国乒乓球队在世界乒乓球领域中的霸主地位。

2007年

　　国际乒联要求乒乓球拍的海绵体粘合胶水由有机改为无机。这种改变使得球拍的弹性下降，而中国队的快攻打法也因此大受影响。

2009年

　　再次减少各队奥运会单打比赛名额上限，将三人减少为两人。这次改变使比赛再也不可能出现一个国家包揽前三名的情况。

乒乓球规则变化

2000年
国际乒联停止使用38mm的小球，改为使用40mm的大球，与小球相比，大球重量增加了、旋转速度下降了。

2002年
国际乒联宣布实施新规则：无遮挡发球。这次改变引来了很大的争议，不过仍然在9月1日正式实行。

2003年
男双和女双比赛中，同一代表队的两对选手必须抽进同一个半区，避免强队包揽冠亚军。这一规定在2004年雅典奥运会执行。

目前，一些新的规则修改议案还在讨论中，例如增加球网高度、再次增加球的大小、更改乒乓球拍底板材料、套胶材料等。不过无论规则怎么修改，相信中国队都会尽快适应，并拿出最好的成绩。

影响世界的他们——体育明星

勤奋成就天才 菲尔普斯

> 爸爸,那个人真好玩,他肯定是把别人的金牌都借来拍照了吧?

> 儿子啊,那些金牌都是他一个人得的呢!

今天故事的主角就是这个把奥运金牌挂满全身的人。

迈克尔·菲尔普斯(1985年6月30日—),美国游泳运动员,多项游泳世界纪录保持者。他是单届奥运会获得金牌最多的运动员,同时以23金3银2铜的成绩,成为目前奥运会历史上累计获得奖牌及金牌最多的运动员。

	姓名	国籍	项目	出生年份	奖牌数
第一名	迈克尔·菲尔普斯	美国	游泳	1985年	23金3银2铜
第二名	拉里莎·拉蒂尼娜	苏联	体操	1934年	9金5银4铜
第三名	帕沃·努米	芬兰	田径	1897年	9金3银
第四名	马克·施皮茨	美国	游泳	1950年	9金1银1铜
……	……				……
第八名	尤赛恩·博尔特	牙买加	田径	1986年	8金

从上面的榜单上大家可以看出，菲尔普斯夺得的金牌数，比第二名的两倍还要多。

关于这位游泳天才

· 菲尔普斯15岁时第一次参加奥运会，是美国自1968年以来最年轻的奥运游泳选手。

> 你看看人家15岁在干什么！你都15岁了，作业都要我盯着做。

> 那是因为人家是天才。

> 菲尔普斯不用做作业。

然而第一次参加奥运会的菲尔普斯紧张得忘了带参赛证，只好急匆匆地赶回奥运村去取。那届奥运会上，他取得了200米蝶泳第五名的成绩。

· 菲尔普斯16岁时打破了200米蝶泳的世界纪录，成为最年轻的世界纪录创造者。在菲尔普斯的职业生涯中，他曾经多次打破世界纪录。

目前仍由菲尔普斯保持的世界纪录有三项，分别是：100米蝶泳（49秒82）、200米蝶泳（1分51秒51）、400米混合泳（4分03秒84）。

由菲尔普斯和他的美国队友们保持的团体项目世界纪录有三项，分别是：4×100米自由泳接力（3分08秒24）、4×200米自由泳接力（6分58秒55）、4×100米混合泳接力（3分27秒28）。

· 菲尔普斯的身体条件特别适合游泳。

他身高1.93米、体重79千克，肩膀宽阔，上身修长，臂展达到2.07米，有利于在水中划动，在接近终点时，也能比对手更快触到池壁。

与令人吃惊的长手臂相比，菲尔普斯的腿却很短，只有81厘米。这样的身体比例能让他在水中最大限度地减小阻力，也能更好地保持平衡。

他47码的大脚也非常引人注目。这双脚不仅长,还很有柔韧性,向上弯曲时,脚趾甚至能碰到自己的胫骨。

快了快了,马上就要碰到了!

明明还差那么远。不要勉强了,不然等会儿我得送你去医院。

然而,这些身体特征却让菲尔普斯在陆地上吃了不少苦头,他经常会无缘无故地踏空或者摔倒。他在接受采访时曾说:"我经常会莫名摔倒,上次摔倒时把手腕都弄伤了。我还是回到水里去好了,那里最安全。"

· 菲尔普斯体内的乳酸代谢跟常人明显不同,他的肌肉在同等收缩强度下比正常人少产生50%的乳酸。也就是说,菲尔普斯的肌肉相比一般人更不容易感到疲倦。

勤奋成就天才 菲尔普斯

- 菲尔普斯说睡觉是他的最爱,只要他想睡,随时随地都能睡着。
- 菲尔普斯把另一个游泳天才索普说过的话贴在储物柜里,随时激励自己。

> 菲尔普斯不可能在一次比赛中拿到7枚金牌。

> 索普,你就等着瞧吧。

2008年,菲尔普斯在北京奥运会上拿到了8枚金牌。

- 一个普通成年人每天摄入的热量大约为3000卡路里,菲尔普斯每天摄入的热量最多能达到12000卡路里。虽然菲尔普斯并不喜欢意大利面,但意大利面却是他的主食。他每餐要吃掉大约1磅意大利面,相当于0.9斤。

> 听说那小子也是个大胃王,不过他最能吃的是意大利面。

> 那个家伙好像又买了一大堆炸鸡。

影响世界的他们——体育明星

· 菲尔普斯让"拔火罐"这种中医疗法成了全世界的热门话题。

2016年里约热内卢奥运会上，菲尔普斯肩背上的红圈圈吸引了很多外国媒体的注意，他们感到很疑惑。

> 他训练真辛苦，肩都撞伤了。

> 怎么可能是撞伤的？伤口会有那么整齐吗？我看这是一种新的纹身图案！

> 哪有人纹身纹圆圈的？我觉得他是皮肤过敏了吧？

其实，菲尔普斯肩背上的痕迹中国人一看就知道，这不就是拔火罐嘛！菲尔普斯在接受采访时说，他过去两三年一直在用这种方式来缓解肌肉酸痛，在两场比赛之间拔一拔火罐，还挺有效的。

游泳小课堂

1. 游泳赛场上的泳姿

游泳比赛主要有四种泳姿：蛙泳、蝶泳、仰泳和自由泳。

蛙泳：身体俯卧水面，两臂由胸前伸出，并在水面或水下向后划，两腿水平蹬水，好像青蛙游泳的姿势。

勤奋成就天才 **菲尔普斯**

蝶泳：两臂在水面上同时向前摆动，在水下向下划水，两腿和两脚同时做上下打水动作。这个动作也是菲尔普斯最为擅长的。

仰泳：向前游时身体仰卧，臂腿动作没有规则限制，通常使用手臂划水和双腿踢水配合。在正式比赛中，仰泳是几种泳姿里唯一需要从水中起步的动作。

仰泳起步

自由泳：这并不是一种具体的泳姿，而是指任何泳姿都可以使用。只不过，用类似"爬行"的姿势游泳阻力最小、速度最快，因而爬泳使用得最为广泛。

83

2. 混合泳比赛的泳姿顺序

在个人混合泳比赛中，选手须按照下列顺序进行比赛：蝶泳，仰泳，蛙泳，自由泳（仰泳、蛙泳和蝶泳以外的任何泳姿）。

在混合泳接力赛中，每个选手需要按照下列顺序依次比赛：仰泳，蛙泳，蝶泳，自由泳（仰泳、蛙泳和蝶泳以外的任何泳姿）。

· 和露出水面相比，潜泳确实有更快的速度。但是长时间不呼吸空气对运动员的身体有极大的损伤，因此游泳规则规定，选手出发和转身后的15米内，头部必须露出水面换气。

· 奥运会游泳比赛共设有34个项目，是仅次于田径运动的金牌大户，其中男女游泳项目各有17块金牌。自由泳比赛分50米、100米、200米、400米、1500米5个项目；仰泳、蛙泳和蝶泳分别都有100米和200米2个项目；再加上个人的200米、400米混合泳；集体的4×100米、4×200米自由泳接力；集体的4×100米混合泳接力；以及10公里马拉松游泳。如果一个游泳运动员有足够的实力和体力，他确实更有机会比其他大项的选手拿到更多的金牌。

菲尔普斯在雅典奥运会上拿了6金2铜，北京奥运会上拿了8金，伦敦奥运会上拿了4金2银，里约热内卢奥运会上拿了5金1银。

如果跑步比赛也分不同的姿势，那博尔特能拿到的金牌说不定比菲尔普斯还多！

3. 奥运游泳比赛中的一些规则

- 任何一名运动员在起步时，只要抢跳一次就会被取消比赛资格。

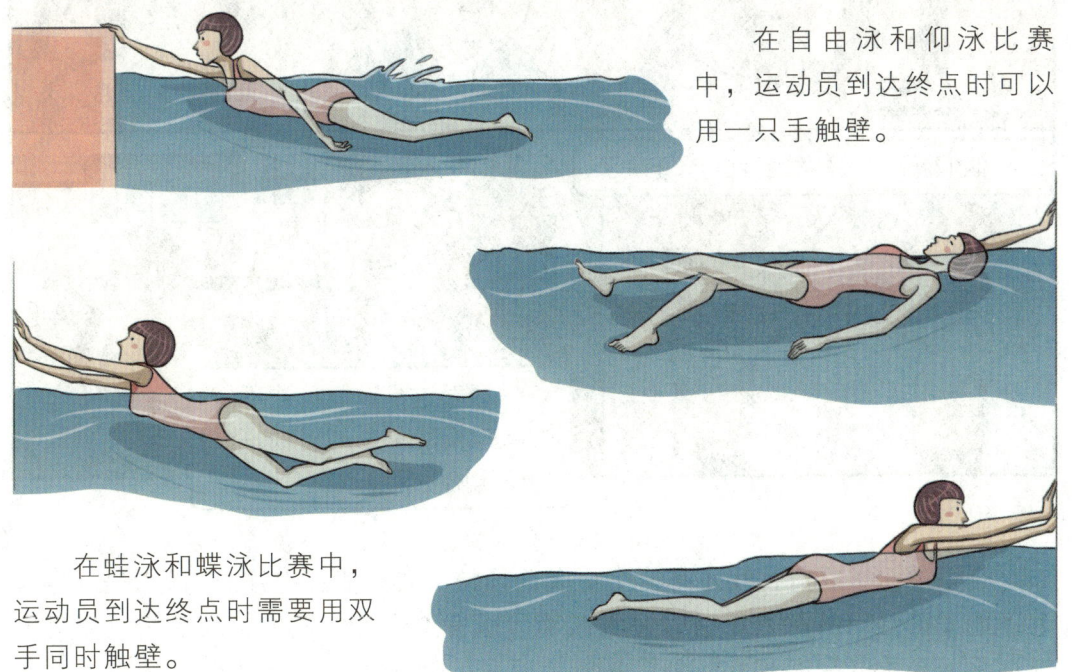

> 呜呜呜……四年一次的机会，居然因为抢跳而前功尽弃，我不甘心啊！

> 别哭了，裁判认为你抢跳是因为被观众干扰了，这次不取消你的比赛资格！

- 不同泳姿对到达终点时触壁的要求不同。

在自由泳和仰泳比赛中，运动员到达终点时可以用一只手触壁。

在蛙泳和蝶泳比赛中，运动员到达终点时需要用双手同时触壁。

- 奥运会游泳比赛使用的是50米的标准泳池，50米以上的游泳项目比赛时，需要运动员在途中折返。

影响世界的他们——体育明星

菲尔普斯的故事

1. 少年菲尔普斯的烦恼

我出生在美国马里兰州巴尔的摩市郊的一个普通小镇上,在家中排行老三,是家里唯一的男孩。9岁时,我的父母离婚了,我和两个姐姐跟妈妈生活在一起。我的妈妈是一个乐观向上的人,离婚后她一个人带着我们姐弟三人,我非常爱她。即便如此,我还是为爸爸的离开而伤心,有一段时间我对什么都提不起兴趣。

不只是家庭,在学校,我也有很多烦心事儿。

> 我……我四嗦,放学后游泳气吗?
>
> 你说什么?我没听明白,你再说一遍!
>
> 这样他们就不会注意到我的大耳朵了。
>
> 看看这是谁啊!这不是《星球大战》里的怪物吗?哈哈哈哈!

除了被同学欺负,我还有一个更大的烦恼:我不能集中注意力做完一件事,也不能安静地待着。六年级时,我被确诊患有"注意力缺失过动症",我每天都得服用药物,只有周六除外。在周六这天,我可以充分释放自己的精力,橄榄球、曲棍球、棒球、游泳、篮球,这一天我可以从早到晚进行多项体育运动。也许,我的病可以被看作是一种另类的"天赋"吧,让我比其他人有更多的精力。

勤奋成就天才 **菲尔普斯**

周六一天行程

橄榄球　曲棍球　游泳　棒球　篮球

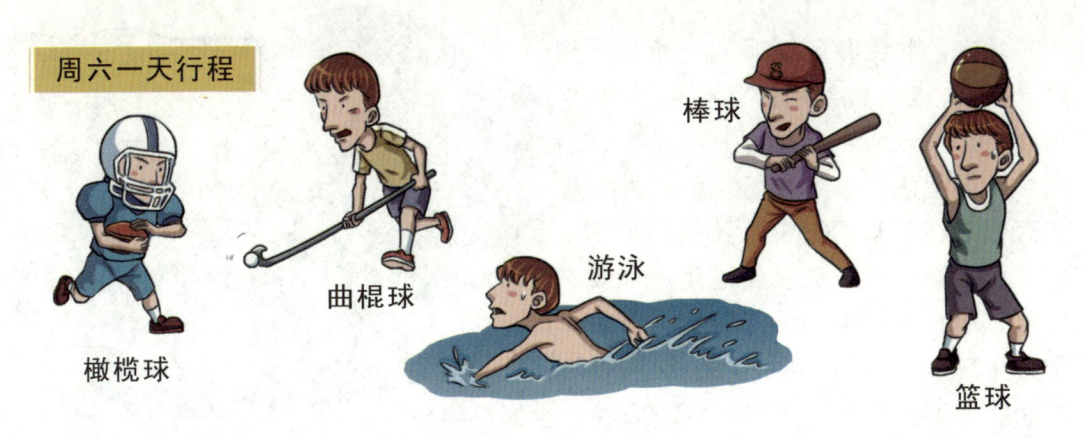

2. 战胜恐惧，与水结缘

我的爸爸是一名退休警官，他最爱的运动是橄榄球。我的妈妈是一名教师，在学校讲授健康和营养课。我的两个姐姐希拉里和惠特尼，比我更早一步接触到游泳运动。我的家庭成员都和运动、健康有很大的关系，所以我走上体育的道路也就不奇怪了。

可是，我第一天学游泳的情景会和你们想象的有那么一点……哦不，应该说是有很大的差别。

想象中

现实中

> 你妈妈要我教会你游泳，你必须学会！

> 我要上厕所了！

> 好冷啊，你看我真的在哆嗦！

> 让我先看看别人怎么游的吧！

我没有办法战胜对泳池的恐惧。浅水池还行，好歹我的脚能触碰到池底。一旦到了深水池，我就开始紧张，全身僵硬，更不用说做出游泳的动作了。为了反抗，我甚至尖叫、踢人、扔东西。

87

影响世界的他们——体育明星

后来，教练和我聪明的姐姐们想到了一个好办法，既然我那么害怕"面对"水面，那就先练习"背对"水面吧！

不得不说，教练和姐姐们的办法真的有效。在不知不觉中，我从一动不动的"水上漂"逐渐进步到能用手和脚在水里扑腾，再后来我终于敢翻过身去，学会了自由泳。我体会到了游泳的快乐，那时我还不知道，这项运动将成为我人生的重要部分。

姐姐们不仅将我带入了泳池，也给了我继续游泳的动力。

> 原来游泳还有这么舒服的姿势，我可以这样躺一天。

1996年亚特兰大奥运会选拔赛

> 姐姐你放心，我会替你实现参加奥运会的梦想！

> 要不是我的背受伤了，我就可以参赛了……

3. 命中注定的相遇

在我的游泳职业生涯中有一位很重要的人——鲍勃教练，刚遇到他时，我没有想到，这个严厉的人将成为我今后唯一的教练。

我承认，一开始，我们都不太喜欢对方。

> 我让所有人都游10圈，你为什么只游了9圈？

> 我还以为这么多人你数不过来呢……

勤奋成就天才 **菲尔普斯**

鲍勃认为一个人在未成年时可以通过大运动量的训练提高心肺功能，成年后则很难在这个方面得到进一步提升。所以，在他的要求下，11岁的我开始了大运动量训练。我说的大运动量，可是一点也没有夸张：每周7天，每天至少游5个小时，几乎全年没有休息。虽然辛苦，但几年下来，这样的魔鬼训练确实让我的心肺功能有了明显改善，我在比赛时可以减少换气的次数，增加在水中游动的距离。

鲍勃教练还对我的自由泳动作进行了调整。成年游泳选手每划水一次，都会打腿6次，11岁的我还只能打腿2次。鲍勃教练逼着我从现在开始就要调整为6次打腿。我打心眼儿里厌烦这种游法，就是不按他说的去做。鲍勃教练想出了对付我的办法。

影响世界的他们——体育明星

> 你还是个小孩，技术也不好，难怪完成不了6次打腿。

> 你说我不行？那我就非要做到！

过了没多久，我真的做到了。

鲍勃把这一切默默地看在了眼里。他找到我的父母，说出了他对我的期待。

> 鲍勃，谢谢你看重我们的儿子，但是他只有12岁啊。

> 我知道，但是2008年，他就23岁了。你们相信我，他是个罕见的游泳天才。

从那时开始，我不再在其他运动项目上分心，开始集中精力练习游泳。

4.游泳改变了我的人生

没想到，我对于胜利的渴望，以及对游泳的投入，竟然治好了我的"注意力缺失过动症"。吃了两年的药之后，我彻底停药了。在泳池里，我不再难以集中注意力，反倒是比任何人都要专注。

我15岁时第一次参加奥运会，16岁创造世界纪录，并且在福冈世界游泳锦标赛上取得职业生涯中的第一个世界冠军头衔。2003年巴塞罗那世界游泳锦标赛上，我获得了6枚金牌，创造了5项世界纪录，并且在游泳史上第一次同

勤奋成就天才 **菲尔普斯**

一天打破两项世界纪录。从那以后，我就成了泳坛的焦点。

2004年雅典奥运会，我憋着一股劲，告诉自己一定要拿出亮眼的成绩来。

> 我必须起床！

> 一年下来，我从未落下一次训练。就算是感恩节、圣诞节、新年，所有的节日我都在训练！

> 如果你休息一天，实力就会倒退两天！

在雅典，我最终拿到了6枚金牌，成了那一届奥运会上最耀眼的明星。

接下来的北京奥运会和伦敦奥运会，我继续着自己对奖牌的"收割"。但在此期间，一些关于我的负面消息四处流传，使我的竞技状态受到了影响，甚至陷入了焦虑和抑郁的泥沼中。伦敦奥运会结束后，我宣布退役，准备开始我的新生活。

然而，我并没有离开泳池太久。我无法割舍自己最爱的这项运动，两年后我复出了。胖了15公斤的我开始重新训练，备战2016年里约热内卢奥运会。恢复的过程十分痛苦，但我坚持了下来。

终于，我第五次站在了奥运会的舞台上，并且担任了美国代表团的旗手。在这届奥运会上，我又拿下了5金1银，把自己的奥运金牌数增加到了23块。

这一次之后我再次宣布退役，当然，如果2020年东京奥运会时又看到了我的身影，你可不要不相信自己的眼睛哦！

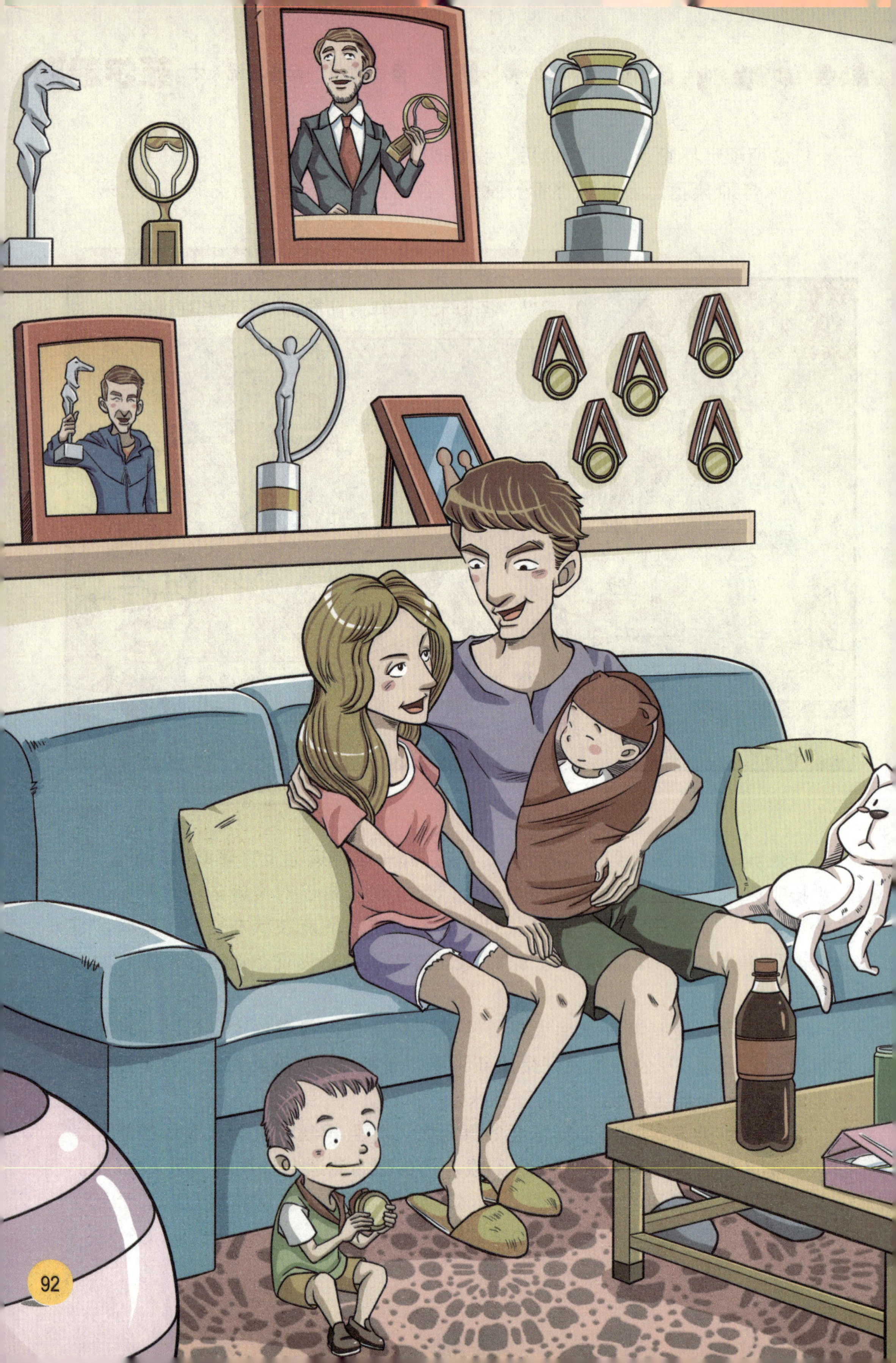

菲尔普斯退役后的幸福生活

影响世界的他们——体育明星

人类速度的极限 博尔特

> 那是博尔特啊,世界上跑得最快的人你都不认识!

> 那个人在干吗?是在模仿《射雕英雄传》里的郭靖吗?

今天故事的主角,就是这个人类速度的王者。

尤塞恩·博尔特(1986年8月21日—),生于牙买加特里洛尼,世界著名短跑运动员,奥运会100米、200米短跑三连冠。他创造的男子100米、200米世界纪录,至今无人超越。

博尔特令人吃惊的身体数据

博尔特的身体特征在众顶尖短跑运动员中,尤其显得"非主流"。

· 1.95米的身高,是短跑选手中的异类

2001年,15岁的博尔特就长到了1.93米。2002年,他在牙买加举办的世界青年田径锦标赛上以20秒61的成绩夺得男子200米冠军,成为这项比赛历史上最年轻的冠军。

· 臂展超过2.20米

一般人的身高和臂展是基本相同的,博尔特的臂展却远远超过了他的身高。

人类速度的极限 **博尔特**

• 腿长超过 1 米，跑完百米仅需 41 步

博尔特从腰际线到脚跟的长度为 1.16 米，这样的大长腿都可以比得上很多超级名模了。长腿也让博尔特的步幅比竞争对手大，也就是说他可以用更少的步数跑完和对手相同的距离。在北京奥运会上，博尔特跑完 100 米只用了 41 步，平均每一步的步幅都达到了 2.44 米。

• 大腿粗达 64.5 厘米

博尔特的大腿堪比举重运动员和健美先生，因为有了这样充满动力的腿部肌肉，他才能快速摆动两条长度惊人的腿。

拥有如此惊人的臂展，要不要尝试一下打篮球？

比起篮球，我其实对足球更有兴趣。

身高 2.26 米　臂展 2.20 米

身高 1.96 米　臂展 2.20 米

健美先生　　博尔特　　超模

关于这个世界上跑得最快的男人

• 博尔特全名叫尤塞恩·博尔特，他的姓博尔特的英文是 Bolt，有"闪电"的意思。有着这样姓氏的男子成为世界上跑得最快的人，也许是个神奇的巧合。而成名后的博尔特被人们称为"闪电"，也就显得顺理成章了。

影响世界的他们
——体育明星

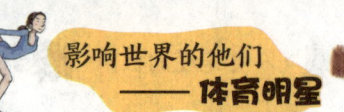

> 你有跑步的天赋，就到那个姓"闪电"的人家去当儿子吧！

- 博尔特是个急性子，做什么事情都比别人快半拍，好像生活里任何事情对他来说都是比赛。如果不是第一名，好胜的博尔特就会哭。

> 我已经到终点很久了……

- 博尔特非常爱吃炸鸡块，他自称在2008年北京奥运会期间吃了1000块炸鸡，这个饮食习惯一直到今天也没有改变。

> 如果我吃得不过瘾，很难想象比赛时会是什么状态。不仅是跑步，在吃鸡块方面我也能拿金牌！

早餐：40个鸡块

午餐：20个鸡块

晚餐：40个鸡块 + 薯条 + 苹果派

- 博尔特的母亲爆料，自己的天才儿子12岁时曾是她的手下败将。虽然没有准确计时，博尔特的妈妈称自己是跑100米、200米和400米的高手。

人类速度的极限 博尔特

- 如果遇到恐龙，博尔特能顺利逃脱吗？

根据电脑模拟，霸王龙的时速大约为每小时 29 公里，这个速度可以让它抓住大部分人，却肯定抓不住时速为 44 公里的博尔特。但博尔特要逃脱时速 60 公里的似鸸鹋龙的话，就要拼尽全力了。

> 想抓我，你还差得远呢！

- 博尔特每年可以从彪马公司获得 900 万美元的代言费。博尔特在北京奥运会上就穿了一双引人注目的金色彪马跑鞋，创造了新的世界纪录。

韩国大邱世锦赛

> 有人接到了！

> 啊！我抢到了博尔特的鞋！

> 啊！博尔特把鞋扔到那边去了！

有观众曾经将美国短跑名将格林扔向观众席的跑鞋卖出 100 万人民币的高价。想必博尔特的这双鞋一定会卖出更高的价格，但那位拿到跑鞋的韩国观众却表示，她要终身收藏这双鞋，坚决不会卖出。

影响世界的他们——体育明星

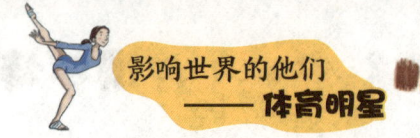

博尔特的冠军荣誉簿

2008年北京奥运会男子100米、200米冠军
2009年柏林世锦赛男子100米、200米、4×100米接力冠军
2011年大邱世锦赛男子200米、4×100米接力冠军
2012年伦敦奥运会男子100米、200米冠军、4×100米接力冠军
2013年莫斯科世锦赛100米、200米冠军、4×100米接力冠军
2015年北京世锦赛100米、200米冠军、4×100米接力冠军
2016年里约热内卢奥运会男子100米、200米、4×100米接力冠军

博尔特目前拥有的世界纪录

100米世界纪录 9.58
2009年8月16日 德国柏林

200米世界纪录 19.19
2009年8月20日 德国柏林

4×100米世界纪录 36.84
2012年8月11日 英国伦敦

田径小知识

· 田径比赛的跑步项目中,根据距离分类,100米、200米和400米为短跑,800米、1500米和3000米为中距离跑,5000米以上则为长跑项目。

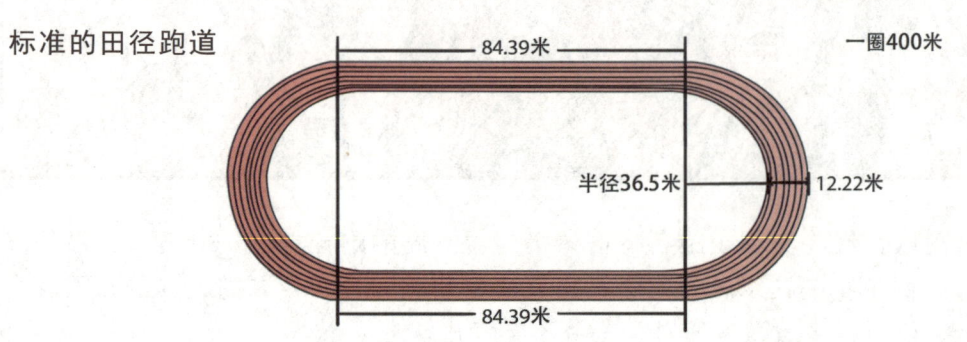

标准的田径跑道

84.39米 一圈400米
半径36.5米 12.22米
84.39米

98

人类速度的极限 **博尔特**

· 与单人赛跑相比，接力项目往往更加紧张刺激。以 4×100 米接力为例，每个队员跑完 100 米后，要将接力棒交给下一个队员。交接的过程必须在 20 米之内的交接区内完成。接力赛跑对队员之间配合的默契程度要求很高，一旦掉棒或者犯规，就会得不偿失。

完美交接，我先走一步！

接力棒呢？怎么没传到我手上？

快捡起来，不能放弃！

接力赛跑时队员的安排也有讲究。第一棒的队员，要反应速度够快才能在起跑时建立优势。第三棒的队员，则要有高超的弯道技术。最后一棒的选手，需要强大的冲刺能力和心理素质，无论领先还是落后，都要发挥出最好的水平。

· 我们在跑步时明显会感到，顺风比逆风要省力很多，在一场顺风且风速较大的百米比赛中跑出的成绩，一定要比逆风时好。那么，这种情况下是不是更容易创造世界纪录呢？2011 年，美国运动员贾斯汀·加特林曾经在百米跑道上跑出过 9.45 秒的成绩，比博尔特的世界纪录要快 0.13 秒。可惜……

有这么大的顺风，今天会有世界纪录诞生吗？

风扇制造的风速就有每秒 20 米了，跑得再快也不能算纪录。

影响世界的他们——体育明星

田径比赛规则明文规定：200米和200米以下距离的径赛（在田径场的跑道或规定道路上进行的跑和走的竞赛项目的统称）以及跳远、三级跳远等项目，凡顺风时平均风速超过每秒2米，运动员的比赛成绩只能用于决定当场比赛名次，所创纪录不能作为比赛纪录。

"闪电"博尔特的人生课堂

1. 为跑而生

父母告诉我，我刚出生时，哭声就比别的孩子洪亮很多。他们从那时候就觉得，我不是一个普通的孩子，只是当时他们并不知道我的天赋是什么。

除此之外，老天还给了我非常旺盛的精力，父母甚至因此带我去看过医生。

> 这孩子一刻都停不下来，他是不是有什么毛病啊？

> 看着像是多动症，我们无能为力，看他长大后会不会好一点吧。

我不仅好动，还很顽皮。虽然买不起足球，但这难不倒鬼点子特别多的我。

> 亲爱的，我最喜欢的那顶帽子怎么不见了？

> 没想到帽子里塞棉花做成的足球踢起来还挺好玩的。

人类速度的极限 博尔特

爸爸发现后十分生气，当场就想要教训我，吓得我撒腿就跑。不过，最后的结果却让我爸有些尴尬，因为他根本就追不上我。

说老实话，小时候的我并不喜欢跑步，我那时最擅长的是板球运动。在学校的板球队里，我是有名的快速投球手。一个偶然的机会，学校的体育狂热爱好者——牧师德弗·纽金特先生发现了我。

板球队里的那个孩子是谁，他不去练短跑简直是浪费了！

你要是能在运动会上跑第一名，我就奖你一顿美味的午餐。

好！为了吃的我拼了！

第一次参加校运动会，我赢下了人生中第一场重要的比赛。从此，我爱上了这种感觉。我的父亲说："板球打得再好也得依赖队友，也有可能因为教练的偏心而坐冷板凳，但是在跑道上一切都由你的速度说了算。"爸爸太了解我了，因为我喜欢掌控一切的感觉。就这样，我开始转行进行短跑训练。

2. 崭露头角

训练的日子并不轻松，每天的练习又累又枯燥。教练居然让我们每天做700个仰卧起坐，而且只要有人掉队，所有人都要重新开始！我为此常常想方设法偷懒。

为了让我有力气训练，妈妈经常给我买牛肉等有营养的东西吃。但我们家并不富裕，妈妈只能靠接裁缝活挣钱，后来都累病了。这时，我发誓一定要加倍努力，以后好好报答她。

有了刻苦的训练，我跑得越来越快，个子也越来越高。这时却有人觉得我不适合短跑运动，因为我的重心太高，腰太细，四肢过长，跑起来有点摇摇晃晃，不够稳当。而且，我的反应速度并不算很快，每次发令枪响起，我的起跑都要比对手慢上半拍。但我并不在乎这些，因为我每迈出一步都比其他人更远，因此只要能够保证后期冲刺的速度，我的大长腿就可以弥补我起跑不够快的劣势，让我能比对手更早到达终点。

人类速度的极限 **博尔特**

一开始，我专攻的是 200 米短跑，取得了不错的成绩。那个时候，我在赛场上还没有后来那样游刃有余。

> 大姨夫你坐这里……二伯你看得到吗……三哥你要不要来一杯啤酒……

> 儿子，就算输了，妈妈也为你而骄傲。何况，妈妈相信你一定会赢的，赢了比赛我们吃炸鸡块去！

> 妈妈，对手看起来都好强悍、好可怕啊！

2002 年世界青年田径锦标赛

最终，我在家乡父老面前赢得了比赛，成了最年轻的世界青年冠军。

经历了一次次的比赛，我的自信心在慢慢地累积。我的表现虽然一直不错，但我对自己有了更高的期许。2007 年，我开始同时练习 100 米短跑。我第一次参加百米比赛就夺得了冠军，直到这时，我才找到自己真正擅长的运动。

经过一年的集中训练，我的百米速度突飞猛进。2008 年的纽约锐步田径大奖赛上，我跑出了 9 秒 72 的成绩，打破了百米世界纪录，成为世界上速度最快的人。这时，人们给我起了一个响亮的外号——"闪电"。

2008 年，我来到了北京。在这里，我一口气打破了 100 米和 200 米短跑的两项世界纪录。在我之前，还没有人在这两项比赛中都有这么好的成绩。

> 北京是我的福地，我爱北京！

3. 冠军生涯

2009 年，我将百米短跑的世界纪录提高到了 9 秒 58，这个纪录至今无人能够超越。每当提到世界上跑得最快的人，人们想到的都是我的名字和 9 秒 58 这个时间。

103

影响世界的他们
——体育明星

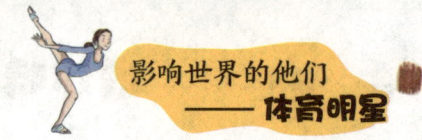

2012年伦敦奥运会，我再次夺得了100米和200米短跑比赛的冠军。

这时，我在跑道上的优势已经无人能比，无论对手是谁，最终都会被我甩开。很多时候，我在冲线前甚至可以放慢脚步，回头看看对手们被我抛下了多远。

2016年里约热内卢奥运会的200米半决赛，我听说有个名叫德·格拉塞的小伙子很厉害，甚至可能威胁到我的地位。当我冲线前，眼前和身边已经没有了对手。我回头一看，发现他还在苦苦追赶，我忍不住笑着冲向了终点。

另外，我还发明了一个属于自己的庆祝动作：每当夺得冠军，我总会抬起双臂，做出一个"弯弓射雕"的姿势。这个动作成了我的标志，全世界有无数人都在模仿我。

> 我是博尔特的超级粉丝，我做这个动作是不是也很帅？

> 原来内马尔也是我的粉丝，一定要找机会和他踢一次足球。

4. 转战足坛

当我完成了100米和200米短跑的奥运三连冠后，田径场上已经找不到对手了。就连我自己，可能都无法超越之前的成绩，再加上伤病的困扰，我决定开始一些新的挑战。

人类速度的极限 **博尔特**

　　从小时候开始,我就非常喜欢踢足球,也经常观看足球比赛。在成为运动员后,我跟很多足球明星成了朋友。说实话,他们的足球技艺让我很是羡慕。

　　2017年,我宣布退役,转而开始接受足球训练,希望能在足球场上有一番作为。一开始的时候,我的信心很足,因为只要撒开双腿,我跑得要比现在所有的足球运动员都要快。

> 这一招就叫作把球传给8秒后的我自己。

　　但是,足球不是跑得快就能踢好的。我曾经拜访过很多著名的足球队,他们给了我跟着球星们一起进行训练的机会。我参加了一些足球比赛,但表现却一直差强人意,虽然他们都追不上我,足球在我脚下却不那么听话。要成为一个合格的足球运动员,我要学习的东西还有很多。

> 田径场上博尔特是"闪电",在足球场上他还是太嫩了。

> 就是,博尔特的射门就像解围一样。

　　我曾经在澳大利亚的一支足球队进行训练,每天的训练内容都很新鲜有趣。教练告诉我,他并不会因为我是博尔特就对我放松要求,而是用一个真正的足球选手的标准来要求我。希望某一天,你们能在足球场上看到"闪电"的精彩表现。

速度世界大比拼

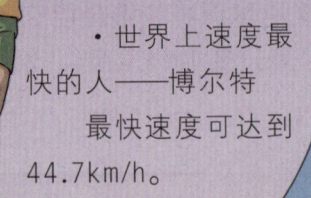

- 世界上速度最快的人——博尔特 最快速度可达到 44.7km/h。

- 地球上飞得最快的动物——游隼
  它的飞行比海里和陆地所有动物都要[快]，最快速度可以[达到] 389km/h，所以可以说游隼就[是动]物界的速度之[王]。但目前，游隼已经成为濒危动物。农[药]的滥用，是游隼生存的最大威胁。

- 陆地上跑得最快的动物——猎豹
  它身体的各个部位都是为了快速奔跑而进化的，最快速度可以达到 120km/h。

- 世界上最快[的汽]车——布加迪 Chiro[n]，最高速度可达 4[??km/h]。

- 已知海洋生物中速度最快的鱼类——旗鱼
  它的最快速度可以达到 110km/h。神秘广阔的海洋中是否有其他生物比它的速度更快，我们现在不得而知。

- 让人期待的未来最快汽车——音速[旋]风陆地极速车
  理论时速可达 3218km/h。这辆汽车是美[国]承包商斯塔克斯使用美国宇航局航天器、军[用]的火箭飞机以及一些核弹的零部件制造的。他的目标就是要打破"超音速推进号"创造的世界纪录，计划邀请一名女性驾驶员和两名美国海军 F-18 飞行员进行试驾。

· 世界上飞得最快的人造物体——太阳神2号

太阳神2号探测器是美国宇航局在1976年发射升空的，在环日轨道对太阳进行研究。太阳神2号的飞行速度可达240,000km/h，目前已经不再工作，但仍然停留在绕太阳运行的椭圆轨道中。

· 世界上在正式规则测试之下最快的非量产汽车——超音速推进号Thrust SSC

这是第一辆在正式规则之下，陆地上突音速的车，平均速度1227.99km/h。它是英人理察·诺伯和朗·艾尔合作设计制造，用具战斗机用涡扇引擎为动力，用来打破世界陆极速纪录。当时负责驾驶Thrust SSC挑战记录的安迪·格林是一位英国皇家空军战斗机驾驶员。

影响世界的他们——体育明星

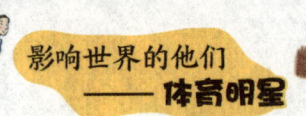

绿茵场上的低调王者 梅西

> 你知道那是谁吗？那是梅西！
> 那个"小身板"真的能踢球吗？
> 你看，这个人一碰足球就像超人附体了一样。
> 哇！太耀眼了！
> 梅西！梅西！梅西！

梅西（1987年6月24日—），阿根廷足球运动员，司职前锋，2004-2021赛季效力于西班牙巴塞罗那足球俱乐部。获得过7届FIFA金球奖，6届欧洲金靴奖，是史上最优秀的足球运动员之一。

关于这位足球天才

- 梅西是历史上在一年内进球最多的球员。2012年，梅西用69场比赛完成了91个进球。

> 昨天的比赛梅西又进球了吧？
> 梅西进球不是新闻，梅西不进球才是新闻呢。

绿茵场上的低调王者 梅西

- 到目前为止，梅西是西班牙足球俱乐部历史上唯一一位连续9个赛季进球数达到或超过40粒的球员。

> 爸爸，你又要去进球了？不在家陪我玩了？

> 我儿子真会说话。

- 梅西是西班牙足球甲级联赛历史上，单场比赛"梅开二度"（进两球）场次最多的球员，已超过100场。

> 爸爸，是不是因为梅西经常每场比赛进两个球，所以我们才说"梅开二度"啊？

> 虽然你说得好像很有道理，但这只是个巧合。

- 梅西在足球场外是个很低调的人，他性格内敛，有点不善言辞。
- 梅西和他在巴塞罗那队的锋线搭档苏亚雷斯，经常一起去幼儿园接孩子放学。

场上进球好搭档

场下接娃好奶爸

影响世界的他们——体育明星

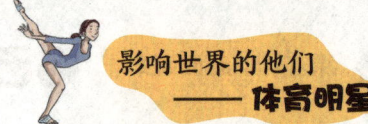

梅西取得的重要比赛成绩（截至 2018 年 10 月）

西班牙足球甲级联赛冠军：9 个
欧洲冠军联赛冠军：4 个
世界青年锦标赛冠军：1 个
奥运会冠军：1 个
世界杯亚军：1 个

梅西的足球绝技

过人：梅西在带球时经常采用变向和加速的方式甩开后卫。同时，他还善于控制足球从对方的两腿间穿过，完成摆脱。

挑射：这是梅西最擅长的射门方式，诀窍是在守门员出击的瞬间，将足球挑过对方的头顶打进球门。

任意球射门：梅西会用弧线球绕过人墙，打向球门的上角。而当人墙跳起时，他则会打出低平球，从人墙的脚下穿过。

> 各种办法都用了，还是挡不住梅西的任意球啊！

> 每次看到梅西罚任意球，我都提前准备庆祝了。

绿茵场上的低调王者 梅西

传球：面对对方的层层包围，梅西总能精准地将球传给位置更好的队友，帮助队友完成得分。

> 这个人是神仙吗？他什么时候注意到可以传给那个人的？又是用什么脚法传出去的啊？

他们是这样评价梅西的

> 梅西是当今世界上最好的球员。

"球王"贝利

> 梅西和对手踢足球时，看起来就好像我和一个五年级的小孩比跑步。

"闪电"博尔特

> 当年梅西轻松把我过掉，顿时我就觉得自己老了，该退役了。

"足坛万人迷"贝克汉姆

> 梅西和我的相似之处是，我们证明了作为一个正派的好人同样可以取得成功。

"网球天王"费德勒

> 我只是一名普通球员，比赛开始时，所有球员都是一样的。

梅西不太完美的国家队经历

梅西的天赋和实力早已被世界认可，在俱乐部的表现也无可挑剔，但他在国家队取得的成绩却有些不尽如人意。

在国家队，梅西也有美好的回忆。18岁时他带领阿根廷国青队取得2005年世青赛的冠军，并且成为最佳球员和最佳射手。2008年北京奥运会，梅西又率领阿根廷国奥队夺得了男足比赛的冠军。

111

影响世界的他们
——体育明星

> 我爱北京，我爱鸟巢，这里是我的福地。

然而，梅西在国家队经历的更多是苦涩。2006年，19岁的梅西首次征战世界杯。他把握住唯一一次上场机会，攻入球队的第6个球，然而随后阿根廷队被德国队淘汰。2010年南非世界杯，阿根廷的"足球之神"马拉多纳担任了球队主教练，带领正值巅峰状态的梅西和众球员来到南非征战。但是，阿根廷队在淘汰赛中又一次被德国队淘汰。

2014年巴西世界杯，是梅西最接近夺冠的一次。阿根廷队闯入决赛，再次碰上了老对手德国队。决赛的最后阶段，阿根廷队曾有机会进球赢得比赛，但球射偏了，反而是德国队抓住了反击的机会。梅西就这样和世界杯冠军擦肩而过。

世界杯颁奖典礼，梅西上台领亚军奖牌时路过大力神杯，摄影师抓拍到了这张经典照片，此时的梅西仿佛在凝视错失的奖杯。

2018年世界杯，靠着梅西在预选赛最后一轮连进3球才得到了出战资格的阿根廷队，在八分之一决赛时被当届比赛的冠军法国队淘汰。

梅西在美洲杯上的回忆就更痛苦了。2016年美洲杯，梅西和阿根廷队一起进入了美洲杯的决赛，在0比0打平后，他们和智利队进入了点球大战。结果，梅西第一个主罚点球却将球罚丢。那一刻，应该是梅西最沮丧的时刻。

2021年7月11日，在美洲杯决赛中，阿根廷1∶0战胜巴西队，时隔28年再次获得大赛冠军，这也是梅西赢得的首个国际赛事冠军。

足球是一项集体运动，特别是战术纪律和球员配合，在现代足球中占据了越来越重要的地位。尽管梅西的个人能力出众，但他在阿根廷队的表现却远不如在巴塞罗那俱乐部那么如鱼得水。缺少一个强大的团队，他在国家队的成绩也因此受到了影响。而梅西的最大对手——克里斯蒂亚诺·罗纳尔多，同样受到团队实力的影响，也没能在世界杯上获得与个人能力相匹配的好成绩。

足球小课堂

- 球员人数：每支球队上场11名球员，在正式比赛中，一般最多可以使用3名替补球员。

- 比赛时间：

比赛分为上下两个半场，每个半场45分钟。中场休息时间不超过15分钟。裁判员会根据场上出现的时间损失情况，在上下半场结束时给予相应的补时。

如果比赛必须分出胜负，而两队在90分钟内打成平手，那么进行加时赛。加时赛分为上下半场，各15分钟。

120分钟后若双方仍旧打平，则进行点球大战。

- 进球和获胜：当球的整体进入球门、越过球门线，并且此前进攻球队没有违反规则，这个球就算得分。进球多的球队胜，两队进球数相等则比赛为平局。

影响世界的他们
——体育明星

- 犯规和红黄牌：在比赛中，裁判可以按照规则给予犯规队员黄牌警告。一名队员在一场比赛中得到两张黄牌则相当于得到一张红牌，需要立刻离开比赛场地。对于非常严重的犯规，裁判也可以直接向犯规队员出示红牌。

> 昨天的比赛，我居然被判了严重犯规！裁判没这么说啊？

> 1970年之前，红黄牌还没有被运用……

> 可以把红、黄灯变成红、黄牌运用到比赛判罚中，我真是个天才！

> 你自己比赛犯规，还要看报纸才知道？

英国裁判 阿斯顿

"真球迷"足球词典

- 德比战：19世纪，英国的德比郡盛产良马。在欧洲的各大赛马场上，最激烈的争夺都在德比郡的赛马之间上演。渐渐地，"德比战"被引申到其他体育比赛领域，成了同城对手或同一国家两支强队之间比赛的代名词。

巴塞罗那足球俱乐部球迷

> 我们有梅西，谁怕谁啊！

皇家马德里足球俱乐部球迷

> 今天的国家德比，我们一定会赢！

- 乌龙球：指不小心碰进本队的球门，使对方得分的进球。英文为"own goal"，和粤语"乌龙"相似：在我国广东的民间传说中，人们在干旱时向青龙求雨，谁知，青龙未至，却出现乌龙给人们带来了灾难，于是，人们就把这种球翻译为乌龙球了。

• 梅开二度、帽子戏法、大四喜：分别表示一名球员在一场比赛中打进2个球、3个球和4个球。"帽子戏法"最开始出现在童话《爱丽丝梦游仙境》中，指的是一位制帽匠可以用帽子变戏法。19世纪，在板球运动中3次击中门柱的投手可以获得一顶帽子作为奖励。再后来，这种说法被运用到了足球领域。

• 跳水：足球比赛明明是在草地上进行，为什么会说一名球员"跳水"了呢？在英语中，"跳水运动"和"假摔"都是用的"dive"这个单词，所以"跳水"在足球中和"假摔"是一个意思，指的是球员通过表演的方式，误导裁判判罚对方犯规。

• 踩单车：是指进攻球员的双脚用类似踩单车踏板的动作，在球的四周快速绕圈做假动作，让防守队员无法判断他将在哪一个时间点带球前进。

影响世界的他们——体育明星

·倒挂金钩：指进攻球员在腾空状态下，整个人倒过来，头向下脚朝上将球踢向球门。这种射门方式难度大，而且需要特定的时机，这在足球场上是难得一见的。

梅西的成长之路

1. 我的第一位球迷

1987年，我出生在阿根廷的罗萨里奥。在我出生的前一年，"球王"马拉多纳带领阿根廷队夺得了世界杯冠军，整个国家都沉浸在足球的狂热中。和几乎所有阿根廷的孩子一样，从我记事的时候起，我就和足球形影不离了。再长大一点，我就和小伙伴们一起在大街小巷踢球了。

我的外婆或许是第一个发现我身上天赋的人，我的第一个足球就是她送给我的，而且她很早就告诉我，有一天我会成为这个世界上最好的足球运动员。

> 我的外孙长大后一定是球王。

> 你看咱妈，又在做美梦了吧。

长大后的梅西进球后，总是做这样一个双手指天的庆祝动作。

> 我要把进球献给在天堂的外婆，希望她能看到我现在的表现。

绿茵场上的低调王者 梅西

在外婆的要求下，6岁的我开始和9岁的孩子们一起比赛。虽然瘦弱的我总是被他们撞得东倒西歪，但当足球来到我的脚下，他们就不可能把球抢走。虽然我年龄小，但我带起球来总是比别人要快得多。

可以啊，算你有眼光，我外孙踢球可厉害了。

我们那边有一场比赛缺一名队员，能不能让这个孩子过去充个数？

很快，当地少年足球队的教练发现了我，并将我招进了队里接受训练。在那里，我依然坚持自己的风格，带球躲过一个又一个对手，轻松将球踢进球门。每一场比赛，外婆都会在场边为我欢呼加油，她是我的第一个球迷。

2. 我最大的敌人

随着年龄的增长，我的技术越来越娴熟，进球也越来越多。当我10岁时，我发现自己比同龄人要矮小瘦弱很多，而且个子也似乎长得越来越慢。

忧心忡忡的家人带着我去了医院，但检查结果却给了我非常大的打击，我体内的生长激素先天不足，如果不经过长期的治疗，我的个头很可能就会停止生长。这样一来，就算我的球技再好，也不会有球队愿意要我。

为了保证成长发育，我每天都得注射一种生长激素。于是，我一边参加球队的训练和比赛，一边每天给自己打针。我13岁时，国内的经济开始变得不景气，治疗费用成了一笔不小的负担。因为这

这个月欠债又增多了。

我要长高，我要踢球！

117

件事，父母天天都愁眉不展。

那时候的我，在足球场上已经小有名气。于是父亲带着我，前往当地的球队碰碰运气。虽然这些球队都对我的球技印象深刻，但听说我的病情和所需要的治疗费用后，他们都不肯收下我。

3. 前往巴塞罗那

就在我的家人几乎不抱希望时，事情终于有了转机。

有一天，一个陌生人来到我家，后来我才知道，他是西班牙巴塞罗那足球俱乐部的球探。他告诉我的父母，希望我去他们的少年队试试看，如果能够留下，他们可以负担我的治疗费用。这可是个天大的好消息，虽然我很留恋家乡，但怀抱着梦想，我还是前往了大洋彼岸的西班牙。

来到一个陌生的环境后，我有些害羞，不太爱说话。跟队友初次见面时，我一言不发，以至于他们都以为我是个哑巴。

不过，当我走上球场后，他们马上被我的表现震惊了。第一场比赛后，我的教练和队友们都围了上来，七嘴八舌地询问我是从哪里来的、我是怎么练习的。我的表现甚至引起了巴塞罗那成年队主教练雷克萨奇先生的注意，在他的支持下，球队最终把我留了下来。

因为治疗费用有了着落，我就安心待在了这里。当时我的队友中，有一个很高的男孩，他叫皮克，是球队的后卫。另一个和他形影不离的，名叫法布雷加斯。他们俩都是西班牙最优秀的少年球员。我们3人配合得非常默契，几乎所有的球队都不是我们的对手。虽然我始终没有皮克他们那样人高马大，但我终于可以放心地追寻我的足球梦想了。

4. 我的良师益友

在日复一日的训练下，我终于升入了巴塞罗那成年队，和老大哥们一起训练、比赛。16岁那年，我得到了第一次出场的机会。虽然仅仅是一次替补上场，但已经足够让我兴奋好几天了。

那时候的巴塞罗那队中，有一位非常有名的巴西人——罗纳尔迪尼奥，他那时可算得上是全世界最优秀的球员之一，他每天的训练都能让我和其他队友看傻眼。从他身上，我学到了很多东西。虽然是大明星，但他一直像大哥哥一样照顾我。在我还没有什么名气的时候，他就告诉记者们，我是一个比他更强的球员。

你说的就是你自己吧？

给你介绍个人，他将来会是史上最佳球员。

科比

最佳球员不是我，是他。

真的吗？我就信你这一回。

在2005年的一场比赛中，18岁的我又一次得到了替补出场的机会。比赛结束前，皮球来到了我的脚下，我将球传给罗纳尔迪尼奥，随后迅速向前冲去。他躲过对方两名后卫的拦截，将球再次传到我的面前。接球时，我面前只剩下对方的守门员。我轻轻一挑，打进了我在成年队中的第一个进球。

进球后的我非常兴奋，罗纳尔迪尼奥高兴得把我背在背上，接受全场球迷的欢呼。从那之后，我们之间的精彩配合就开始经常出现在球场上。

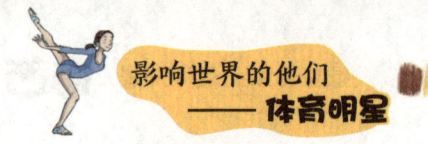

5. 不肯跌倒的少年

在日复一日的刻苦训练下,我的技术越来越娴熟,速度也越来越快。我的对手不惜犯规也要阻止我,但我总会继续发起进攻,就和我小时候一样。

> 他就是这样,只想着怎么更接近球门。

> 梅西怎么不摔倒呢?可以算对手犯规啊。

2007年,20岁的我代表巴塞罗那队参加了一场比赛。比赛第28分钟时,我在中场右侧接到了球。面对上来抢球的对手,我先是控制球从第一个后卫的两腿间穿过,然后迅速前进。虽然对手一个接一个地扑了上来,但我左闪右躲,他们没有人能碰到球。在连续躲过五个人后,我带球冲向门前,又晃过了向我扑来的守门员,将球踢入球门。

这一刻,整座球场沸腾了。比赛后,全世界的球迷都说,这个进球和马拉多纳当年的表现一模一样。而我,也被看成是第二个马拉多纳。马拉多纳是我们阿根廷人的英雄,能把我和他相提并论,我很高兴。

后来,我和球队遇上了最强的对手——皇家马德里队。在这场比赛中,我上演了我在巴塞罗那队的第一个"帽子戏法"。我的名字传遍了全世界。

6. 成为真正的领袖

2008年，我带领阿根廷国家队夺得了北京奥运会的男子足球金牌。但也是在那一年，我的老大哥罗纳尔迪尼奥离开了巴塞罗那俱乐部。临走时他告诉我，希望我接过他的10号球衣。要知道，这个号码在足球场上代表着球队的灵魂人物。虽然很舍不得他的离开，但我下定决心要带领巴塞罗那队继续前进。

也是在那一年，巴塞罗那迎来了一位新教练——瓜迪奥拉。我的儿时好友皮克也从国外回到了球队。在新教练的带领下，我们的球队在那一年所向无敌，"老冤家"皇家马德里队被我们打得丢盔弃甲。最终，我们全年共拿下了国内和国外的6个冠军，成了全世界最强的球队。而我自己，也拿到了足球场上的最高荣誉——金球奖。

此时的我，已经是巴塞罗那队的头号球星，但我仍然没有放松对自己的要求，从带球、传球到射门，每一样我都要做到最好。

接下来的10年，我又拿到了4座金球奖和数不清的冠军，还创造了1年里打进91个球的纪录。直到今天，我身边的队友来来去去，而我依然身穿巴塞罗那的球衣，奔跑在足球场上。虽然我遇到过挫折、伤病和失败，但我始终坚信，只要我足够努力，我的职业生涯就会更加辉煌。

巴西：技术华丽，个人能力超强，有足球场上的"桑巴舞"之称。曾5次获得世界杯冠军。

贝利

意大利：防守稳固，反击迅速。历史上很多著名后卫和守门员都出自意大利。曾获得过4次世界杯冠军。

佐夫　马尔蒂尼　巴乔　布冯

阿根廷：崇尚进攻，讲究配合，盛产著名前锋。曾2次夺得世界杯冠军。

马拉多纳　巴蒂斯图塔　梅西

法国：欧洲拉丁派的代表之一，技术细腻。曾2次获得世界杯冠军。

普拉蒂尼

西班牙：团队配合细腻，传球技术超群。曾获得过1次世界杯冠军。

哈维　伊涅斯塔　比利亚　卡西利亚斯

世界杯冠军时刻

罗纳尔多　罗纳尔迪尼奥

德国：战术严谨，讲究纪律和团队配合。曾获得过4次世界杯冠军。

贝肯鲍尔　穆勒　克林斯曼　克洛泽

达内　亨利

乌拉圭：南美力量派的代表球队，擅长防守。举办了首届世界杯比赛并最终夺冠，共2次夺得世界杯冠军。

弗朗西斯科利　雷科巴　苏亚雷斯

英格兰：崇尚速度与力量，长传冲吊，直来直去。曾获得过1次世界杯冠军。

查尔顿　贝克汉姆　鲁尼

影响世界的他们——体育明星

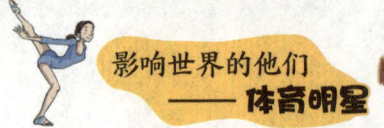

群星闪耀 更多体育明星

1. 足球场上的王中王——贝利

贝利是巴西著名的足球运动员,有"球王"之称,被多家媒体和机构评为"20世纪最佳球员"。

- "贝利"并不是正式的名字,而是一个外号。
- 他在场上的位置为前锋。
- 贝利出身贫寒,父亲是一名收入较低的普通足球运动员。他10岁时与小伙伴自组球队,边靠擦鞋给家里补贴生活费,边在街头巷尾踢球。
- 有一次,他连身上的衣服都被球迷要走了,只好剪下自己的头发分给大家。

埃德森·阿兰特斯·多·纳西门托
(1940.10.23—)

- 1967年,贝利在巴西国内的一场比赛中打进了自己职业生涯中第1000个进球。到1977年退役时,贝利一共打进了1283个进球。

贝利的"乌鸦嘴"

贝利虽然在足球场上所向披靡,但他对比赛的预测总是不那么靠谱。从1990年世界杯开始,他所看好的球队总是早早地就退出了竞争。1994年世界杯前,贝利曾声称看好哥伦比亚队,结果作为南美强队的哥伦比亚队以小组垫底的成绩惨遭淘汰。2002年世界杯,贝利又表示看好在预选赛上表现出色的阿根廷,以及上届冠军法国队,结果,两只强队都未能小组出线。他的这项"本事"让大家开玩笑地给他冠上了"乌鸦嘴"的称呼。

群星闪耀 **更多体育明星**

唯一夺得3次世界杯冠军的球员

　　1940年，贝利出生在巴西的一个小镇。和巴西几乎所有的孩子一样，贝利的童年是在足球的陪伴下度过的。15岁那年，贝利被巴西国内的著名球队圣保罗队看中，成为一名真正的足球运动员。因为天赋出众，贝利仅用了一年的时间就成了圣保罗队的明星人物。

　　1958年的世界杯前，巴西国家队主教练出人意料地让未满18岁的贝利加入球队。也许是因为年纪太小，加上赛前身上受伤，贝利在他的第一次世界杯之旅初期并不是球队的主力。当巴西从小组赛出线后，从伤病中恢复的贝利开始发威。1/4决赛对阵威尔士，贝利接到队友的传球后，在禁区内灵巧地转身，躲过对方后卫的防守后，轻松将球打进球门。这一进球不仅让巴西队获得了比赛的胜利，也让只有17岁239天的贝利成了世界杯历史上最年轻的进球者。接下来，半决赛他打进了3球，帮助巴西队战胜了法国队。决赛对阵东道主瑞典队，贝利在下半场打进两个进球。而他的第一个进球实在太过精彩，以至于瑞典队的球迷都为他的表现喝彩。

　　最终，凭借贝利的出色表现，巴西队第一次夺得了世界杯冠军。年轻的贝利成为巴西足球的领军人物。正是从这个时候开始，球迷们开始称他为"球王"。在之后的1962年和1970年世界杯上，贝利又两次帮助巴西队夺得冠军。他也在整个职业生涯中，为球迷们留下了无数的经典瞬间。

2. 闪耀NBA的东方巨人——姚明

姚明是前中国职业篮球运动员，曾效力于NBA休斯敦火箭队，入选NBA名人堂，并多次入选NBA全明星阵容。

- 姚明的父亲身高2.08米，母亲身高1.88米，都是篮球运动员。
- 姚明小学五年级时，身高就超过了1.80米，成年后的身高为2.26米。
- 姚明小时候因为个子太高经常被嘲笑，因此性格偏内向，还有点自卑。
- 姚明在中国国家篮球队单场得分39分的成绩，是国家队球员的最高得分纪录。
- 2008年8月8日，姚明担任北京奥运会中国奥运代表团旗手。

姚明（1980.9.12—）

让巴克利兑现亲驴屁股诺言

姚明刚到NBA时，因为还不太适应，表现并不出色。不少人都对这个来自中国的年轻人表示怀疑。美国前著名篮球运动员巴克利甚至公开和人打赌，说如果姚明单场得分能超过19分，他就去亲吻一头驴子。随着姚明对NBA的熟悉，他的表现越来越好。就在巴克利说出赌约后不久，姚明就在一场比赛中拿到了20分。在电视节目里，巴克利真的亲吻了驴子的屁股。这一幕成了篮球界的笑谈，也成为姚明实力的一个有力证明。

群星闪耀 **更多体育明星**

从"小巨人"到"移动长城"

2002 年,姚明参加了美国职业篮球联赛(也就是 NBA)的选秀大会,并以第一名"状元秀"的身份被休斯敦火箭队选中。加入球队后,姚明迅速成了主力中锋。在他的第一个 NBA 赛季中,姚明平均每场拿下 13.5 分、8.2 个篮板和 1.8 个盖帽,是一个不错开始。不过,姚明的目标并不止于此。在之后的一个赛季,姚明每场常规赛都首发出场,各项数据都有提升,平均得分也跃升到队内的第一名。其中,在一场对阵老鹰队的比赛中,姚明得到了 41 分,创下了个人得分的最高纪录。不过,虽然打进了季后赛,但火箭队却遇到了拥有奥尼尔和科比等球星的洛杉矶湖人队,遗憾地败下阵来。

之后,火箭队迎来了得分王麦克格雷迪,"姚麦组合"开始展现威力。而姚明自己,也逐渐从一名新秀成长为 NBA 赛场上真正的巨星。训练时,他刻苦努力,赛场上,他顽强拼搏;而赛场外,他幽默风趣,谦虚有礼,赢得了队友和球迷的喜爱。凭借自己的实力,他多次入选 NBA 全明星阵容,成为当之无愧的 NBA 第一中锋。走向成熟的他,也从球迷口中的"小巨人",变成了很有中国特色的"移动长城"。

2011 年,已经多次重伤的姚明宣布退役。在九年的 NBA 生涯中,姚明共参加了 301 场比赛,平均得分 17.5 分。为了表彰他的贡献,火箭队封存了姚明的 11 号球衣。姚明还作为迄今为止唯一的中国运动员入选了 NBA 名人堂,得到了这项每个篮球运动员梦寐以求的荣誉。姚明的 NBA 职业生涯不仅创造了巨大的商业价值,还提升了中国篮球的世界影响力,向世界展现了中国运动员积极向上的形象。

3. 中国游泳运动的年轻领军人物——孙杨

孙杨是中国游泳运动员,已经获得过3枚奥运游泳金牌,截至目前是男子1500米自由泳世界纪录保持者。

· 孙杨的姓和名分别取自父母的姓氏。

· 2013年和2015年,孙杨获得游泳世锦赛"最有价值运动员"称号,成了继菲尔普斯之后第二位两次获得该荣誉的游泳男选手。

· 孙杨在奥运会赛场和游泳世锦赛赛场上都夺得了男子200米、400米和1500米自由泳的冠军,而且连续三次夺得世锦赛的800米自由泳冠军。

孙杨(1991.12.1—)

泳池的水,孙杨的泪

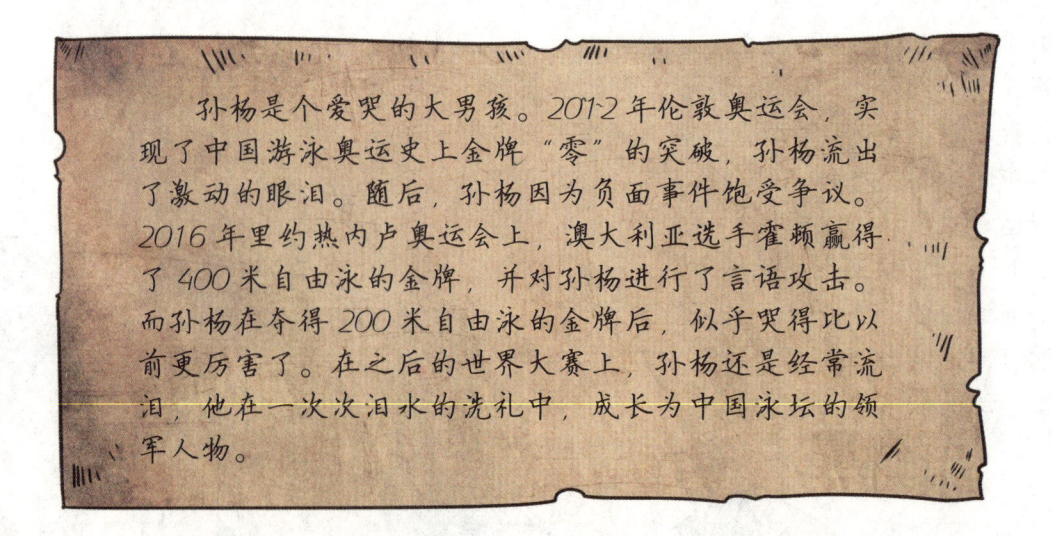

孙杨是个爱哭的大男孩。2012年伦敦奥运会,实现了中国游泳奥运史上金牌"零"的突破,孙杨流出了激动的眼泪。随后,孙杨因为负面事件饱受争议。2016年里约热内卢奥运会上,澳大利亚选手霍顿赢得了400米自由泳的金牌,并对孙杨进行了言语攻击。而孙杨在夺得200米自由泳的金牌后,似乎哭得比以前更厉害了。在之后的世界大赛上,孙杨还是经常流泪,他在一次次泪水的洗礼中,成长为中国泳坛的领军人物。

奥运赛场劈波斩浪

在2008年的北京奥运会上，初出茅庐的孙杨就挺进了1500米自由泳的决赛，但没能收获奖牌。2012年的伦敦奥运会，是孙杨第二次参加奥运会。此时，作为中国游泳队领军人物的他已经打破了1500米自由泳的世界纪录，还是世锦赛的"双冠王"，理所当然地被寄予了厚望。

伦敦奥运会上，孙杨的最大对手是来自韩国的朴泰桓。在400米自由泳决赛中，朴泰桓一开始保持领先，孙杨则紧紧地跟在他的身后。游到200米之后，孙杨开始发力，很快就与对手形成了齐头并进之势。

到最后100米的冲刺阶段，孙杨的耐力和速度优势得到充分展现。在最后50米，孙杨靠着强劲的冲刺成功反超朴泰桓，最终以一个身位的优势率先触壁。这是孙杨获得的第一枚奥运会金牌，也是中国男子运动员夺得的第一个奥运会游泳项目冠军。

在接下来的1500米自由泳比赛中，孙杨再接再厉，仅仅在100米后就占据了领先优势。他不仅将所有的对手都抛在身后，就连那根代表世界纪录的黄线也只能跟在他后面。最终，孙杨以14分31秒02的成绩打破了自己保持的世界纪录，再次夺得了奥运会金牌。

四年后的里约热内卢奥运会，孙杨依然是中国游泳队的第一夺金点。尽管在自己的强项400米自由泳上只获得了银牌，1500米自由泳的成绩也不佳，但孙杨在200米自由泳项目上弥补了遗憾。他从预赛到半决赛都排名第一，决赛中则在后半程实现反超，力压众多高手登上最高领奖台。拿到200米自由泳冠军后，拥有3枚奥运金牌的孙杨也由此成为中国游泳历史上获得奥运冠军最多的选手，他也是中国男子游泳项目中唯一的一位奥运冠军。

4. 霸气的中国网球金花——李娜

李娜是中国前女子网球运动员。她是亚洲第一位大满贯女子单打冠军，也是亚洲历史上女单世界排名最高的选手。

- 李娜6岁时曾练过羽毛球，后来她找到了更适合自己的运动项目——网球。
- 她是个幽默率真的人。
- 2002年，李娜退役并前往大学学习。两年后，她宣布复出，并逐渐走向巅峰状态。
- 2018年10月，李娜的自传电影正式开机，由香港著名导演陈可辛执导，李娜本人参与了影片选角的工作。

李娜（1982.2.26—）

拌嘴也恩爱

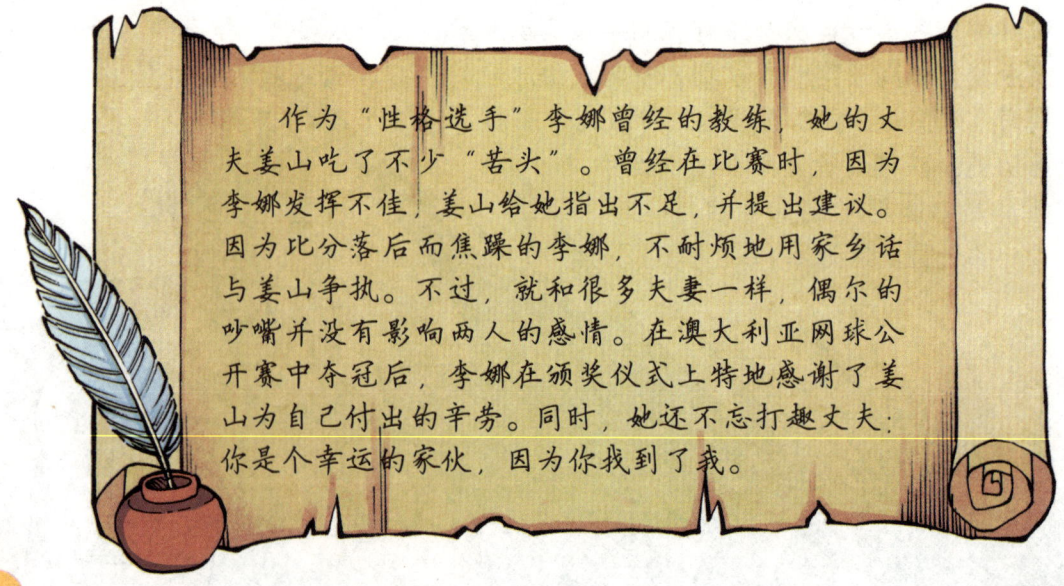

作为"性格选手"李娜曾经的教练，她的丈夫姜山吃了不少"苦头"。曾经在比赛时，因为李娜发挥不佳，姜山给她指出不足，并提出建议。因为比分落后而焦躁的李娜，不耐烦地用家乡话与姜山争执。不过，就和很多夫妻一样，偶尔的吵嘴并没有影响两人的感情。在澳大利亚网球公开赛中夺冠后，李娜在颁奖仪式上特地感谢了姜山为自己付出的辛劳。同时，她还不忘打趣丈夫：你是个幸运的家伙，因为你找到了我。

亚洲女子网球的骄傲

在世界网坛，澳大利亚网球公开赛、法国网球公开赛、美国网球公开赛和温布尔登网球公开赛，并称为网球界的"四大公开赛"。这四项比赛代表着网球界的最高水平，也有"四大满贯"之称。而获得这四大满贯赛事冠军的人被称为大满贯得主。因为这些赛事中参赛选手的实力强大，比赛竞争非常激烈。在网球运动员心目中，能在这些比赛中取得好成绩，甚至比奥运会还重要。

2011年，已经成为中国一号网球女单选手的李娜，终于在世界赛场上迎来了爆发。在法国网球公开赛的赛场上，她连续击败阿扎伦卡和莎拉波娃这样的强劲对手，第一次杀进了四大公开赛的决赛。决赛中，李娜面对的是赛事的上届冠军斯齐亚沃尼。最终，她以2比0击败对手，成为中国乃至亚洲第一个获得四大公开赛冠军的单打选手。

2013年，李娜打进澳大利亚网球公开赛的决赛，但遗憾地输给了阿扎伦卡，最终只能屈居亚军。2014年，重整旗鼓的李娜再次打进澳网决赛。这一次，李娜没有让机会溜走，最终，李娜干脆利落地击败了对手，夺得了自己的第二个四大公开赛的女单冠军。这不仅让她成为第一个夺得澳网单打冠军的亚洲选手，也是澳网历史上最为"年长"的夺冠选手。正是在这一年，李娜的世界排名上升到第二位，至今依然是亚洲历史上女子单打选手的最高排名。2014年，32岁的李娜功成身退，宣布结束自己的运动员生涯。让我们期待她在生活的赛场上拿到更多的冠军吧。

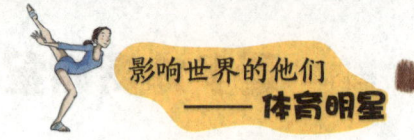

5.田径场上的中国飞人——刘翔

刘翔是中国前男子110米栏运动员,2006年创造男子110米栏的新世界纪录:12秒88。

- 刘翔最初练习的运动项目是跳远。直到13岁时,他才开始练习跨栏。
- 刘翔在2004年雅典奥运会上夺得了110米栏的金牌,这让他成为中国田径项目上的第一个男子奥运冠军。

刘翔（1983.7.13—）

- 从2000年到2012年,刘翔一共拿下了36次世界级重要田径比赛的110米栏冠军。
- 经历了2008年北京奥运会退赛的刘翔,从2009年开始重整旗鼓。2012年6月,他时隔5年再次登上世界男子110米栏排名的榜首。

即使伤病也要完成比赛

2008年的北京奥运会,已经成为中国田径领军人物的刘翔被全国人民寄予厚望。但就在奥运会前夕,刘翔的脚却受了伤,直到开赛也没有完全恢复。最终,他无奈地退出了比赛。2012年伦敦奥运会,带着重返巅峰的愿望,刘翔再一次站在赛场上。但是由于旧伤复发,刘翔连第一个栏都没能跨越就重重地摔倒在地。起身后的他,在全场观众的注视下,一瘸一拐地在跑道上走完全程,最后深情地亲吻了栏架。

群星闪耀 **更多体育明星**

亚洲人的骄傲

2004年的雅典奥运会，是刘翔第一次参加奥运会。虽然此时的刘翔在田径场上已经小有名气，但要在强手如云的奥运赛场上争金夺银，特别是黄种人并不擅长的短距离跨栏项目，难度是可想而知的。

在此前的预赛中，当时的世界跨栏运动第一人、老一代跨栏名将阿兰约翰逊出现绊栏失误，没能进入决赛，决赛赛场上呈现出群雄并起的局面。进入决赛的刘翔，背后是全中国人民期待的目光，他能创造奇迹吗？

发令枪声响起，刘翔如一道闪电般掠过跑道。由于起跑非常顺利，刘翔一开始就占据了优势。栏间加速是刘翔的强项，一个个对手和栏架都被他甩在身后。最终，刘翔第一个冲过了终点线，时间定格在12秒91。当刘翔纵身跃上冠军领奖台时，全世界观众都见证了新一代跨栏王者的诞生。

从那之后，刘翔开始迎来了运动生涯的巅峰。2006年的国际田联超级大奖赛洛桑站比赛上，刘翔再次爆发。在顺畅地跨过第一栏后，他找到了完美的奔跑和跨越节奏，最终风一般地冲过了终点线。12秒88的成绩，不仅让他夺得了冠军，更是打破了尘封13年的110米栏世界纪录。一个属于中国人的世界纪录就此诞生！

影响世界的他们——体育明星

现代奥运会之父 顾拜旦

顾拜旦是法国著名的教育家、国际体育活动家、现代奥林匹克运动的发起人。

· 顾拜旦的名言：对于人生而言，重要的不是凯旋，而是战斗。

· 他于1912年发表散文诗《体育颂》，在诗中，他认为体育能够培养人们的正义、勇气以及荣誉感，并能促进和平。这首诗是他体育思想的体现。

· 顾拜旦受到传统思想的影响，始终不主张女运动员参加比赛。直到逝世前，他的想法才有所改变。

皮埃尔·德·顾拜旦
（1863.1.1—1937.9.2）

奥运标志

五环旗：由顾拜旦设计。白色底上由蓝、黄、黑、绿、红五色圆环相套组成五环。它象征着五大洲的团结，全世界的运动员在奥运赛场上欢聚一堂。

奥林匹克圣火：1936年柏林奥运会首次在开幕式上点燃了从奥林匹亚传递来的圣火。

奥林匹克格言："更快、更高、更强。"顾拜旦认为这个口号能体现人类不断进取、不畏艰难、勇攀高峰的精神。

现代奥运会之父 **顾拜旦**

多方奔走造就奥运盛会

顾拜旦出生于法国一个条件优越的贵族之家,他从小就受到了良好的教育。他喜欢拳击、击剑、赛艇和骑马等运动,还喜欢绘画、钢琴等文艺活动。

大学毕业后,顾拜旦并没有按照家人的愿望进入军事界和法律界,而是选择了自己的理想——体育教育。"运动是青年自我教育的一种活动",这句话让顾拜旦开始重视体育在教育中的作用。与此同时,顾拜旦一直对考古学家发掘出的古代奥林匹克运动会遗址——古希腊奥林匹亚特别感兴趣。1890年,他踏上了奥林匹亚山,从此坚定了通过复兴奥林匹克运动,促进国际体育运动发展的决心。

1892年,顾拜旦首次正式提出创办现代奥林匹克运动会。1894年,在巴黎召开的国际体育会议上,国际奥林匹克委员会成立,希腊著名诗人维凯拉斯被选为第一任主席,顾拜旦当选为秘书长,同时确定奥运会将从1896年开始,每4年举行一次。顾拜旦捐出了自己的一半家产,动员希腊人民,并争取到了希腊富商的资金支持。1896年4月6日至4月15日,第一届现代奥运会在雅典成功召开。在第一届奥运会后,顾拜旦接任了国际奥委会主席的职位。这时有人认为奥运会应该固定在雅典召开,而顾拜旦认为全人类应该共享奥林匹克的精神,在他的坚持下,奥运会才真正成为世界性的运动盛会。在担任国际奥委会主席的28年里,顾拜旦将国际奥委会成员国由12个发展到了40个,20多个国际专项运动联合会也逐渐成立。1924年,首届冬季奥运会成功举办。1937年9月2日,顾拜旦与世长辞。根据他的遗愿,顾拜旦的心脏安葬在了奥林匹克运动的发源地——奥林匹亚,见证着奥林匹克运动的发展。

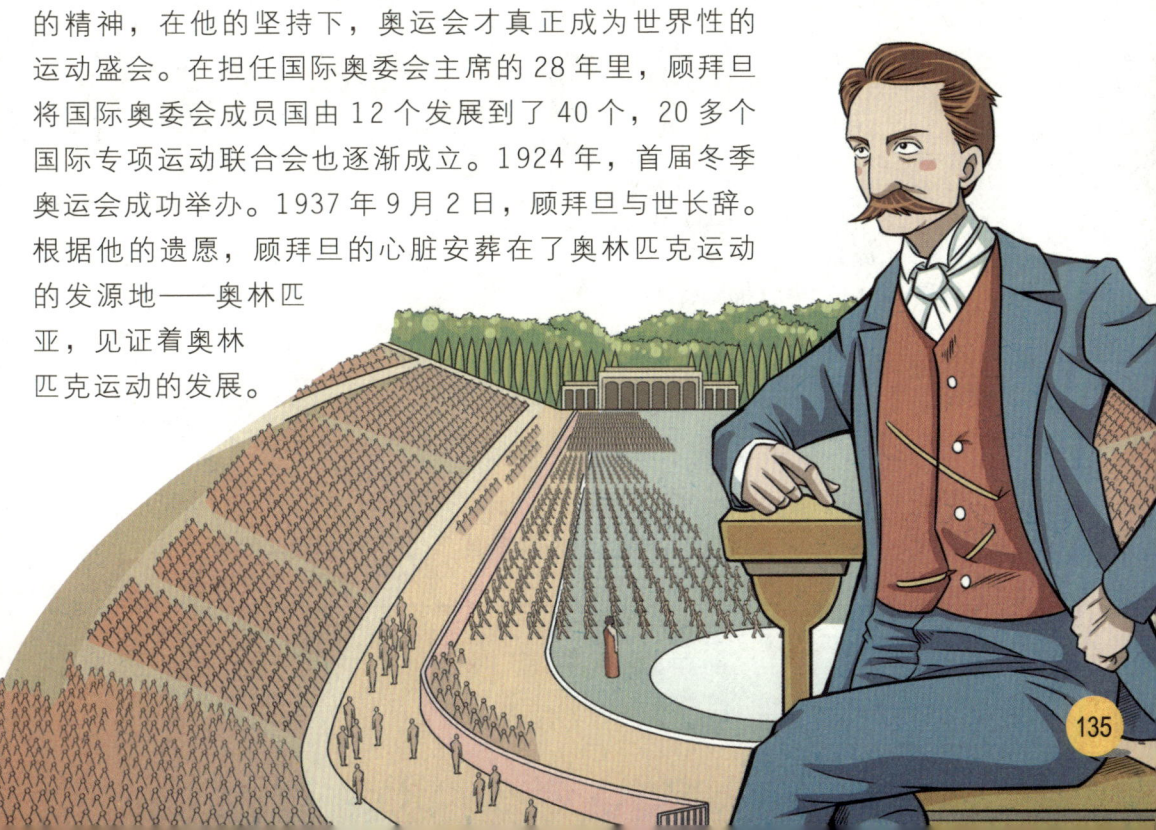

图书在版编目(CIP)数据

影响世界的他们：手绘名人故事：函套共8册 / 亚亚文；夏阳绘. — 北京：北京理工大学出版社，2019.9（2022.7重印）

ISBN 978-7-5682-7559-0

Ⅰ.①影… Ⅱ.①亚… ②夏… Ⅲ.①名人－生平事迹－世界－青少年读物 Ⅳ.①K811-49

中国版本图书馆CIP数据核字(2019)第190778号

出版发行 / 北京理工大学出版社有限责任公司
社　　址 / 北京市海淀区中关村南大街5号
邮　　编 / 100081
电　　话 / (010)68913389(编辑部)
网　　址 / http://www.bitpress.com.cn
经　　销 / 全国各地新华书店
印　　刷 / 湖北意康包装印务有限公司
开　　本 / 710毫米×1000毫米　1/16
印　　张 / 68
字　　数 / 1360千字
版　　次 / 2019年9月第1版　2022年7月第6次印刷
定　　价 / 200.00元(全8册)

责任编辑 / 张　萌
文案编辑 / 张　萌
责任校对 / 周瑞红
责任印制 / 边心超
责任制作 / 格林图书

图书出现印装质量问题，请拨打售后服务热线，本社负责调换